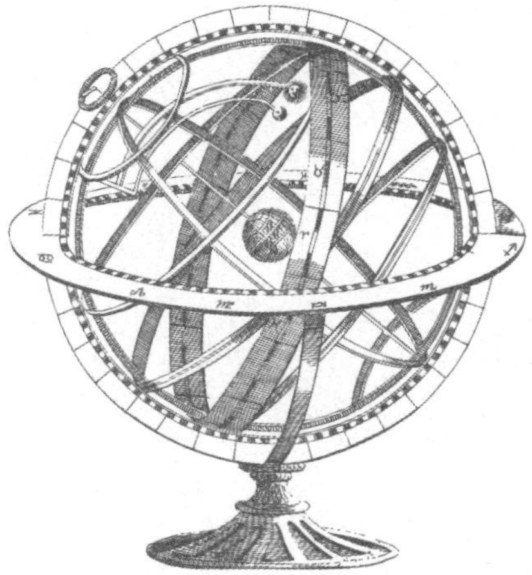

本书为2020年中国地震局重大政策理论与实践问题研究竞争性课题
“中华传统应急防灾文化的思想精华与时代价值研究”的成果

中华经典应急管理名言警句集

Collection of Chinese Classic Aphorisms on Emergency Management

张　静　著

地　震　出　版　社

图书在版编目（CIP）数据

中华经典应急管理名言警句集 / 张静著.—北京：地震出版社，2020.11
ISBN 978-7-5028-5213-9

Ⅰ.①中…　Ⅱ.①张…　Ⅲ.①突发事件—应急对策—格言—汇编—中国—古代　②突发事件—应急对策—警句—汇编—中国—古代　Ⅳ.①D69

中国版本图书馆CIP数据核字（2020）第212921号

地震版　XM4693/D（6004）

中华经典应急管理名言警句集
Collection of Chinese Classic Aphorisms on Emergency Management

张　静　著
责任编辑：李肖寅
责任校对：刘素剑

出版发行：地震出版社
北京市海淀区民族大学南路9号　　邮编：100081
发行部：68423031　68467993　　传真：88421706
门市部：68467991　　传真：68467991
总编室：68462709　68423029　　传真：68455221
专业部：68467982
http：//seismologicalpress.com
E-mail：dz_press@163.com
经销：全国各地新华书店
印刷：北京广达印刷有限公司

版（印）次：2020年11月第一版　2020年11月第一次印刷
开本：787×1092　1/16
字数：286千字
印张：17.5
书号：ISBN 978-7-5028-5213-9
定价：59.00元

中华经典应急管理名言警句集

前言

自古以来，应急管理在中国国家治理中始终占有重要地位，我国古代应急管理文化在中华农业文明的发展进程中，效果显著，居功至伟。如今，我们在新的时代背景下建设健全应急管理体系，可以察古知今，以史为鉴。要利用古代应急管理的文化成果，尤其要注意其中的名言警句。中华传统应急管理文化中的名言警句数量巨大，且充满了管理智慧、人文关怀和精神力量，体现出先进的价值观和卓越的思想性。

第一，盘活利用中华经典应急管理名言警句，正是用中国经典讲“中国经验”，以中国道理说“中国道路”。中国人历来讲究“鉴于往事，资于治道”。历史是了解中国人思维世界的一把秘钥。习近平总书记非常重视中华优秀传统文化，常以“适当的引经据典”透彻地阐明思想和道理。总书记在文章、讲话、著作中多次娴熟引用《尚书》《诗经》《礼记》《史记》等古代典籍中的经典名句，取得了极佳的效果。同样，我们也需要发掘传统应急管理文化中的“中国经典”和“中国道理”，一方面，这将赋予中华优秀应急与防灾文化崭新的时代内涵，有利于将优秀传统文化进行创造性转化、创新性发展；另一方面，虽然社会变化日新月异，但五千年的历史文化进程塑造了中国人对灾害险情事件作出相同的反应思维与行为方式，使用传统经典来讲中国应急管理的道理，既有利于开展家喻户晓、深入人心的社会宣传，又有利于更好地构建中国特色的防灾救灾精神，彰显当代中国的文化自信。

第二，经典名言警句能为当代应急管理的政策制定提供思想来源、历史依据与理论支撑。从总体上看，由于中国应急管理的研究起步较晚，还需要更开阔的理论视野和思想研究。面对这一现实，薛澜在《<危机管理政治学：压力之下的公共领导能力>序言》中指出：中国古代社会智慧可以在现代国家危机治理的理念中得到新的发扬，为推动中国经济社会的转型发挥重要作用。中国古代那些朴素的、唯物的、精炼精彩的应急文化经典论述，是古代广大劳动人民在历史长河中逐步积累的应急与防灾的信息宝库，依然能在现代社会发挥出巨大的价值。例如范晔《后汉书·郭陈列传》载汉代陈忠《清盗源疏》中有句云："堤溃蚁孔，气泄针芒。"一个小小的蚂蚁洞可以使得堤坝渗水，最后造成溃决的大祸患；一个小小的针孔，可以使得所有的气体都一泄而光。所以微小的不慎可以酿成大的祸端，明智的人是能够谨小慎微的人。再例如"备豫不虞，为国常道。"这句话是唐代名臣吴兢在《贞观政要·直谏》中的精彩论述，指要提前预防意料不到的情况，要有居安思危的忧患意识，这才是治理好国家的基本原则。正如水还没有泛滥的时候，怎么能够自毁堤坝呢？这句话可作为防灾意识、执法监管、安全生产、救灾救援等应急管理环节的理论依据，教育指导各级应急管理工作人员在日常工作中培养忧患意识和细节责任，加强安全监管与安全生产中的思想教育、警示教育。

第三，使用传统名言警句有利于增强当代防灾减灾救灾宣传的文化性和经典性。汉语是世界上最美丽的语言之一，传统名言警句更具备凝练的语体、精辟的思想、优美的辞藻、恰如其分的譬喻、生动的摹写等文学优势，可为当代应急宣传所用。例如在2020年新冠肺炎疫情阻击战中，日本汉语水平考试HSK事务局在驰援中国的物资上写了“山川异域，风月同天”八个字，既让广大国人体会到了来自国际的情谊，又深深震撼于汉语文字的隽永优美。日本医药NPO法人仁心会、日本湖北总商会等四家机构联合捐赠给湖北的物资上面写着：“岂曰无衣，与子同裳！”古老典籍《诗经·秦风·无衣》中这句激昂慷慨、同仇敌忾的战歌，十分贴合当时抗疫初期医疗物资紧缺的现状。日本以这句古老的中国诗歌，激起了中日两国在文化上的强烈共鸣，而且给我们的语文教育上了一课。诗词不是仅仅存在于课本上和考试中，也不是仅仅存在于诗词大会的节目中，而是应该活跃在我们的日常生活中。在当代的应急管理宣传工作中，我们需要善于向古人借智慧，提高应急宣传话语的审美性、文化性，增强应急管理中口号、标语的思想性和经典性。同时，这些名言警句也可以增强防灾文艺作品（例如励志歌曲、救灾诗、应急电影等）的文化性和艺术性。

最后，经典名言警句能够为当代应急治理提供强大的精神力量。中国古代那些优秀的防灾减灾救灾名言警句，经过时光的淘洗与淬炼，透射出奋斗不息、坚韧不拔、和谐统一的深厚民族感情，是中华民族团结抗灾的精神力量，也是中华民族在困境中生存发展的内在动力。2008年5月，汶川大地震抗震救灾期间，温家宝总理在北川中学的黑板上写下“多难兴邦”一词，产生了巨大的社会凝聚力与感召力。这个词出自《左传·昭公四年》：“邻国之难，不可虞也。或多难以固其国，启其疆土；或无难以丧其国，失其守宇。”它是指国家多灾多难，相反可以激励人民奋发图强，从而使国家更加强盛。古代防灾应急的名言警句，既是方法手段，更是深沉丰厚的精神源泉。中华民族在与灾难抗争的历史长河中形成了其独特的文化基因，它们包含着历史与智慧的密码，已经潜伏于人们的深层心理，能够有效地调动民众参与防灾减灾事业的主动性和积极性，增强整个社会共渡难关的凝聚力与自信心，对应对当代灾难与危机治理，具有重大的激励作用。

所谓“国家之魂，文以化之，文以铸之”，应急管理的名言警句符合中国国情且极具中国特色。如今，让这部分史料得到有效的开发与利用，有利于探索中国特色的防灾应急文化基因、运行机理，有利于发挥我国应急管理体系的特色和优势，有助于我国应急管理体系和能力的现代化建设。

但这些经典名言警句多被湮没于浩如烟海的古代典籍之中，未被有效地发掘利用。本书从中国古代经史子集中广泛搜集具有应急管理色彩的名言警句，主要分为灾害险情、应急原则、监管备患、安全生产、救灾救援、应急法制、保障互助、干部修养、队伍素质、精神建设十个方面来展开。在具体的行文过程中，分为“原始出处”“白话释义”“应急解说”三部分。其中“原始出处”皆核对古籍，保证字句的正确性，并点明作者和语句出处，有些还列举了古代文献中的著名用例，以便使现代人明白这些名言警句的历史渊源与发展脉络。“白话释义”部分用现代白话文翻译名言警句，使之通俗易懂，便于现代人的理解与接受。“应急解说”部分主要是阐释其优秀的哲学观与方法论，并结合当代应急管理对经典名言警句进行解读。同时，还在每条名言警句的右上角点明了其使用场合，便于相关工作人员的迅速运用。

安全，已经成为新时代人民美好生活的基础指标之一。但当代社会高速发展，各类灾害易发多发，安全风险交织叠加，给应急管理带来了越来越多的挑战。例如 2020 年新冠病毒的突然袭来，给全球都带来了巨大的灾难，人类在防灾减灾救灾的道路上，还前路漫漫，任重而道远。本书可以为广大应急管理系统干部与工作人员提供管理智慧与思想力量，也可以为社会大众和广大学生提供安全文化知识，塑造防灾减灾意识。本书疏漏之处，还请文史专家给予批评，请行业内人员给予指正。期待本书能够为当代应急管理事业发挥作用！

2020 年 8 月

目录

壹 灾害险情

贰 应急原则

叁 监管备患

肆 安全生产

伍 救灾救援

陆 应急法制

捌 干部修养

玖 队伍素质

拾 精神建设

壹 灾害险情

DISASTER SITUATION

自然灾害从来都是人类的大敌，虽然当今时代科学技术已经突飞猛进，但人类在各种自然灾害面前依然显得脆弱渺小。而且，随着经济社会的高速发展，各类安全生产事故显示出多发性与复杂性的特点，威胁着人们生命与财产的安全。中国古代典籍中有很多对灾害事故的描述与总结，充满着尊重自然天道的朴素客观道理，饱含着发扬人类主观能动性去防灾减灾救灾的积极态度，有利于在灾害突然降临时，人们本能地恐惧混乱之际，帮助广大民众理性且智慧地看待灾害现象，沉稳坚定地应对各种险情和事故，自觉能动地治疗灾害创伤，积极配合并参与灾后重建工作。

1. 天有四时，不时曰凶

☑ 培育全民防灾文化
☑ 提高全民防灾素养
☑ 筑牢防灾减灾救灾的人民防线

【原始出处】

《逸周书·武顺解》：“天有四时，不时曰凶。”

【白话释义】

上天按照规律运行，所以有四季更迭。倘若没有按照规律变换，凶年就会出现。

【应急解说】

古人很早就认识到人类无法避免自然灾害的发生，因为灾害乃是大自然的客观运行所导致。例如每年的7月下旬到8月上旬，是我国华北、东北、南方地区降水最为集中的一段时期，也被俗称为“七下八上”。在此期间，降水天气明显增多，大江、大河、大湖容易出现洪涝灾害，次生灾害又有城市内涝、山洪、山体滑坡、泥石流等。当灾害来临时人类无法逃避，应该镇定面对，积极采取措施抗灾救灾。即便是当前时代，在对民众开展应急知识教育、提高公众防灾素养、树立正确的灾害观等工作中，《逸周书》中的这句话还有一定的价值。

2. 天有四殃，水旱饥荒，其至无时

☑ 培育全民防灾文化
☑ 加强多灾种和灾害链综合监测

【原始出处】

《逸周书·文传解》：“天有四殃，水旱饥荒，其至无时。”

【白话释义】

上天有四种灾祸：水灾、旱灾、饥年、荒年。这些自然灾害来的时候是无法预料的。

【应急解说】

自然灾害主要分为九大类：气象灾害、海洋灾害、洪水灾害、地质灾害、地震灾害、农作物生物灾害、森林生物灾害、天文灾害和其他灾害。而

水灾、旱灾和饥荒是古代发生最频繁的自然灾害。当前时代，虽然我们已经不再受饥荒之苦，但洪涝、干旱和地震仍不时危害着我们。古人在长期的生活经验中，已经意识到自然灾害的发生时间是难以预料的。即便是现在，我们依然无法确切地预测自然灾害侵袭的时间。这就需要我们破除迷信思想，不怨天、不尤人，积极应对自然灾害。

3. 天灾流行，何代无之

☑ 加强灾前应急准备
☑ 推进防灾减灾制度建设
☑ 提高社会防灾减灾救灾动员能力

【原始出处】

春秋 · 左丘明《左传 • 僖公十三年》：“天灾流行，国家代有。”

春秋 · 左丘明《国语 • 晋语三》：“天殃流行，国家代有。”

明 · 胡宗洵《重刊荒政汇编跋》：“公以天灾流行，何代无之，以人胜天，在先时而为之备耳。”

【白话释义】

自然灾害的发生，哪个国家没有遭受到呢？

自然灾害肆虐人间，每个国家都会有。

天灾的发生，哪个朝代又能避开呢？如果要想人定胜天，必须要提前做好防灾救灾的准备。

【应急解说】

中国古代历史长河中，无论是汉唐盛世还是元明清大一统的时代，都无法避免自然灾害的侵袭。当今世界，全球二百多个国家和地区分布在不同的地理位置上，但也没有哪个国家能在天灾面前独善其身。所以无论哪个时代，无论哪个国家，都需要用客观而坚毅的心态来面对灾害，做好灾前准备，建立健全防灾应急制度。

4. 天灾流行，虽盛世犹或不免

☑ 提高全民防灾素养
☑ 推进应急管理体系现代化
☑ 推进应急管理能力现代化

【原始出处】

元 · 欧阳元《拯荒事略》：“天灾流行，虽盛世犹或不免。”

【白话释义】

即便是在国力强盛的盛世里，自然灾害也是不可避免的。

【应急解说】

自然灾害的发生，不以人类的意志为转移。当今时代，我们的祖国国力强盛、科技发达，正在加速走向中华民族的伟大复兴，但是各种自然灾害依然频繁出现，给人民的生命财产安全带来巨大的威胁。盛世并不能阻止自然灾害的发生。越是昌明盛世，越应当大力提高防灾减灾和应急管理能力，使国家和社会能够对自然灾害进行有效的应对，进而将损失减少到最低。

5. 天灾流行，何地无有

☑ 提高全民防灾素养
☑ 培育全民防灾文化
☑ 提高社会防灾减灾救灾动员能力

【原始出处】

明·毕自严《灾祲窾议》："天灾流行，何地蔑有？"

【白话释义】

天降灾害，哪个地方能够没有呢？蔑（miè）：无。

【应急解说】

我国国土辽阔，地理与气候情况又非常复杂，所以自然灾害种类多，发生频率高，灾情严重。沿海地区有台风、风暴潮、赤潮、海水入侵等；东部地区又有地震、洪涝、旱灾、病虫害等；西北地区是我们传统的干旱区；青藏高原又以暴风雪、地震、寒潮、雪崩等自然灾害为主。其中长江流域的洪水、内蒙古的雪灾、黄土高原的暴雨和干旱、西南地区的地震、滑坡和泥石流等灾害尤为突出。生活在这样一个幅员辽阔的大国，每个中国公民都应具备一定的灾害基本知识和防灾减灾素养。

6. 岂能使五谷常收，而旱水不至

☑ 加强应急财政建设
☑ 加强应急物资储备

【原始出处】

战国·墨翟《墨子·七患》："虽上世之圣王，岂能使五谷常收，而旱水不至哉？”

【白话释义】

即便是上古时期的伟大君主，也不能使五谷一直丰收，洪水和干旱一直不发生啊！

【应急解说】

从古至今，我国都是世界上自然灾害最严重的国家之一。战国时期墨家思想的代表者墨子指出，即使在大禹、商汤这样的明君圣主统治时期，也遇到过连年的水灾和旱灾，可见明君圣主并不能阻止天灾的发生。当时的百姓却没有挨饿，这是为什么呢？“其生财密，其用之节也。”墨子的意思是说，既然水灾、旱灾的发生是无法避免的，那么就更加需要发展农业，注重储备和节约。放在当今社会，就是要大力建设国家的应急能力与管理体系。

7. 灾害者，天地之戒也

☑培育民众安全文化
☑推进社会生态文明建设

【原始出处】

东汉·班固《汉书·宣帝纪》：“盖灾异者，天地之戒也。”

【白话释义】

那些灾害和异象，都是天地对人类的告诫啊！

【应急解说】

千百年来，人类以技术为武器，以大自然的征服者自居。尤其是工业时代以来，人类开拓自然的欲望空前高涨，对自然的傲慢也油然而生。但近年来多灾多难的全球现状，迫使人类开始反思自己的行为。大自然不属于人类，相反人类却属于大自然。《汉书》中这句话有助于提醒人们：自然灾害正是对缺少敬畏心的人类行为的深沉告诫。这句话和恩格斯在《自然辩证法》中所说的“我们不要过分陶醉于我们对自然界的胜利，对于每一次这样的胜利，自然界都报复了我们”异曲同工。

8. 大灾之后，必有大疫

☑ 加强多灾种和灾害链综合监测
☑ 搞好灾后重建工作

【原始出处】

明·钟化民《赈豫纪略》："大荒之后，必有大疫。"

【白话释义】

重大的灾荒过后，一定会爆发严重的疫情。

【应急解说】

钟化民提出"大荒之后，必有大疫"的背景，是明神宗万历二十二年（1594 年）的河南特大灾荒。朝廷派出时任光禄寺丞的钟化民以钦差大臣的身份，赴河南救灾。他根据长期的历史经验和救灾现场的情况认识到，由于正常的生活环境被灾害破坏，尸体、排泄物、垃圾等不能及时处理，缺乏干净的食物和饮用水，加之灾民的聚集与迁徙，很容易造成灾区爆发大规模的传染病、食物中毒等疫病。所以他及时将医疗资源分派到各个村落，有效预防疫情的聚集性感染。现代社会依然如是。地震、洪水过后，当地疾控部门都需要严格做好消杀工作，及时处理家禽、家畜等动物的尸体，还要密切关注有无集体发热、集体腹泻等情况。

9. 物之不齐，物之情也

☑ 提高全民防灾素养
☑ 开展灾后心理调节与心理援助

【原始出处】

战国·孟轲《孟子·滕文公上》："夫物之不齐，物之情也。"

【白话释义】

事物之间千差万别，这是事物存在的客观规律。

【应急解说】

炎热的夏天，谁都期盼一场霖雨解一解暑热，但天公很可能降下暴雨，毁坏堤坝。寒冷的冬天，农民们很期盼白雪覆盖麦田，换来明年的丰收，但上天却可能连降暴雪，造成雪灾。事物存在于世的状态是千差万别的。春风夏雨，秋阳冬雪可以给人类带来丰收和美景，但也能给人类带来巨大的灾难。孟子这句话充满了朴素的客观真理，有利于帮助广大民众理性地了解灾害现象，智慧地进行灾前预防，自觉能动地治疗灾害创伤，配合并开展灾后重建工作。

10. 山峭者崩，泽满者溢

☑ 防范化解重大安全风险
☑ 提高风险早期识别能力
☑ 加强灾前应急准备

【原始出处】

秦·黄石公《素书·安礼》：“山峭者崩，泽满者溢。”

【白话释义】

陡峭的山容易崩塌，过满的水泽容易溢出。

【应急解说】

古人经过对大自然的长期观察发现，陡峻的山和满溢的水都是灾害隐患，从而劝诫人类应有对风险的察觉能力和忧患意识。同时，这句话可以提醒人们，在社会生产生活中，也应该戒骄戒满，居安思危，否则越是顺心顺意，越是身在安乐处，灾难就越有可能萌生。例如安全生产不能麻痹大意，安全问题如果变成了“说起来重要，做起来次要，忙起来不要”，生产事故早晚都会来临。

11. 海行无常，风波难免

☑ 加强风险评估
☑ 健全应急预案体系
☑ 防范化解重大安全风险

【原始出处】

西晋·陈寿《三国志·吴书·薛综传》：“海行无常，风波难免。”

【白话释义】

海上航行面临的情况变化不定，遭遇大风大浪的危险在所难免。

【应急解说】

在我国防灾文化的发展史上，论及陆地和河流灾害的有很多，论及海洋灾害的却并不多。三国时期吴国的名臣薛综，在劝谏吴主孙权的上疏中，对海行的危险性进行过如上描述。当时孙权想要出海亲征，讨伐叛变的辽东军阀公孙渊。薛综历数出海征战的危险，成功劝阻了孙权贸然出兵的计划。薛综在上疏中提到了洋流多变、险滩难行、风浪巨大、气候瞬息万变，以及海水会引发传染病等多种危险因素。从薛综的描述可以看出，当时人们对海洋习性和航行安全已经有了很多认识。即便是航海技术已经十分发达的今天，仍有 2012 年意大利“康科迪亚”号触礁侧翻事故、2014 年韩国“岁月”号客轮沉没事件等海难发生，提醒我们持续加强风险评估、防范化解重大安全风险。

12. 莫倚顺风帆力健，最难收是急流中

☑ 培育全民防灾文化
☑ 健全公民安全教育体系
☑ 提高风险早期识别能力

【原始出处】

清 · 吴文溥《南野堂笔记》：“莫倚顺风帆力健，最难收是急流中。”

【白话释义】

不要沉浸在顺风时风帆有力易行的顺境里，要知道到了急流之中，再想收帆就太难了。

【应急解说】

上下五千年，华夏文明是世界上唯一一个未曾中断而发展至今的古文明。如此磅礴的生命力，来自中国传统文化切近生命、贴合人生，饱含智慧、生生不息的强大力量。这句话用行船做比喻，告诫人们在顺风顺水的畅快中，不要失去忧患意识，要时刻保持清醒和戒备，保持应对风险的能力。经历了岁月长河中的无数大灾大难，华夏文明依然在东方屹立不倒，离不开其深沉的忧患意识和抗灾能力。

13. 物必先腐，而后虫生

☑ 加强风险评估
☑ 健全风险防范化解机制
☑ 防范化解重大安全风险

【原始出处】

北宋 · 苏轼《范增论》：“物必先腐也，而后虫生之。”

【白话释义】

物品必定是先腐败了，然后才会生出虫子来。

【应急解说】

2017 年 11 月 17 日，习近平总书记在主持十八届中共中央政治局第一次集体学习时的讲话中说：“‘物必先腐，而后虫生。’近年来，一些国家因

长期积累的矛盾导致民怨载道、社会动荡、政权垮台，其中贪污腐败问题是一个很重要的原因。大量事实告诉我们，腐败问题越演越烈，最终必然会亡党亡国！我们要警惕啊！”“物必先腐，而后虫生”这句话一般用于党风廉政建设，但在防灾减灾的事业中，也应该重视内因的作用。例如连降暴雨是外因，但堤坝的年久失修正是溃决的内因；排水管道老化、排水设施不健全是城市内涝的内因。应急管理工作固然是应对外在的灾害侵袭，但平时更需要重视内部肌理的健康，重视健全风险防范化解机制。

14. 硬弩弦先断，钢刀刃自伤

☑ 防范化解重大安全风险
☑ 提高突发事件响应和处置能力

【原始出处】

明《增广贤文》：“硬弩弦先断，钢刀刃自伤。”

【白话释义】

强弩的弦总是先断，钢刀的刃容易损伤。

【应急解说】

这句谚语的内涵是指锋芒太露，容易自我损伤。同时也可以指盯住关键行业，抓住重要节点。例如，在防范风险、监测预警的工作中，也要关注到事物发展过程中的“硬弩”和“钢刀”。那种状态非常紧张，处在即将崩溃的临界点上的隐患，是极易引发巨大危险的。我们要有敏锐的眼睛，及时发现“硬弩”和“钢刀”，选择最佳的时机化解重大风险。

15. 万事尽从忙里错，一心须向静中安

☑ 增强应急管理工作能力
☑ 打造应急队伍的心理素质与精神力量

【原始出处】

南宋·戴复古《处世》：“万事尽从忙里错，一心须向静中安。”

【白话释义】

做事时忙乱就容易出错，只有心态安定，才可以避免错漏。

【应急解说】

这句诗本来是谈为人处世的智慧和心态的，但也是正确的应急管理态

度。事实上，在突发灾难事件面前，应急管理工作者的工作环境特殊、角色任务紧迫，会使他们产生一系列的心理应激反应，如恐惧、焦虑、委屈、无助、挫败感等。世界卫生组织的调查显示：30% 至 50% 的一线救援人员会出现不同程度的心理失调，至少会有 20% 的一线救援人员在灾后一年内持续受到创伤后压力心理障碍症（PTSD）的影响。面对这一情况，一方面需要有及时的心理干预和事后支持，对应急工作者进行心理救助；另一方面，一线工作者需要良好的心理素质，切忌急躁慌乱，每时每刻都需要保持沉稳冷静，参考应急预案与历史经验，用合理的方法稳妥高效地进行应急处理。

16. 人生一世中，一步百险艰

☑ 提高全民防灾素养
☑ 培育全民防灾文化
☑ 筑牢防灾减灾救灾的人民防线

【原始出处】

北宋 · 欧阳修《感春杂言》：“人生一世中，一步百险艰。”

【白话释义】

人的一生中，每一步都难免遇到繁多的艰险。

【应急解说】

人生每前进一步，就会遇到多种险难。也许你会觉得北宋大文豪欧阳修有些夸张了，但是仔细想想，大至人类文明的传承，小至每个人的生命历程，都是与各种灾害相伴始终的。例如自然灾害，还有建筑、开采中的事故，以及火灾、爆炸、坍塌等意外事件，随时都可能打乱我们平静的生活，甚至很可能威胁我们的生命和财产安全。而人类的力量、人性的光芒，正体现在于灾难发生之前的有效化解、于救灾救援中的坚强勇敢、于灾后重建中的守望相助。

17. 一日曝之，十日寒之

☑ 推进防灾减灾制度建设
☑ 推进应急管理的法治化

【原始出处】

战国 · 孟轲《孟子 · 告子上》：“虽有天下易生之物也，一日暴之，十日寒之，未有能生者也。”

【白话释义】

即便是天下最容易生长的植物，如果晒一天，再冻十天，也是没法活的。暴：同“曝”（pù），暴晒。

【应急解说】

“一曝十寒”已经成为家喻户晓的成语，用来比喻做事、工作、学习如果没有专注与恒心，是不会有成效的。与应急管理事业联系在一起，这句话也同样值得借鉴。正如习近平总书记指出的：“加强应急管理体系和能力建设，既是一项紧迫任务，又是一项长期任务。”我国应急管理体系和能力现代化的建设进程，前路漫漫，需要专心、恒心与耐心。

18. 冰冻三尺，非一日之寒

☑ 提高风险早期识别能力
☑ 加强风险隐患排查和治理
☑ 健全风险防范化解机制

【原始出处】

东汉 · 王充《论衡 · 状留篇》：“故夫河冰结合，非一日之寒。”

【白话释义】

所以那黄河之水的结冰，不是一天的寒冷就能形成的。

【应急解说】

东汉思想家王充从事实出发，提出了一个明辨是非的高见——黄河之水的冻结不是一天的寒冷所能形成的。后世人们提炼出“冰冻三尺，非一日之寒”这句谚语，用来表达一种状态的形成需要经过长期的积累。这句话也十分适用于风险识别和风险防范，因为很多灾害实际上是经历了长期的累积而最终爆发的。所以，如果我们能够有效辨别事物的发展趋势，及时做好隐患排查和治理工作，就能防范化解许多重大的安全风险。

19. 高岸为谷，深谷为陵

☑ 提高全民防灾素养
☑ 培育全民防灾文化

【原始出处】

春秋《诗经 · 小雅 · 十月之交》：“百川沸腾，山冢崒崩。高岸为谷，深谷为陵。”

【白话释义】

众多江河好像沸腾了一般翻滚，山顶纷纷崩裂下来。原来的高山变成了深谷，原来的深谷却变成了高山。

【应急解说】

中国诗歌史悠久辉煌，自然灾害一直是其中重要的诗歌题材之一。《诗经》作为我国最早的诗歌总集，其中就描写了许多自然灾害。在《十月之交》中，诗人提及多种灾害，用来抨击周幽王时期的黑暗统治。其中“高岸为谷，深谷为陵”描写的是周幽王时期的关中地区大地震。这个诗句震撼人心，成为古来描写地震惨状的经典语句。文学中的灾害描写，一来可以补充史料，二来具有强烈的在场感、强大的描述性和情感冲击力。

20. 旱魃为虐，如惔如焚

☑ 提高全民防灾素养
☑ 培育全民防灾文化

【原始出处】

春秋《诗经·大雅·云汉》：“旱魃为虐，如惔如焚。”

【白话释义】

旱魃肆虐，大地好像被大火焚烧了一样。旱魃（bá）：中国古代神话中能够引起旱灾的鬼怪。惔（tán）：火烧。

【应急解说】

旱魃是古代传说中的旱神，其早期形象为穿着青衣的女子。古人认为，当她发威肆虐时，人间就会发生旱灾。古代因此有很多驱逐旱魃的仪式，来祈求旱灾早日结束。《云汉》的写作背景是两千八百多年前周宣王时的一场大旱灾，诗中将旱情铺陈描摹，其详尽之程度几乎可以当作史料看待。周宣王面对旱情的敬畏、疑惑和渴望旱灾结束的心情，跃然纸上。这些沉重的诗句，反映了中国人民自古以来在抗灾救灾中走过的艰难而又坚强的历程。

21. 沧海桑田

☑ 普及全民安全知识
☑ 提高全民防灾素养
☑ 培育全民防灾文化

【原始出处】

东晋·葛洪《神仙传·王远》：“接待以来，已见东海三为桑田。”

【白话释义】

自从交往以来，已经三次见到东海变成桑田。

【应急解说】

东晋道学家葛洪的《神仙传》中多讲述神仙故事。其中记载神仙麻姑说自己已经看见过三次东海化作桑田的变迁，后人就用“沧海桑田”来比喻时空的辽远与世事变幻。而从地质变迁的角度来看，海陆分合、沧海桑田的变迁是与地球的生命相伴随始终的，许多自然灾害的发生都与地质运动相关。我国位于环太平洋地震带与欧亚地震带之间，受太平洋板块、印度板块和菲律宾板块的挤压，地震断裂带十分活跃。我国地震活动强度大、震源浅、频度高、分布广，是一个震灾严重的国家。

22. 人间正道是沧桑

☑ 推进应急管理体系现代化
☑ 推进应急管理能力现代化
☑ 保障社会和谐稳定和改革发展

【原始出处】

现代·毛泽东《人民解放军占领南京》：“天若有情天亦老，人间正道是沧桑。”

【白话释义】

倘若上天有感情，也会随着岁月的变幻而老去的。因为天道自然运转不息，革故鼎新是人间的客观规律。

【应急解说】

当1949年人民解放军解放南京之际，毛主席写下“天若有情天亦老，人间正道是沧桑”的壮丽诗句，他巧妙地化用唐代诗人李贺的诗句，加入了对当时革命形式高瞻远瞩的思考，以摧枯拉朽的气势破空而来，振聋发聩。沧海桑田的变化是自然界的客观规律，革故鼎新也是人间运势的必然走向。2018年3月应急管理部的成立，正是一次为了适应新时代、新体制、新要求的全新再造，肩负着从单一灾种应急救援向全灾种应急救援转变，从区域性作战向跨区域、跨国应急救援转变，从灾后救援向防范救援救灾全过程参与转变。在任重而道远的应急管理事业中，我们也应该有“人间正道是沧桑”这种博大的胸襟、高远的站位，把握住天道自然和人事的发展规律。

23. 日中则移，月满则亏

☑ 提高风险早期识别能力
☑ 防范化解重大安全风险
☑ 加强灾前应急准备

【原始出处】

西汉·司马迁《史记·范雎蔡泽列传》：“日中则移，月满则亏。”

【白话释义】

太阳来到正中位置之后，就会向下移动；月亮圆满之后，就会开始亏缺。

【应急解说】

战国末期燕国辩士蔡泽擅长谋略辞说。他来到秦国后，认识到时任相国的范雎因形势所迫，想要辞让官职的心思，于是就对范雎进行了长篇的劝诫。蔡泽说：“语曰‘日中则移，月满则亏’。物盛则衰，天地之常数也。进退盈缩，与时变化，圣人之常道也。”太阳和月亮的运行规律就是天道。而天道与人事的道理是相通的，人生也应该顺势进退。听了这一席话，范雎终于下定决心退出官场，并且推荐蔡泽成为下一任秦相。越是在大盛全盛、安定祥和的日子里，越是要小心谨慎、兢兢业业。众所周知，春节期间多发易发安全事故，鞭炮火灾、瓦斯爆炸、交通事故等层出不穷，各类应急救援队伍整个春节期间都在临战状态，所谓群众过节，我们过关。尊重事物发展趋势、时刻保持高度警觉，从而居安思危、落实责任，是应急管理工作者应有的智慧。

24. 屋漏更遭连夜雨，行船又遇打头风

☑ 健全风险防范化解机制
☑ 加强多灾种和灾害链综合监测
☑ 应对处置各类灾害事故

【原始出处】

明《增广贤文》：“屋漏更遭连夜雨，行船又遇打头风。”

【白话释义】

屋子已经漏了，偏偏又下起了连夜大雨；行船本就困难，偏偏又碰上了迎头的大风。

【应急解说】

这两句话所描述的情况，真是难上加难呢，就是人们常说的“祸不单行”。在实际的应急工作中，很多灾害与事故都是复合型、组合式、链条式的。例如2011年3月11日，日本本州岛宫城县先是发生了九级强震，地震又引发了巨大

的海啸，以八百千米的时速带着洪水和泥石扑向陆地。但噩梦未醒，十多米高的浪头又打坏了福岛核电站的炉心冷却系统，进而引发了核灾的巨大威胁。地震、海啸、核泄漏这种三位一体的“复合型灾害”，不仅打破了日本社会的安全神话，也给日本经济带来了重大打击。近年来，灾害对人类社会的冲击，已不再只停留于单一的某种形式，而变化成多种危机或灾害之间相互影响的复合产物。这就需要应急管理工作者充分考虑到足够复杂多样的困难，做好充分的应急预案，健全风险防范化解机制，提高应急管理体系的响应水平和处置能力。

25. 大厦将颠，非一木所支也

☑ 防范化解重大安全风险
☑ 加强应急救援队伍建设
☑ 强化应急救援装备技术支撑

【原始出处】

隋 · 王通《中说 · 事君篇》：“大厦将颠，非一木所支也。”

【白话释义】

将要倒塌的高楼，不是一根树枝可以支撑起来的。

【应急解说】

2019年，我国先后发生了陕西李家沟煤矿井下发生事故、内蒙古锡林郭勒盟西乌旗银漫矿业公司安全事故、盐城响水重特大爆炸事故、湖南常长高速客车起火事故、四川凉山森林火灾、河南三门峡煤气集团爆炸重特大事故、浙江宁海县日用品公司火灾事故、山西平遥煤矿瓦斯爆炸事故、贵州安龙县煤矿煤与瓦斯突发事故等多起重大安全事故，造成了巨大的损失，留下了惨痛的教训。我们首先要防范化解重大安全风险和隐患，其次要建设专业的应急救援队伍，提高救援能力和装备技术。正如习近平总书记所强调的：“要强化应急救援队伍战斗力建设，抓紧补短板、强弱项，提高各类灾害事故救援能力。”“要强化应急管理装备技术支撑，优化整合各类科技资源，推进应急管理科技自主创新。”

26. 百年养不足，一日毁有余

☑ 健全公民安全教育体系
☑ 加强风险隐患排查和治理
☑ 提高应急管理的精细化水平

【原始出处】

北宋 · 王安石《寓言九首》：“百年养不足，一日毁有余。”

【白话释义】

修养德行、积累名誉，用一百年来完成也不一定够；可是要毁掉这些，连一天的时间都用不了。

【应急解说】

北宋著名政治家、文学家王安石总结的道理，是关乎德行和名誉的，但落实到灾害防治与安全生产，也是非常值得铭记参照的格言。建设绿水青山、维护良好的生态环境、培育全民的安全素养、建立合理的防灾减灾机制，需要长期的工作和积累。但是一个小小的疏忽，短时间的玩忽职守，可能就会断送长久的安全平稳。所以，我们更加需要居安思危、落实安全责任，将应急管理走向精细化、制度化。

27. 楚国亡猿，祸延林木；城门失火，殃及池鱼

☑ 提高风险早期识别能力
☑ 加强多灾种和灾害链综合监测
☑ 提高应急管理的精细化水平

【原始出处】

北齐·杜弼《檄梁文》：“但恐楚国亡猿，祸延林木；城门失火，殃及池鱼。”

【白话释义】

楚国人为了捉一只逃走的猿猴，而破坏了森林；城门失火的时候，人们用护城河的河水去救火，河里的鱼却因此干涸而死。

【应急解说】

世界上万事万物都是互相关联的，没有哪件事物可以孤立存在。我国是世界上自然灾害最为严重的国家之一，并且各类事故隐患和安全风险交织叠加、易发多发。例如 2018 年金沙江和雅鲁藏布江接连发生的四次堰塞湖，就是地震地质构造、冰川冻融和气候变化等综合因素引发的‘滑坡泥石流—堰塞湖—溃决洪水’灾害，具有典型的灾害链特征。这就需要提前对水文、地质、气候等情况进行综合监测，开展风险早期识别和预报预警，提升多灾种和灾害链综合监测水平。

28. 牧竖之焚

☑ 提高全民防灾素养
☑ 提高预报预警能力
☑ 加强风险隐患排查和治理

【原始出处】

东汉·班固《汉书·楚元王传》："其后牧儿亡羊，羊入其凿，牧者持火照求羊，失火烧其臧椁。自古至今，葬未有盛如始皇者也，数年之间，外被项籍之灾，内离牧竖之祸，岂不哀哉！"

【白话释义】

有一个牧童丢了羊，那只羊进入了秦始皇的陵墓。牧童举火照明进来寻找羊，失手烧了秦始皇的葬椁。从古到今，要说丧葬的规模，没有比秦始皇更盛大的。可是几年之间，他墓葬外围的宫室建筑被项羽烧了，墓葬内部又被小牧童毁坏了，这不是很可悲吗？竖：童子。

【应急解说】

西汉后期的大学者刘向劝谏当时的汉成帝刘骜不要过分奢靡，在营建陵寝时应该选择薄葬，所以他提到了奢华无比的秦始皇陵被破坏的情况。从身份上来说，小牧童和秦始皇差别很大，小牧童可以说是微不足道，但就是这样一个意外丢羊的小事件，却让举世瞩目的秦始皇陵失火。从这件灾难中可以看出，安全无小事，事故随时都有可能被偶发因素引发，所以更加需要提高全民防灾素养、推进防灾减灾制度的建设、提高预警和救援能力。

29. 涸辙之鲋

☑ 保护人民群众生命财产安全
☑ 提高突发事件响应和处置能力
☑ 坚持为老百姓排忧解难的责任和使命

【原始出处】

战国·庄周《庄子·外物》："周昨来，有中道而呼者，周顾视车辙，中有鲋鱼焉。"

【白话释义】

我（庄周）昨天来的时候，在路上听见有呼救声，回头一看，在车轮压过的水坑里有一条鲫鱼。鲋（fù）：鲫鱼。

【应急解说】

车轮压出来的水坑里有一条呼救的鲫鱼，非常生动地形容出在困境中急待援救的人。其实庄子那天是去向监河侯借粮的，监河侯说等收了税金就借粮，于是庄子就讲了这个故事。故事中的庄子跟这条呼救的鱼说，我去吴越游说，引来西江水救你，如何？那当然不行了。这条鱼只需要的是眼前的一斗水，解燃眉之急。庄子用这个寓言故事来讽刺监河侯不救急难。所以在进行救援工作时，必须秉承生命至上原则，始终践行全心全意为人民服务的宗旨，坚持第一时间为老百姓排忧解难。

30. 灭顶之灾

☑ 应对处置各类灾害事故
☑ 提高救援实战能力
☑ 保护人民群众生命财产安全

【原始出处】

西周《周易·大过卦》：“过涉灭顶，凶。无咎。”

【白话释义】

涉水过深以至淹没了头顶，有凶险。但是有救援，无害。

【应急解说】

《周易》中的“大过”卦，卦象为巽下兑上。在八卦中，巽可以象征木，兑可以象征泽。泽在木上，所以“大过”卦有被水淹没的意思，而其中的上六爻辞，还以水没过头顶为象，所以十分凶险。后世便以“灭顶之灾”来比喻毁灭性的灾难。《周易》认为，虽然“大过”卦上六爻的灭顶之象非常凶险，但是因为这一爻是阴爻，上六正是阴爻合适的偶数位置，所以又有处置得当、获得救应的意思，因此终能无害。古老的典籍《周易》用其先进的哲学观告诉我们，即便是面临毁灭性的灾难，也并非只能束手无策、坐以待毙。应急救援队伍就是扶危定倾、救民于水火的专业救援力量，他们将会用高超的专业技能，实践人民至上的救灾原则，展示社会主义救灾制度的优越性。

31. 万方多难此登临

☑ 提高全民防灾素养
☑ 培育全民防灾文化
☑ 筑牢防灾减灾救灾的人民防线

【原始出处】

唐·杜甫《登楼》：“花近高楼伤客心，万方多难此登临。”

【白话释义】

我登上高楼，虽然繁花满眼，但是一想到各地饱受灾难，不禁又黯然神伤。

【应急解说】

唐代宗广德二年（764 年），唐代“诗圣”杜甫在成都写下这首七律代表作《登楼》，“以我观物，故物皆着我之色彩”，杜甫感伤大唐国运，将锦江春色与时势政局融会在一起，创作了这首悲壮雄浑的千古绝唱。安史之乱之后，唐朝进入一个“万方多难”的时期，杜甫本人也客居成都，是个颠沛流离的游子，但是他依然对国家社稷具有坚定的信念。古今沧桑，多难兴邦，诗人面对国家灾难时的悲壮与坚韧，感人至深。不论是应急管理工作者还是普通民众，都要清醒地认识到我国幅员辽阔、城市密集、人口众多，是各类灾害事故频发的国度。每个公民都需要防风险、除隐患、遏事故，强化安全意识，提升安全素养，做好应急准备。

32. 足寒伤心，民寒伤国

☑ 保护人民群众生命财产安全
☑ 实践人民至上的救灾原则
☑ 提高人民群众安全感与幸福感

【原始出处】

东汉 · 荀悦《申鉴》：“故足寒伤心，民寒伤国。”

【白话释义】

如果足部受寒，会伤害到心脏；如果民众穷困，会损害到国家。

【应急解说】

东汉学者荀悦将医道与国势联系在一起，总结出民众与国家之间重要的依存关系——失民心者丢天下。民本思想在古代中国源远流长，社会主义新中国更是以人为本，无论是实现小康社会还是实现中国梦的先决条件，都是要贯彻以人为本的理念，解决好民生问题。习近平总书记指出：“我们任何时候都必须把人民利益放在第一位，把实现好、维护好、发展好最广大人民根本利益作为一切工作的出发点和落脚点。”应急管理工作正是为了保护人民群众生命财产安全，实践人民至上的救灾原则，提高人民群众的安全感与幸福感。

33. 水旱固有天数，然人事不可废

☑ 应对处置各类灾害事故
☑ 加强应急救援队伍建设
☑ 提高突发事件响应和处置能力

【原始出处】

明·王崇庆《救荒活民书·断释》：“水旱固有天数，然人事不可废。”

明·俞汝为《荒政要览》引王安石曰：“水旱常数，尧汤所不免。……当益修人事，以应天灾。”

【白话释义】

水灾、旱灾的发生固然是无法避免的，但是做好防灾救灾的人事准备不可废止。

水灾、旱灾是自然界的正常现象，即便是在尧帝和商汤这样的圣君所统治的清明时代也是在所难免的。所以我们应该更加勤勉于防灾救灾工作，来挽回天灾造成的损失。

【应急解说】

经过长期的历史经验积累，古代中国人已经认识到，自然灾害的发生是客观规律，具有不可抗拒性。越是不可避免，就越需要加强防灾减灾救灾建设、提高应对灾害的处置能力，这才是面对自然灾害的正确态度。承认灾害发生的客观性，就不会悲悲切切，怨天尤人。积极发挥人类的能动性，做好充分的预案，采用得当的救灾措施，就能将损失降到最低。

34. 灾害之行，治世不能使之无，而能为之备

☑ 加强灾前应急准备
☑ 推进防灾减灾制度建设

【原始出处】

北宋·曾巩《越州赵公救灾记》：“盖灾沴之行，治世不能使之无，而能为之备。”

明·俞汝为《荒政要览》引倪岳：“农无常稔之年，国有备荒之政。”

【白话释义】

大约自然灾害的发生，即便是在太平昌盛的时代也无法避免，但必须预先进行有效的防备。沴（lì）：灾害。

农业生产没有总是丰收的年头，所以国家需要一直有防备饥荒的政策。

【应急解说】

宋神宗熙宁八年（1075 年），越州（今浙江绍兴）发生了一场大旱灾，继而引发了饥荒，第二年春天又引发了瘟疫。在这样的灾害背景下，位列“唐宋八大家”之一的北宋著名作家曾巩，写下了散文史上的名篇《越州赵公救灾记》。他在文中突出了时任越州知州赵抃救灾抗疫的功绩，成为中国文学史上疾疫题材中最重要的作品之一。他之所以写文章总结赵抃救灾的经验，是因为要强调“预备”在救灾中的重要性。自然灾害难免会发生，只有掌握了经过实践的成功办法，才可以采取得当的救灾措施，迅速救民于水火。

35. 春生、夏长、秋收、冬藏，天之正也

☑ 培育全民防灾文化
☑ 推进社会生态文明建设
☑ 建筑中国特色的防灾精神

【原始出处】

战国·鬼谷子《鬼谷子·持枢》：“春生、夏长、秋收、冬藏，天之正也。”

西汉·晁错《论贵粟疏》：“春耕，夏耘，秋获，冬藏，伐薪樵，治官府，给徭役。春不得避风尘，夏不得避暑热，秋不得避阴雨，冬不得避寒冻，四时之间，无日休息。”

【白话释义】

春天萌生，夏天滋长，秋天收获，冬天储藏，这是天地之间的正常规律。

（农民们）春天耕种，夏天除草，秋天收获，冬天储藏，砍伐木柴，修理官府的房舍，服劳役。他们春天不能躲避风尘，夏天不能躲避暑热，秋天不能躲避阴雨，冬天不能躲避寒冻，一年四季，没有一天休息。

【应急解说】

我国农业文明历史悠久，一代又一代华夏儿女在这片广袤而富饶的土地上繁衍生息，创造了光辉灿烂的中华文明。寒来暑往，四季更迭，凭借着天人合一、道法自然的发展观，广大劳动人民了解自然、尊重自然、取法自然，也保护自然。在中国古代的防灾思想中，顺应天时、敬畏自然是其核心思想之一。在推进应急管理体系现代化的当代中国，我们也要尊重自然发展的客观规律，敬畏天地的变换流转，充分利用传统文化中生态文明的巨大智

慧，古为今用，再创辉煌。

36. 祸兮福所倚，福兮祸所伏

☑ 提高风险早期识别能力
☑ 提高全民防灾素养
☑ 开展灾后心理调节与心理援助

【原始出处】

春秋·李耳《老子》第五十八章：“祸兮福之所倚，福兮祸之所伏。”

西汉·司马迁《史记·龟策列传》：“祸不妄至，福不徒来。”

西晋·陈寿《三国志·吴书·吴主五子传》：“福来有由，祸来有渐。”

清·金缨《格言联璧·悖凶类》：“盛者衰之始，福者祸之基。”

【白话释义】

灾祸中包含着吉福，吉福中也包含着灾祸。

灾祸不会胡乱发生，吉福也不会凭空到来。

吉福的到来，是有一定原因的。灾祸的降临，是逐渐发展起来的。

兴盛，往往是衰退的开端；吉福，常常是灾祸的根源。

【应急解说】

《老子》中的这句话是人们经常引用的哲言，表达了对立面相互转化的辩证思想。所以，当灾祸来临的时候，无须过度恐慌，而应该沉着应对，及时去发现新的转机；当事情非常顺利的时候，也不可得意忘形，失去戒备，要知道祸患常常萌生在顺境里。

37. 塞翁失马，焉知非福

☑ 提高全民防灾素养
☑ 培育全民防灾文化
☑ 应对处置各类灾害事故

【原始出处】

西汉·刘安《淮南子·人间训》：“近塞上之人有善术者，马无故亡而入胡。人皆吊之。其父曰：‘此何遽不为福乎？’居数月，其马将胡骏马而归。人皆贺之。其父曰：‘此何遽不能为祸乎？’家富良马，其子好骑，堕而折其髀。人皆吊之。其父曰：‘此何遽不为福乎？’居一年，胡人大入塞，丁壮者引弦而战，近塞之人，死者十九，此独以跛之故，父子相保。故福之为祸，祸之为福，化不可极，深不可测也。”

【白话释义】

汉代时有一户边塞人家的马，无故跑到了匈奴那边。其他人都去慰问。家里的长者说道：“这难道不是一件好事吗？”过了几个月，他的马果然带了一匹胡地的骏马回来了。人们又都去祝贺，长者说：“这难道不是一件坏事吗？”后来，他儿子从马背上摔下来把腿折断了。人们又都去慰问，长者说：“这难道不是一件好事吗？”过了一年，匈奴大举入侵，边塞上的人很多都参军战死，这家的儿子因为腿跛无法参战，父子俩得以相守。可见，好事与坏事是互相转化的。

【应急解说】

西汉淮南王刘安所编的《淮南子·人间训》一篇，主要谈论人世间的祸福利害，列举了大量史实和故事，并且着重讲述了祸福之间的互相转化。“塞翁失马，焉知非福”这句谚语，就是根据此篇中的故事总结出来的。这则一波三折的故事讲述得十分生动，成为国人在启蒙阶段就能读懂的道理。在安全生产与应急管理中，大家也需要保持积极的心态，在种种困境中坚定信心，抓住机遇，去夺取胜利。

38. 失之东隅，收之桑榆

☑ 大力培养应急管理人才
☑ 加强风险隐患排查和治理
☑ 推进防灾减灾制度建设

【原始出处】

南朝·范晔《后汉书·冯异列传》：“失之东隅，收之桑榆。”

【白话释义】

在事情刚开始的时候失去了，但在事情结束的时候又收回来了。东隅：日出之处。桑榆：日落之处。

【应急解说】

冯异是为汉光武帝刘秀建立东汉立下汗马功劳的大将。在与赤眉军的战争中，冯异先是失利，后又重新征召兵众，在崤底大破赤眉军。战后，刘秀下诏嘉奖，以“失之东隅，收之桑榆”称赞冯异最终的获胜。后人遂以此典故来指称得失的转化。“初唐四杰”之一的王勃也在名篇《滕王阁序》中以“东隅已逝，桑榆非晚”来表达早年的时光虽然已经匆匆过去，但是珍惜将来的岁月还为时不晚。须知每一次重大事故，都推进了救灾技术的进步与应急体制的革新。这需要我们以变化发展的眼光不断总结经验教训，加强风险防范，培养专业救援力量。

39. 暗室逢灯，绝渡逢舟

☑ 防范化解重大安全风险
☑ 应对处置各类灾害事故
☑ 提高突发事件响应和处置能力

【原始出处】

清·夏敬渠《野叟曝言》："暗室逢灯，绝渡逢舟。"

【白话释义】

黑暗的室内遇到灯火，绝路的渡口遇到舟船。

【应急解说】

对身处危难之中的人及时地进行救援，正如"暗室逢灯，绝渡逢舟"。提高突发事件响应和处置能力、提升处置各类灾害事故的能力、提高指挥决策能力、提高救援实战能力，永远是应急人不懈的追求。另外，这里的灯和舟，其实就是针对暗室和绝渡最适用的救援方法和装备技术。灾害救助救援是一种专业化、精细化的能力，应急管理部的成立，就是让专业的人做专业的事，从而快速高效地保护人民群众生命财产的安全。

40. 多难兴邦

☑ 打造应急队伍的心理素质与精神力量
☑ 开展灾后心理调节与心理援助
☑ 提高社会防灾减灾救灾动员能力

【原始出处】

春秋·左丘明《左传·昭公四年》："邻国之难，不可虞也。或多难以固其国，启其疆土；或无难以丧其国，失其守宇。"

【白话释义】

对邻国的祸患，是不能意料其结果的。可能会由于多有祸难而使得国家巩固，开疆拓土；也可能是由于没有祸难而丧失了国家，失去了土地。虞（yú）：猜测、意料。

【应急解说】

根据《左传》的记载，春秋时期，晋平公认为如果齐国、楚国多灾多难，齐楚就会衰落，晋国就会强大。晋国大夫司马侯认为国君的这个想法不正确，不能指望别的国家因为灾祸而衰落。因为灾祸也可能激励民众的团结和进取之心，令国家更强大。因此，当灾难发生时，“多难兴邦”是一份积极的鼓励，灾难打不垮勤劳勇敢的中国人民。同心协力，同舟共济，在与灾难的对抗与磨砺中，会让我们的国家更加强大。

贰 应急原则

EMERGENCY PRINCIPLE

当灾害发生时，习近平总书记总是第一时间对救灾工作作出重要指示，要求把抢救人的生命放在第一位，最大限度减少人员伤亡。“全力救人”“减少伤亡”“妥善安置”始终是他最重要的救灾要求。2018年3月，应急管理部的成立是中国应急管理体系建设中划时代的事件，是以民为本、爱民爱人的大国仁政。实践人民至上的救灾原则，坚持为老百姓排忧解难的责任和使命，提高人民群众的安全感、幸福感，是应急管理工作者始终坚守的初心。中国古代关于应急原则的名言，透射着强烈的忧国忧民思想、强大的人文关怀和恢宏的大国气度，有利于我们推进应急管理体系、应急管理能力的现代化。

1. 应急救灾，仁政也

☑ 保护人民群众生命财产安全
☑ 提高人民群众安全感与幸福感
☑ 展示社会主义救灾制度的优越性

【原始出处】

清·汪志伊《荒政辑要叙》："荒政者，仁政也。"

明·唐皋《重刊救荒补遗书序》："故荒政，仁政也；医，仁术也。"

【白话释义】

救灾的政策，是仁爱的政策啊！

救灾的措施，是仁爱的政策；医术，是仁爱的技术啊！

【应急解说】

应急管理，乃是国之大事，关乎百姓福祉、社会利益。2018 年 3 月，中华人民共和国应急管理部设立，其将分散在国家安全生产监督管理总局、国务院办公厅、公安部、民政部、自然资源部、水利部、农业农村部、林业局、地震局以及防汛抗旱指挥部、国家减灾委、抗震救灾指挥部、森林防火指挥部等部门的相关职能进行"板块整合"，逐步走向大国应急管理的"有机融合"，从而担负起保障人民群众生命财产安全的重大历史使命。应急管理部的成立是中国应急管理体系建设中划时代的事件，是以民为本、爱民爱人的大国仁政。

2. 民惟邦本，本固邦宁

☑ 提高人民群众安全感与幸福感
☑ 实践人民至上的救灾原则
☑ 展示社会主义救灾制度的优越性

【原始出处】

西周《尚书·五子之歌》："民惟邦本，本固邦宁。"

【白话释义】

人民才是国家的根基，只有根基牢固，国家才能得到安定。

【应急解说】

自古以来，我国就是自然灾害多发的国度。目前我国社会经济生活对自然因素的依赖性依然较大，对自然灾害的承受能力依然较弱，加之当前人类生活快速变化，人类社会已经进入了风险社会，所以各种灾害与事故的抢险救灾任务无比艰巨。应急管理部的防灾、减灾、救灾工作，既能够保障经济建设的顺利进行，也能维护社会的安定团结，更能体现社会主义制度的优越性。应急管理事业是关系到国计民生、人民安居乐业的大事，必须予以高度重视。

3. 大道之行也，天下为公

☑ 实践人民至上的救灾原则
☑ 展示社会主义救灾制度的优越性

【原始出处】

战国《礼记·礼运》："大道之行也，天下为公。选贤与能，讲信修睦。故人不独亲其亲，不独子其子，使老有所终，壮有所用，幼有所长，矜寡孤独废疾者，皆有所养。男有分，女有归。货恶其弃于地也，不必藏于己；力恶其不出于身也，不必为己。是故谋闭而不兴，盗窃乱贼而不作，故外户而不闭，是谓大同。"

【白话释义】

在大道施行的时候，天下是人们所共有的。把品德高尚与能干的人选拔出来，讲求诚信，培养和睦。所以人们能把别人的父母当成自己的父母，把别人的子女当成自己的子女，使老年人能终其天年，使中年人能为社会效力，使幼童能顺利成长，使老而无妻的人、老而无夫的人、幼年丧父的孩子、老而无子的人，还有残疾人都能得到供养。男子有职务，女子有归宿。反对把财物弃置于地的浪费行为，但并非据之为己有。人们都愿意为公共之事尽力，而并非为自己谋私利。因此奸邪之谋不会发生，盗窃、造反和害人的事情也销声匿迹。所以人家的大门都不用关上了，这就叫作理想社会。

【应急解说】

"天下为公""天下大同"是中国古代儒家提出的一种政治理想。大同世界就是人人敬老，人人爱幼，人人安居乐业，无处不均匀，无人不饱暖的理想社会。要想建立这样的大同社会，就需要人们都珍惜劳动产品，且不会将之据为己有；人们都能尽全力工作，却不是为了自己个人的利益。这段话告诉我们——树公心、去私心，是让社会和睦的必要途径。中国特色社会主义制度比西方的议会制或联邦制天然具有应对突发灾害事件的体制优势，在救灾工作中能够“树公心、去私心”，统筹应急环节与物资储备，统一调度救灾力量，集中力量抗大灾、办大事。这也是我们在无数次大灾大难面前，都能取得胜利的根本原因。

4. 国以人为本，民间有灾，当急救之

☑ 提高突发事件响应和处置能力
☑ 实践人民至上的救灾原则
☑ 展示社会主义救灾制度的优越性

【原始出处】

南宋·董煟《救荒活民书》引唐宪宗曰：“国以人为本，民间有灾，当急救之。”

【白话释义】

国家应该把百姓作为本体。如果民间发生了灾害，政府应该立刻施救。

【应急解说】

这句话是在强调以人民为本位的救助原则。人民是我们党的血脉之本与力量之源。坚持人民的利益，坚持走人民路线，是我们党一贯的根本政治立场。正是坚持人民至上的原则，我们党才在过去跨越无数的艰难险阻，取得了当前的辉煌成就。更何况灾情就是命令，救灾就是责任。在应急救灾工作中，我们更需要始终把保障人民生命与财产安全放在第一位，以人民至上的根本立场来铸就救灾抢险的坚固之堤。

5. 水旱不恤，民心日离

☑ 保护人民群众生命财产安全
☑ 提高突发事件响应和处置能力
☑ 实践人民至上的救灾原则

【原始出处】

南宋·董煟《救荒活民书》：“况水旱不恤，民心日离。”

【白话释义】

如果一个国家发生了水灾、旱灾却不去救助百姓，就会日渐失去民心。

【应急解说】

自古以来，自然灾害的发生容易引起人口流离、百姓饥荒，激化社会矛盾，增加社会的不安定因素，从而造成冲击国家稳定的可怕后果。纵观中国古代数千年的历史，很多起义、暴乱、改朝换代的导火索都是因为大型灾

荒。例如明代中后期自然灾害频发，水灾、旱灾、蝗灾、地震、瘟疫的轮番侵袭，让大明王朝在风雨中飘摇，最终不堪一击。现代社会依然如此，例如非洲近三十年来持续干旱，饥荒蔓延，导致非洲一些国家政局严重不稳，政变多次发生。所以救灾工作开展得顺利与否，直接关系到社会的和谐与稳定，是国之大事。

6. 国家以生民为忧

☑ 提高人民群众安全感与幸福感
☑ 展示社会主义救灾制度的优越性
☑ 实践人民至上的救灾原则

【原始出处】

战国·荀况《荀子·富国》：“岁虽凶败水旱，使百姓无冻馁之患，则是圣君贤相之事也。”

唐·李世民《晋宣帝总论》：“天地之大，黎元为本。”

明·王崇庆《救荒活民书释断》：“国家以生民为忧，一至于此。为臣者忍不尽心乎？”

【白话释义】

虽然每年都有水灾、旱灾等灾害，但老百姓没有挨冻受饿的忧患，这是明君和贤臣应该做的事啊！

天地虽然广大无垠，但是黎民百姓才是国家的根本。

国家把百姓的生存、生活当作最重要的事，作为官员，能不尽心尽力服务百姓吗？

【应急解说】

“天地之大，黎元为本”，体现了唐太宗李世民强烈的民本思想。正是有这样的认识，“贞观之治”才成了古代社会盛世的高峰。灾害救助的核心是救人。但因为灾害造成的后果是多方面的——人身伤亡、财产损失、设施损毁、疫病流行、心理崩塌等，所以灾害救助的内容也必须是多种多样的。它包括对灾民身体的保护、生命的救援，对伤者的医疗救助，灾民衣、食、住等基本生活保障的救助，还包括对灾民财产的保护、灾区物资的保护，还有灾后的家园重建，甚至包括抚慰灾民的心理创伤，疏解灾民的心理压力。

7. 政之所兴在顺民心，政之所废在逆民心

☑ 实践人民至上的救灾原则
☑ 提高人民群众安全感与幸福感
☑ 展示社会主义救灾制度的优越性

【原始出处】

春秋·管仲《管子·牧民》：“政之所兴在顺民心，政之所废在逆民心。”

【白话释义】

一个政权之所以能兴盛，在于它顺应民心；一个政权之所以废弛，是因为它违逆了民心。

【应急解说】

从本质上说，应急管理是运用国家财力、人力、能力在关键时刻保护人民生命和财产安全的行为。随着社会发展水平的不断提高，人民群众对生命和健康的需求日益凸显，人民群众有理由期待更好的应急救援与灾后保障。大力发展应急管理事业，是对十八大以来以人民为中心的发展思想的深刻诠释；大力推进事故灾难应急处置能力，是新时代对我们提出的重大要求。人的生命是最宝贵的，人民的利益是至高无上的，我们国家把人民的生命价值置于经济利益之上，所以危机状态下，应急管理具有优先性。

8. 乐民之乐者，民亦乐其乐；忧民之忧者，民亦忧其忧

☑ 保护人民群众生命财产安全
☑ 提高人民群众安全感与幸福感
☑ 展示社会主义救灾制度的优越性

【原始出处】

战国·孟轲《孟子·梁惠王下》：
“乐民之乐者，民亦乐其乐；忧民之忧者，民亦忧其忧。”

【白话释义】

管理者如果乐于做民众喜爱的事情，民众也会与管理者同乐；管理者担忧民众所担忧的事情，民众也会为管理者分忧。

【应急解说】

防灾减灾、救灾救困，其核心是保民生、保稳定。这项事业直接关乎百姓生命与财产、福祉与安康，乃是国之大事。及时、有效、迅速、果断地采取各种救灾措施，救民于水火，是暖民心的大事业。当灾情出现时，应急管

理的队伍能使人民群众拥有更多的安全感、幸福感。我们需要以群众安危为己任，时时处处从群众生命财产安全出发，在抢险救灾中，彰显我党全心全意为人民服务的属性，彰显社会主义制度的优越性。

9. 闻其饥寒为之哀，见其劳苦为之悲

☑ 保护人民群众生命财产安全
☑ 实践人民至上的救灾原则
☑ 展示社会主义救灾制度的优越性

【原始出处】

西汉·刘向《说苑·政理》："善为国者，遇民如父母之爱子、兄之爱弟，闻其饥寒为之哀，见其劳苦为之悲。"

【白话释义】

善于治国的人，对待民众就像父母关爱自己的孩子、兄长爱护自己的弟弟一样，听到他们遭受饥寒就会感到哀痛，见到他们劳苦就会感到伤悲。

【应急解说】

2020 年 3 月，四川西昌发生特大森林火灾。习近平总书记第一时间对救灾工作作出重要指示，要求在确保救援人员安全的前提下全力灭火。2019 年 6 月，四川长宁发生 6.0 级地震。习近平要求全力组织搜救，把抢救人的生命放在第一位，最大限度减少人员伤亡。2018 年 7 月，多省多地遭遇连续暴雨导致的洪涝灾害。习近平强调相关地区党委和政府要牢固树立以人民为中心的思想，全力组织开展抢险救灾工作，妥善安排好受灾群众生产生活。由此可见，受灾群众是总书记心头最关心的人，全力救人、减少伤亡、妥善安置始终是他最重要的救灾要求。这些高频词汇体现了他"以人民为中心"的执政理念和"全心全意为人民"的情怀。

10. 欲安其家，必先安于国

☑ 保护人民群众生命财产安全
☑ 提高人民群众安全感与幸福感
☑ 发扬党员干部模范带头作用

【原始出处】

唐·武则天《臣轨》："欲安其家，必先安于国。"

【白话释义】

如果想建立个人幸福的小家，必须先让国定安定繁荣起来。

【应急解说】

中国还有一个成语是“覆巢之下，安有完卵”，也是同样的意思。鸟巢既然倾覆，里面的鸟卵如何能够保存完好呢？试想，在一个生灵涂炭、战乱纷争的国家中，如何保全自己的小家庭呢？只有在国家安定团结的氛围下，我们才可以更好地经营我们的个体小家庭。爱国和爱家是统一的，正如习近平总书记所说：“广大家庭都要把爱家和爱国统一起来，把实现家庭梦融入民族梦之中，心往一处想，劲往一处使，用我们 4 亿多家庭、13 亿多人民的智慧和力量，汇聚起夺取新时代中国特色社会主义伟大胜利、实现中华民族伟大复兴中国梦的磅礴力量。”应急救援工作表面上挽救的是一个个小家庭，但实际上是维护了整个国家的安全稳定。

11. 爱民者强，民齐者强

☑ 保护人民群众生命财产安全
☑ 提高人民群众安全感与幸福感
☑ 展示社会主义救灾制度的优越性

【原始出处】

战国 · 荀况《荀子 · 议兵》：“好士者强，不好士者弱；爱民者强，不爱民者弱；政令信者强，政令不信者弱；民齐者强，民不齐者弱。”

春秋 · 孙武《孙子兵法 · 谋攻篇》：“上下同欲者胜。”

【白话释义】

喜用良士的国家就强，不喜用良士的国家就弱；爱惜百姓的国家就强，不爱惜百姓的国家就弱；政令得到严格执行的国家就强，政令不能严格执行的国家就弱；民心一致的国家就强，民心不齐的国家就弱。

上下一心，同仇敌忾，就一定能战胜敌人。

【应急解说】

在革命战争年代，民心齐才能打赢战争；在当今和平年代，民心齐的国家才会真正强大。为挽救每一个受困中的生命而倾尽全力，是中国应急管理的核心使命所在。防灾减灾救灾事业也是衡量执政党领导力、检验政府执行力、评判国家动员力、体现民族凝聚力的一个重要指标。所以，各级应急管理工作者要勤政爱民，提高驾驭复杂灾情事故的能力，努力提高为人民服务的思想政治能力。广大应急管理系统的党员干部要行动坚决，勇于担当。水里雨里为人民群众做示范、当表率，带领群众跟起来、干起来，增强人民群众投身救灾救援的积极性和主动性。如此一来，全国上下齐心协力，应急管理将会为人民幸福、社会和谐、国家稳定不断建立新功！

12. 人心齐，泰山移

☑ 提高社会防灾减灾救灾动员能力
☑ 筑牢防灾减灾救灾的人民防线

【原始出处】

南宋·杨万里《罗德礼补注汉书序》："天下之事，孤举者难起，众挈者易趋。"

明《古今贤文·合作篇》："人心齐，泰山移。独脚难行，孤掌难鸣。"

清·魏源《默觚·治篇八》："孤举者难起，众行者易趋。"

【白话释义】

天下的事都是一个人难以举起来，而众人一起举起就容易移动了。挈（qiè）：举起。

如果人心一致用力，能够使泰山移动。一只脚是难以走路的，一个巴掌也拍不响。

一个人把东西举起来很费劲，很多人一起赶路就容易走得快。

【应急解说】

推进社会应急力量的健康发展，拓展人民群众参与公共安全治理的有效途径，注重发挥基层力量在防灾减灾救灾中的作用，是近年来我们应急管理工作推进的重点所在。2020 年 5 月 12 日是我国第 12 个全国防灾减灾日，其主题就是"提升基层应急能力，筑牢防灾减灾救灾的人民防线"，即强调调动起广大人民群众的力量，努力提升民众防灾自救互救能力。例如在 2020 年新冠肺炎疫情防控关键时期，各个社区采取网格化管理模式，取得了突出成效。只有深耕社区，全民预防，全民行动，才能筑牢防灾减灾救灾的第一道防线。

13. 所费者财用，所得者人心

☑ 加强应急财政建设
☑ 提高人民群众安全感与幸福感
☑ 展示社会主义救灾制度的优越性

【原始出处】

南宋·董煟《救荒活民书》引陆贽曰："国家救荒，所费者财用，所得者人心。"

【白话释义】

国家的救灾行为，所费的就是金钱和物资罢了，得到的却是百姓的心。

【应急解说】

民心是最大的政治，民安是最大的责任。应急管理属于政府兜底的基本公共服务，财政政策是应急管理的底气所在。在突发的重大灾害与险情面前，各级政府特别需要加强应急财政建设，在预算中设置应急预备费和预防性公共支出，让关键时刻的救灾资金有保障，避免出现临时找钱的窘迫局面；给予灾民医疗救助之费，给予救灾人员以补贴，真正做到安民心、暖民心；设置相关的财政补贴政策，实行税收优惠政策，保证救灾商品的供给与市场物价平衡等。当然，同时需要加强突发事件应急管理资金的监管，做到专款专用、杜绝损失、切勿浪费。

14. 因天下之力以生天下之财，取天下之财以供天下之费

☑ 加快构建应急管理的财政政策体系
☑ 提高人民群众安全感与幸福感
☑ 展示社会主义救灾制度的优越性

【原始出处】

北宋·王安石《上仁宗皇帝书》：
"因天下之力以生天下之财，取天下之财以供天下之费。"

【白话释义】

天下百姓付出劳动才取得了国家的财富，这些财富也应该用在百姓的身上。

【应急解说】

应急管理是要花钱的，这是普通老百姓都知道的道理。越是突发的、大型的灾害事故，就越是要花大钱。如何在应急管理中有钱花、花好钱，是一个重要问题。社会主义税收的性质是取之于民、用之于民，广大民众对于政府的信任度越高，就越能让国家的应急管理能力迅速有效地发挥作用。当代

中国公共财政雄厚、中央调控能力强、灾后经济恢复情况乐观，这是我们有信心战胜各类突发灾害与事故的根本保障。但目前，我国还没有正式的应急基金、应急管理经费预算，社会保障体系还不够完善，我们需要加快构建应急管理的财政政策体系。

15. 不怨天，不尤人

☑ 推进应急管理体系现代化
☑ 推进应急管理能力现代化
☑ 全面提升综合防灾减灾能力

【原始出处】

春秋《论语·宪问》：“不怨天，不尤人。”

【白话释义】

遇到挫折与失败，不要埋怨上天，也不要把责任推给别人。

【应急解说】

我国处于亚欧大陆东部，属于地震高发区，且季风气候显著，气象灾害频率高。著名学者邓拓先生在《中国救荒史》中说：“我国灾荒之多，世罕匹有。”现当代以来，灾害、事故涉及的范围非常广泛，我国人口居世界第一，大量城市和居民暴露在风险环境下。防灾减灾、抗灾救灾是中华民族生存发展的永恒课题。面对这样的地理环境和时代特点，我们不怨天、不尤人，更应当有所作为。越是面对大自然的不可抗力，我们越需要建立健全各项防治管理体系，全面提升综合防灾减灾能力。

16. 穷则变，变则通，通则久

☑ 推进应急管理科技自主创新
☑ 推进应急管理能力现代化

【原始出处】

《周易·系辞下》：“穷则变，变则通，通则久。”

【白话释义】

当事物发展到了极点，就会发生变化。发生了变化，事物的发展才不会受到阻碍，这样事物才能长久地发展。

【应急解说】

灾害发生、发展都具有不确定性，所以灾害救援的时间、地点和资金数量、人力物力的投入也都是不确定的，需要在实践中临灾应变。所以救助的针对性越强，救灾的效果就越好。如果缺乏临灾应变之策，只是照本宣科、纸上谈兵，即使投入大量人力、物力、财力，救灾的效果也可能不尽人意。任何事物都在变化发展之中，新型灾害与社会风险不断涌现，应急管理部门需要不断适应新的灾情特点，以应对日益严峻的安全挑战。

17. 救纷纠之难，振国家之患

☑ 发扬党员干部模范带头作用
☑ 提升处置各类灾害事故的能力

【原始出处】

西汉 · 司马迁《史记 · 陈丞相世家》：“常出奇计，救纷纠之难，振国家之患。”

【白话释义】

丞相陈平常常能想出妙计，解救纷繁的危难，消除国家的祸患。

【应急解说】

汉初丞相陈平能消除灾难，振兴国家，又能自免于祸，保持终身的荣耀名望，被称为善始善终的贤相。能否在灾害时刻解救纷繁的危难，消除国家的祸患，是对党员干部的重大考验。“我是党员，我先上！”这是在灾区最响亮的一句话，广大党员干部在灾情面前，需要做到守土有责、守土负责、守土尽责，最大限度保障人民群众生命财产安全。

18. 救荒之策当预讲

☑ 加强灾前应急准备
☑ 健全应急预案体系
☑ 推进应急管理能力现代化

【原始出处】

南宋 · 董煟《救荒活民书》：“救荒无定法。风土不一，山川异宜，惟在预先讲究而已。”

明 · 王崇庆《救荒活民书 · 断释》：“救荒之策当预讲，然亦不可后时而行。”

【白话释义】

救灾没有固定的方法，各地的民情不一样，地理特点也有差异，各地必须根据自身情况提前做好准备。

救灾的政策应该提前演练好，当灾害发生之际，需要立刻实行，动手晚了可不行。

【应急解说】

作为生活在历史悠久、饱受自然灾害洗礼的农业古国的人民，我国古代劳动人民很早就开始了灾害应急治理的探索和实践之路，在救荒制度建设和减灾治灾措施进步方面，取得了巨大的成就。约成书于战国时期的《周礼·地官司徒》中，就归纳了在灾害来临时，政府应采取的十二条救灾措施：一是给灾民发放粮食，二是减轻赋税，三是减缓刑罚，四是免除劳役，五是解除封锁山泽的禁令，六是免除市场的税费，七是简省吉礼，八是简省丧礼，九是收藏起乐器不举行娱乐活动，十是简化婚礼便于嫁娶，十一是祭祀鬼神，十二是铲除盗贼。这些宝贵经验与措施已大体涵盖后世救灾体制的诸多方面。南宋董煟的《救荒活民书·救荒杂说》又将各级管理者在灾时应采取的行动进行了系统的总结，例如因灾反省、勤俭节约、广开言路、救济灾民、简化程序、指陈得失、调拨国家储备、责任承担、以民为本、敬畏自然、增强忧患意识、征求社会意见、发放救援物资、加强执法力度、接受各级监督与关注民众诉求等。时代虽然快速变迁，但这些措施实际上奠定了我国传统灾害救助的基本模式和救灾措施，依然深刻影响着我们现代的救灾理念与管理体系。

19. 救于未灾，用物约而所及广；救于已灾，用物博而所及微

☑ 加强灾前应急准备
☑ 防范化解重大安全风险
☑ 推进防灾减灾制度建设

【原始出处】

北宋·苏轼《奏浙西灾伤第一状》：“若灾伤之民救之于未饥，用物约而所及广……救之于已饥，用物博而所及微。”

【白话释义】

如果在灾民还没有挨饿的时候就展开救助，耗费的人力物力不多，救助面积却很大；如果在灾民挨饿之后才去救济，耗费的人力物力很大但收效甚微。

【应急解说】

如何才能“救于未灾”？这需要逐步建立和完善自然灾害预警机制，时

刻捕捉风云变幻，不断提升预报质量。例如，在灾害发生前，通过汇集各专业部门监测预警信息，综合演算预测小流域山洪、地质灾害、城市内涝、平原洪水等灾害综合影响情况，为灾害防御应对提供精准支撑，以便灾区及时实现人员转移避险、应急物资调拨、救援力量预置等防范应对措施，尽最大可能减少灾害损失。

20. 先时而备之，上也；灾至而补救之，次也；两者失而饥馑成，则无策矣

☑ 加强灾前应急准备
☑ 防范化解重大安全风险
☑ 推进防灾减灾制度建设

【原始出处】

北宋 · 王安石《与吕沃洲巡按》：“自古救荒无奇策，亦无多说。只是措钱米一法耳。”

明 · 俞汝为《荒政要览》：“自古救荒无奇策，先时而备之，上也。灾至而消弭补救之，次也。两者失而饥馑成，则无策矣。”

【白话释义】

从古至今救灾没有什么高深的办法，也没有什么大道理，就是去筹集钱和米这一个办法。

自古以来，救灾没有出奇制胜的方法。在灾害来临之前做好准备工作，这是上策。当灾害来到时做消除和补救的工作，这是次一等的策略。如果这两方面的工作都没有做好而造成百姓的饥饿流亡，到那时候就没有什么好办法了。

【应急解说】

每年的“七下八上”也即 7 月下旬到 8 月上旬，是我国降水最为集中的一段时期，特别容易出现洪涝及次生灾害等。只有“力量跟着汛情走、救援抢在成灾前”，才能提高救援效率，实施精准救援、科学救援，最大限度减少人员伤亡和灾情损失。例如，应急管理部需要主动与水利、气象等部门保持沟通会商，完善汛期预警预报联动机制，预研预判辖区汛情灾情发展态势；对各辖区内大江、大河流域及重点湖泊等易发洪涝灾害的地点，设置前置备勤点；调派国家综合性消防救援队伍、各地区抗洪抢险专业救援队向抗洪抢险重点区域前置、预置专业力量；提前准备好可以随时调用的救援直升

机、重型工程机械等特种装备，确保随时处于战备状态。

21. 临事则漫无所措，卒付之无可奈何

☑ 完善健全应急救援预案
☑ 应对处置各类灾害事故的能力
☑ 提高突发事件响应和处置能力

【原始出处】

明·唐皋《重刊救荒补遗书序》：“临事则漫无所措，卒付之无可奈何而已。”

【白话释义】

如果没有事先做好充足的准备，事到临头只能是手足无措，最后也就无可奈何地胡乱结束了。

【应急解说】

所谓应急救援预案，是指事先针对有可能发生的事故，预先制定好的行动方案。针对重大危险源、可能发生的各类事故、关键的岗位和地点，针对易发高发自然灾害的薄弱地区，针对重要工程，尤其是关系到国计民生的重大工程，都应当编制应急预案。应急预案需要具有实用性和可操作性，当事故灾害发生时，相关应急人员可以按照应急预案，迅速、有序、有效地开展抢险救援行动，以便降低灾害与事故造成的损失。如果不事先完善应急救援预案，明确救援程序、救援人员及职责，落实救援设备器材，事到临头盲目施救，可能会造成事故的扩大或者救援人员的损伤。

22. 蠲除赈贷固当汲汲于其始，而抚存休养尤在谨之于其终

☑ 搞好灾后重建工作
☑ 开展灾后心理调节与心理援助
☑ 提高应急管理的精细化水平

【原始出处】

南宋·朱熹《缴纳南康任满合奏禀事件状》：“救荒之政，蠲除赈贷固当汲汲于其始，而抚存休养尤在谨之于其终。”

【白话释义】

在救灾的政策中，清除灾害、救济百姓当然是一开始就需要急切开展的，而安慰逝者的亲属、休养百姓生息更是需要在最后阶段谨慎完成的。蠲（juān）：除去、免除。赈贷（zhèn dài）：救济。

【应急解说】

朱熹这句话特别指出在救灾之后，政府还要实施让灾民真正能休养生息的政策，这就涉及灾后恢复工作。洪水冲垮了房屋和道路桥梁，但冲不垮我们重建家园的决心。阳光总在风雨后，无论伤痕多重多深，土地总会迎来蓬勃的新生。相关部门需要以最科学的规划重建房屋、安置灾民，以最快的推进速度保证供电安全、供水卫生，清理道路淤泥垃圾，抢修受损设施和农作物，同时仔细开展消毒防疫工作。灾后重建是防灾减灾救灾工作的重要环节，对人民群众恢复正常生活、维护地区社会稳定意义重大。

23. 居安，宜操心以虑患；处变，当坚忍以图成

☑ 完善健全应急救援预案
☑ 加强应急救援队伍建设
☑ 提高救援实战能力

【原始出处】

明·洪自诚《菜根谭》：“君子居安，宜操一心以虑患；处变，当坚百忍以图成。”

【白话释义】

明智的人在平安无事之时，要想到并预防可能会发生的祸患变乱；祸乱一旦发生时，就要坚忍不拔地加以平息。

【应急解说】

当今社会发展日新月异，各类新型的灾害层出不穷，我们面临的应急问题远比古代要复杂得多。这就需要我们在传统的救灾模式上，不断完善、不断升级、不断创新。灾害未发生之际，应急管理工作者应当完善应急管理法律法规、合理配置救灾资源、利用最新的科研成果搞好灾害预报、加强全社会防灾减灾科普工作等。当灾害侵袭之时，应急管理工作者应当坚韧果敢、不畏万难，与灾害短兵相接，展示新时代应急人的硬核力量，向党和人民交出满意的答卷。

24. 利之中取大，害之中取小

☑ 提高指挥决策能力
☑ 提高救援实战能力
☑ 保护人民群众生命财产安全

【原始出处】

战国·墨翟《墨子·大取》：“利之中取大，害之中取小。”

【白话释义】

如果有利益的时候，要选择大的利益；如果有害处时，要选取小的害处。

【应急解说】

防灾减灾事业，就是要取大利，避大害，权衡利弊，尽最大努力保障人民群众的生命财产安全。例如要做到精准救援，充分运用高精度地理信息系统，着重抢抓生命的救援黄金时间，缩短到达事故救援现场的时间，做到人员到位、技术到位、保障到位，既不能现场混乱打糊涂仗，也不能出现救援力量过度导致资源浪费；还要做到高效救援，搜寻救援不留任何死角，确保救援人员自身安全，将事故损失减少到最低，严防发生次生事故。

25. 从来好事多磨难

☑ 推进应急管理体系现代化
☑ 推进应急管理能力现代化

【原始出处】

北宋·晁端礼《安公子》："从来好事多磨难。"

【白话释义】

自古以来的好事情，总是经过很多挫折才能成就。

【应急解说】

我们华夏民族五千年来，饱经磨难。一代一代的中华儿女出生在这里，成长在这里，喜怒哀乐都在这片土地上。春秋时代的古老典籍《左传》中就提出"多难兴邦"之说，已经成为我们的民族基因，镌刻在我们的骨子里。正是百折不挠、愈挫愈勇的民族精神，支撑中华民族一路顽强地走来。这片东亚的辽阔土地历经沧海桑田，依然屹立不倒，而且还在二十一世纪迎来了中华民族的伟大复兴。面对灾难挺起腰来、面对危机携起手来，不怕的是任何挫折，迎来的终将是胜利。

26. 前车之覆，后车之鉴

☑ 健全应急管理相关法律法规
☑ 加强安全生产监管执法工作
☑ 加强风险隐患排查和治理

【原始出处】

战国·荀况《荀子·成相篇》："前车已覆，后未知更，何觉时？"

西汉·韩婴《韩诗外传》:“鄙语曰:‘不知为吏，视已成事。’或曰:‘前车覆，后车不诫，是以后车覆也。’”

西汉·刘向《说苑·善说》:“《周书》曰:‘前车覆，后车戒。’”

西汉·刘向《战国策·赵策一》:“前事之不忘，后事之师。”

【白话释义】

前面的车翻了，后面的车却不知道改变路线，什么时候才能察觉到危险呢?

俗语说：如果不熟习如何当官，就去看看以前官员做的事例。又有俗语说：前面的车翻了，如果后面的车不引以为戒，后面的车也会翻。

《周书》说：前面的车翻了，后面的车需要引以为戒。

不要忘记以前的经验教训，它们可以作为今后工作的借鉴。

【应急解说】

一切灾难都是前车之鉴，是我们下一步如何防灾减灾的警示书和教训书。为何危化品爆炸年年有，为何森林之火年年烧，看来有关部门和单位依然没有把惨痛的事故当作经验教训。救灾需要付出巨大的人力物力和财力，那是一笔十分昂贵的“学费”。只有“吃一堑，长一智”，这个学费交得才有意义。

27. 亡羊补牢，犹未晚也

☑ 提高全民防灾素养
☑ 培育全民防灾文化
☑ 健全公民安全教育体系

【原始出处】

西汉·刘向《战国策·楚策四》:“见兔而顾犬，未为晚也；亡羊而补牢，未为迟也。”

【白话释义】

见到了兔子再去找狗来抓，不算晚；丢了羊再把羊圈补好，也不算迟。

【应急解说】

楚国大臣庄辛劝诫楚襄王要远离佞臣，但楚襄王却不为所动还十分生气。庄辛只能远走赵国。不出五个月，秦国果然派兵侵楚。楚襄王这才觉得庄辛的话是对的，赶紧派人把庄辛找回来，问他有什么办法。庄辛很诚恳地说了上面的话。意思是说如果出了差错赶紧去补救，还来得及。现阶段，基层防灾减灾能力薄弱、基础设施设防水平低、公众防灾避险和自救互救知识不足等，是我国基层综合减灾工作面临的突出问题。但亡羊补牢，未为晚也。有问题并不可怕，怕的是对问题麻木不仁。如何整合基层应急资源和力量，推动应急救援救灾力量下沉，将是现阶段工作的重点之一。

28. 念念有如临敌日，心心常似过桥时

☑ 加强安全生产监管执法工作
☑ 加强风险隐患排查和治理
☑ 推动灾害防御体系建设

【原始出处】

明《增广贤文》："念念有如临敌日，心心常似过桥时。"

【白话释义】

每一瞬都如同面临大敌一样谨慎，每一天总像过独木桥时那样小心。

【应急解说】

习近平总书记关于防灾减灾救灾"两个坚持""三个转变"的重要论述，指导性强、意义重大。所谓"两个坚持"是指坚持以防为主，防灾救灾相结合；坚持常态减灾与非常态救灾相统一。所谓"三个转变"是指从注重灾后救助向注重灾前预防转变；从应对单一灾种向应对综合减灾转变；从减少灾害损失向减轻灾害风险转变。由此可见，目前应急工作的重点越来越向灾前转移，向防灾减灾领域深耕。所以我们时时刻刻都要如临大敌、如过危桥，保持高度警惕，增强灾害防御的忧患意识和责任意识，加快推进气象、地质、地震等各项灾害防御体系建设。

29. 无事作有事时警惕，有事如无事时镇定

☑ 加强灾前应急准备
☑ 提高风险早期识别能力
☑ 提高预报预警能力

【原始出处】

明·洪应明《菜根谭·应酬》："无事常如有事，提防才可以弥意外之变；有事常如无事，镇定方可以销局中之危。"

清·申涵光《荆园小语》："无事作有事时警惕，有事如无事时镇定。"

【白话释义】

无事经常要如有事一样提防，最终可以平息突然发生的灾变；有事经常

要如无事一样镇定，这样才可以消除正在面临的危难。弥：通“弭”，止息。销：消除。

没有事故时要当作有事故一样警惕，出现事故时，要如没有发生事故一样镇定自若。

【应急解说】

灾害信息员就是从事灾害信息的收集、传递、整理、分析、评估等工作的人员。灾害信息员在平时需要做好灾害隐患调查、防灾避灾知识宣传工作；灾害发生的应急期间，需要负责传递灾害预警信息，及时报送灾情，协助做好转移安置、应急救助和恢复重建工作。设立灾害信息员可以有效解决自然灾害救助的“最后一公里”问题。广大基层灾害信息员是做好灾情管理工作的关键力量。例如2019年8月10日，浙江遂昌金竹镇长树源村一名兼职灾害信息员在巡查时发现一栋房屋门口水位上涨快、颜色变深、屋后石块掉落等情况后，及时报告并组织转移21人，不久后果然发生了山体塌方压毁房屋的灾情。他的正确判断与及时组织撤离，有力地保护了人民群众的生命安全。

30. 世路由他险，居心任我平

☑ 提高指挥决策能力
☑ 提高救援实战能力
☑ 打造应急队伍的心理素质与精神力量

【原始出处】

唐·孟郊《游终南山》：“山中人自正，路险心亦平。”

明《增广贤文》：“世路由他险，居心任我平。”

【白话释义】

终南山上居住的人也和这山一样笔直正派，虽然山路崎岖不平，但他们却内心平坦稳固。

不管世路怎么凶险，我的内心都一如既往地安定坚强。

【应急解说】

2020年7月以来，我国南方多地遭遇因强降雨引发的内涝、山洪等自然灾害。应急管理部迅速调派国家综合性消防救援队伍向抗洪抢险重点区域前置、预置专业力量。各级消防救援队伍切实把保证人民生命安全放在第一位，做到“力量跟着汛情走、救援抢在成灾前”，充分发挥了抗洪抢险救援国家队、主力军的作用。暴雨无情，洪水滔滔，但消防救援队伍不畏艰难，精准用兵，展示了专业救援力量的高超技术水准与坚韧不拔的心理素质。

31. 不患寡而患不均，不患贫而患不安

☑ 健全应急物资采购供应体系
☑ 提升处置各类灾害事故的能力
☑ 提高应急管理的精细化水平

【原始出处】

春秋《论语·季氏》：“丘也闻有国有家者，不患寡而患不均，不患贫而患不安。盖均无贫，和无寡，安无倾。”

【白话释义】

孔丘我听说，无论是拥有邦国封邑的诸侯或者拥有家族封邑的大夫，他们不担忧东西少而担忧分配不均，不担忧贫困而担忧不安定。财物分配得公平合理，就没有贫穷；家庭和睦，就不必担心人口少；社会安定，国家就没有倾覆的危险。丘：孔子名丘。

【应急解说】

救灾物资能够保障受灾人员的基本生活，同时会为水深火热的灾区父老带去温暖、带去信心，能够化为支撑灾区人民战胜灾害的巨大精神力量。各地各部门首先要及时收集上报灾区的实际灾情数据，积极争取各种渠道的救灾物资援助，然后第一时间把这些救灾物资分配给最需要的地方，分发到抗灾一线和受灾群众的手上。不得贪污和挪用救灾储备物资，不得出售、出租和抛弃救灾物资。在物资分配过程中需要认真履行职责，公平公正，避免分配不均，避免引发群众内部矛盾，应做到账目清楚，手续完备，并以适当的方式向社会公布。

32. 善除害者察其本，善理疾者绝其源

☑ 提高应急管理的专业化水平
☑ 提高应急管理的科技化水平
☑ 提高突发事件响应和处置能力

【原始出处】

唐·白居易《策林一·兴五福销六极》：“善除害者察其本，善理疾者

绝其源。”

【白话释义】

善于消除灾祸的人，总是先查找其根由；善于调理疾病的人，总是先断绝疾病的源头。

【应急解说】

这句话是比喻解决问题时要找到问题的症结，进行根治。灾害救援讲究的正是专业性。在护林防火、防汛抗旱、城区排水、防震救灾、医疗救护等工作中，救灾对象不一样，救灾的方法与战术都不尽相同。指挥要专业，队伍要专业，装备更要专业。尤其是涉及危险化学品、煤矿、烟花爆竹、冶金等专业性极强的行业领域，在应急处置过程中必须慎之又慎，做到“让专业的人干专业的事”。并充分调动现代化高精良装备资源，做到工欲善其事，必先利其器。

33. 雨毕而除道，水涸而成梁

☑ 加强灾前应急准备
☑ 搞好灾后重建工作

【原始出处】

春秋 · 左丘明《国语 · 周语》：“雨毕而除道，水涸而成梁。”

【白话释义】

雨停了就要赶快修筑道路，河水干枯了就要马上造好桥梁。

【应急解说】

这句话是说凡事都要预先有所准备，事后要有所补救。例如“养之千日，用之一时”的避灾工程建设。所谓避灾安置场所，是指由政府确认或组织建设，为受自然灾害和突发公共事件影响，需要转移安置的当地群众及外来人员，无偿提供临时性庇护和基本生活保障的场所。当灾害来临时，避灾安置场所是人民群众安全、温馨的庇护港湾。但一些避灾场所或拥挤狭小，或年久失修，或管理不规范，或用途被改变，已不再具备完善的避灾功能，这就需要对目前区域内的避灾安置场所进行查漏补缺，规范化建设、合理化修缮、制度化管理，以便发挥其救灾减灾和物资储存等综合效益。

34. 骐骥一跃，不能十步；驽马十驾，功在不舍

☑ 提高全民防灾素养
☑ 培育全民防灾文化
☑ 提高社会防灾减灾救灾动员能力

【原始出处】

战国·荀况《荀子·劝学》:“故不积跬步，无以至千里；不积小流，无以成江海。骐骥一跃，不能十步；驽马十驾，功在不舍。锲而舍之，朽木不折；锲而不舍，金石可镂。”

战国·庄周《庄子·人间世》：“其作始也简，其将毕也必巨。”

【白话释义】

所以不积累一步半步的行程，就没有办法达到千里之远；不积累细小的流水，就没有办法汇成大江大海。骏马跳跃一次，也不能有十步之远；劣马奔跑十天，因为坚持不懈也能跑得很远。不能坚持到底地雕刻，即使是朽木也不能折断；只要坚持不停，就算是金属玉石也可以被雕刻。

事物一开始的时候可能极其微小，将要结束的时候会发展得极其巨大。

【应急解说】

这句话是强调凡事要从基础做起，坚持不懈，才能取得胜利。近年来，国家减灾委办公室、应急管理部特别注重发挥基层力量在防灾减灾救灾中的作用，大力鼓励支持地方和企业发展各类专业救援队伍，拓展人民群众参与公共安全治理的有效途径。社区作为城乡最基层的单元和细胞，面临着各类灾害的直接威胁，深耕社区，全民行动、全民预防，便可筑牢防灾减灾救灾的第一道防线。例如在应对2020年新冠肺炎疫情的阻击战中，基层抗疫所取得的成绩和功劳令人瞩目。

35. 诚既勇兮又以武，终刚强兮不可凌

☑ 发扬党员干部模范带头作用
☑ 加强国家综合性救援力量建设
☑ 加强应急救援行动中的心理素质

【原始出处】

战国·屈原《九歌·国殇》：“诚既勇兮又以武，终刚强兮不可凌。”

【白话释义】

实在勇敢啊富有战斗力，始终刚强啊没人能侵犯。

【应急解说】

在汛情告急的危险关头，消防救援队伍“火焰蓝”第一时间集结力量，第一时间投入抗洪战斗。他们挨家挨户搜救，或抱出孩子，或背起老人，还不忘把老百姓的牛羊家畜转移至安全地带。“乡亲们请放心，洪水不退，我们不退！”这是他们对父老乡亲的坚定承诺，他们不但是火灾中的勇敢逆行者，还是洪水中的最美坚守者。水中火中、风里雨里，他们用专业的技能与强大的心理素质为人民群众守护平安康泰。

36. 天下事有难易乎，为之，则难者亦易矣；不为，则易者亦难矣

☑ 提升处置各类灾害事故的能力
☑ 提高突发事件响应和处置能力
☑ 提高指挥决策能力

【原始出处】

清·彭端淑《为学一首示子侄》：“天下事有难易乎，为之，则难者亦易矣；不为，则易者亦难矣。”

【白话释义】

天底下的事有困难和容易之分吗？只要肯付诸行动，困难的事也会变得容易；如果不亲自实践，容易的事也会变得困难。

【应急解说】

我国处在环太平洋地震带、欧亚地震带世界两大地震带之间，是地震多发的国度之一。面对地震这种突发性的自然灾害，人们一直在探索如何能够预报地震。但到目前为止，地震预报还是一个世界性难题，远远做不到像天气预报那样准确。所以，时间地点非常精确的地震预报往往是不可信的，很可能是地震谣言。而我们现在可以实现的是“地震预警”，这是指在地震发生以后，向关键地区提前发出警报。其工作原理是：地震发生最初发射出来的无破坏性地震波可以及时被深入地下的地震探测仪器检测到，计算机可以据此计算出震级、烈度、震源、震中位置等，于是预警系统可抢在破坏性横波到达地面前 10 ～ 30 秒通过电视和广播发出警报。地震预警虽然只有短短的数十秒，但可以在关键时刻帮助灾区人们及时做好预防工作，减少人员伤亡和财产损失。到 2022 年，我国将建立上万个预警站，建成覆盖全国的地

震预警系统。相信随着科技的发展，我们在地震灾害面前能占据越来越多的主动性。

37. 笋因落箨方成竹，鱼为奔波始化龙

☑ 发扬党员干部模范带头作用
☑ 加强应急救援队伍建设

【原始出处】

明《增广贤文》："笋因落箨方成竹，鱼为奔波始化龙。"

【白话释义】

竹笋经过痛苦的脱皮才能成为竹子；鱼经过大风大浪的奔波才长成为龙（大鱼）。箨（tuò）：竹笋外层的壳。

【应急解说】

他们活跃在洪水最前沿、堤坝最险处，扒土、扛沙袋，排积水，样样抢着干——他们就是抗洪战士。他们刚入军营就上战场，大部分只有19岁、20岁，全力用稚嫩的双肩扛起青春的使命和战士的责任。甚至在危难时刻在洪水中铸成人墙，用生命呵护受灾群众的生命和财产安全。他们是"00后"，在父母眼中，还是个孩子，但穿上军装，他们就是保卫家园的人民勇士。经历过抗洪战斗的他们，就像经历了暴风雨的洗礼，将更加成熟果敢，更加有使命、有担当，将在未来的日子里，成长为社会的中坚力量。

38. 不是撑船手，怎敢拿篙竿

☑ 加强应急救援队伍建设
☑ 加强国家综合性救援力量建设
☑ 大力培养应急管理人才

【原始出处】

明《增广贤文》："不是撑船手，怎敢拿篙竿。"

【白话释义】

不是专业的船夫，怎么敢去驾船？

【应急解说】

热血的志愿者们是否应该奔赴灾区进行救援？这一问题在每次大地震之后都会形成网络热议。因为各路志愿救援者盲目涌往灾区，造成灾区道路拥堵，以致伤者出不来，专业救援队伍和急需物资进不去的问题时有发生。广

大民众需要了解救灾的专业性，不要盲目前往灾区。只有打造高素质、严标准的专业救援队伍，才能成为战胜灾害的铁拳头。例如 2020 年 6 月，四川省组建地震、化工、水域、山岳、核生化、重型机械工程以及战勤保障等 7 类 29 支消防救援专业队伍，实现了灾害事故类型全覆盖，加快了传统消防救援队伍的转型升级。

39. 山高自有客行路，水深自有渡船人

☑ 加强国家综合性救援力量建设
☑ 大力培养应急管理人才

【原始出处】

明·吴承恩《西游记》第七十四回：“山高自有客行路，水深自有渡船人。”

【白话释义】

山再高都有人走的路，水再深都会有渡船驶过。

【应急解说】

人间没有翻不过的山，也没有跨不过的坎，没有征服不了的艰难险阻。古代我们有大禹治水的智慧、愚公移山的韧劲。如今我们有九八抗洪的无畏精神、汶川抗震的万民一心、抗击新冠的众志成城。2018 年应急管理部成立以来，公安消防部队、武警森林部队转制，成立了综合性消防救援队伍，作为应急管理部管理的综合性常备应急骨干力量，着眼于“全灾种”“大应急”任务需要，成为专业应急救援的主力军和国家队。队伍组建以来，完成了数以万计的应急救援任务，营救疏散了成千上万的遇险群众。任务不断更新，成绩也不断续写，牢牢守护民生民安。

40. 倚立而思远，不如速行之必至

☑ 提高指挥决策能力
☑ 提高救援实战能力
☑ 提高突发事件响应和处置能力

【原始出处】

东汉 · 徐干《中论 · 治学》：“倚立而思远，不如速行之必至也。”

【白话释义】

站在那里想着远方，不如立刻动身前去，只要行动起来一定会到达。

【应急解说】

既然是应急，这项管理工作强调的就是行动迅速、深入一线。计划固然重要，但行动起来才是关键。灾害多发易发的重点区域要做到24小时有人值班值守，做到第一时间发现险情、第一时间报告险情、第一时间处置险情。把握最佳时机无比重要，时间一旦有延迟，后面引发的灾情可能会更大，救灾工作可能会更严峻。应急管理工作者要亲临战场、靠前指挥，只有这样，才能在灾情险情来临之际，抓住控制灾情的有利时机，争分夺秒地采取有效的措施，通过各部门密切协作配合，完成抢险救援的主动战。

叁 监管备患

SUPERVISION AND PREVENTION

任何事物的变化发展都是一个从量变到质变的渐进过程，在灾害险情出现苗头的时候，就应该提前解决它，防患于未然。中国古代的灾害预防思想源远流长，在古老的典籍《周易》中就有“思患而预防”的说法，《尚书》中有“居安思危”“有备无患”等思想。在各类应急管理名言警句中，关于预防思想的句子数量是最多的，充分反映了古代人民对灾害预防的强烈重视。当前中国的应急管理工作进入了新的历史阶段，也即由灾后的应急救援向灾前事故的预防和准备进行转变。这些古代智慧的论述蕴含着防范化解风险的科学思想，指导我们打好化险为夷、转危为机的应急战略主动战。

1. 思患而预防之

☑ 提高全民防灾素养
☑ 提高风险早期识别能力
☑ 防范化解重大安全风险

【原始出处】

西周《周易·既济卦》："君子以思患而豫防之。"

西汉·董仲舒《春秋繁露·俞序》："爱人之大者，莫大于思患而豫防之。"

【白话释义】

明智的人总能想到将来可能发生的祸害，预先作出防范措施。豫：预。

爱护百姓的最大举措，莫过于预先想到可能出现的灾祸，从而加以防备。

【应急解说】

预先能够想到可能发生的灾难，从而在灾难发生之前采取应变措施，才是最正确的选择。从古老的典籍《周易》开始，就反复强调"思患而豫防"才是一个君子的所作所为。只有始终怀着忧患意识，事先做好应急准备，才能保得住平安。这就需要应急工作者全力抓好重大风险防范化解工作，打好防范和抵御风险的有准备之战。

2. 危者使平，易者使倾

☑ 提高风险早期识别能力
☑ 加强风险评估
☑ 防范化解重大安全风险

【原始出处】

《周易·系辞下》："危者使平，易者使倾。"

战国·荀况《荀子·仲尼》："故知者之举事也，满则虑歉，平则虑险，安则虑危。曲重其豫，犹恐及其祸。"

【白话释义】

能时刻意识到危险而保持警惕的人，就会平安无事；认为事情轻松简单而失去戒心的人，便容易摔倒。

明智的人在处理事情时，宽裕时会考虑到不足，平顺时会考虑到险阻，安全时会考虑到危险。周全慎重地做好预防工作，尤其担心会遭遇祸患。

【应急解说】

当人们处在谨慎小心的状态下时，有可能化险为夷。相反，如果人们在安逸舒适的环境中，则易于懈怠麻痹，往往导致一败涂地的狼狈结果。古人已经把这个问题反复论述——苟且偷安的话，后来的日子里很快就会有危险；目光短浅的话，未来就会有源源不断的担忧。当前的国内灾害形势是稳中有变、变中有忧，这就需要应急工作者把每个月都当成是事故高发期，时刻保持警惕，防范在先，才能化危为机、转危为安。

3. 居安思危，有备无患

☑ 提高全民防灾素养
☑ 提高风险早期识别能力
☑ 防范化解重大安全风险

【原始出处】

西周《尚书·说命》："惟事事乃其有备，有备无患。"

春秋·左丘明《左传·襄公十一年》："《书》曰：'居安思危。'思则有备，有备无患。"

西汉·桓宽《盐铁论·险固》："有备则制人，无备则制于人。"

清·金缨《格言联璧·持躬类》："居安虑危，处治思乱。"

【白话释义】

只有事事都做到有所准备，就没有灾患了。

《尚书》说："在安全太平时，要考虑可能出现的危险。"考虑未来的危险，就会有所准备；事先有了准备，就可以避免灾患。

有准备的，就可以制服别人，没准备的，就会被人所制服。

身居平安之境时要考虑可能出现的危难时刻，身处太平盛世时，要想到可能会有乱世之日。

【应急解说】

"有备无患"这则大家耳熟能详的成语，最初来自古老的典籍《尚书》。所谓"有备无患"就是先下手为强，遇事不慌，牢牢把握事情的主动权，有效地应对危机挑战。每一级应急管理者在工作岗位上，决不能有坐等观望的情绪，需要精准研判社会和自然领域可能出现的风险和灾害，勇于担当、奋发有为。春秋时代，晋国的魏绛又引用《尚书》中“居安思危”的话来提醒晋悼公，希望晋悼公在安享快乐的同时，能够多考虑一下国家未来可能出现的危机。应急管理工作就是需要时刻准备应对新的变化与斗争，有效防范化解各种风险。只有永远保持忧患意识，才能长久地立于不败之地。

4. 宜未雨而绸缪，勿临渴而掘井

☑ 加强风险评估
☑ 提高风险早期识别能力
☑ 防范化解重大安全风险

【原始出处】

春秋《诗经·豳风·鸱鸮》：“迨天之未阴雨，彻彼桑土，绸缪牖户。”

明·朱伯庐《治家格言》：“宜未雨而绸缪，勿临渴而掘井。”

战国《黄帝内经·素问·四气调神大论》：“病已成而后药之，乱已成而后治也，譬犹渴而穿井，斗而铸锥，不亦晚乎。”

【白话释义】

尽管天未下雨，也需要从桑树根上剥些皮，来捆绑好房屋和门窗，以防雨患的到来。

明智的人在天还没有下雨时，就先把门窗绑牢以备雨患。愚蠢的人临到口渴了才想到去掘井取水。

已经得病了再用药去治疗，祸乱已经形成了再去治理，就跟到了口渴时才去掘井，到了打架的时候才去铸造利器一样，都已经晚了啊！

【应急解说】

古人在日常生活中积累了大量的防灾减灾经验，“未雨绸缪”就是其中一则。现在它已经成为人们耳熟能详的成语，比喻事先做好准备工作。“临渴掘井”则是一个生动的反面例子，比喻事先没有准备，临时才开始想办法。一正一反两则成语，很好地说明了平安时就要预防祸患的道理。在建筑施工、煤矿、危险化学品、交通运输、消防等重点行业领域，都需要应急管理工作者未雨绸缪，全面、深入、细致地开展隐患排查工作。

5. 穴蚁能防患，常于未雨移

☑ 提高预报预警能力
☑ 提高风险早期识别能力
☑ 防范化解重大安全风险

【原始出处】

南宋 · 刘克庄《穴蚁》："穴蚁能防患，常于未雨移。"

【白话释义】

蚂蚁都知道防灾备患，在未下雨前，就把自己的洞穴移到高坡上。

【应急解说】

蚂蚁尚且能够在下雨之前搬家，作为人类，更应该有提前应付意外事件的思想准备。明智的人都能居安思危，否则等灾害突然降临，仓促应付，后果是不可设想的。应急管理工作者要比一般民众更加尽职尽责，勇于担责，着力提前破解潜在风险和问题，在忧患中成长，也在忧患中壮大。

6. 安而不忘危，存而不忘亡，治而不忘乱

☑ 提高风险早期识别能力
☑ 提高预报预警能力
☑ 健全应急预案体系

【原始出处】

《周易·系辞下》："子曰：危者，安其位者也；亡者，保其存者也；乱者，有其治者也。是故君子安而不忘危，存而不忘亡，治而不忘乱，是以身安而国可保也。《易》曰：'其亡，其亡，系于苞桑。'"

唐·魏征《论时政疏·第三疏》："若能思其所以危，则安矣；思其所以乱，则治矣；思其所以亡，则存矣。"

【白话释义】

孔子说：危险，是由于自以为安逸地待在高位上造成的；灭亡，是由于自以为能长久保存造成的；动乱，是由于自以为统治清平造成的。所以，君子在安全的时候，不能忘记危险；在生存的时候，不能忘记灭亡；在清平的时候，不能忘记动乱。只有这样才可以保障人身和国家的安全。《周易》说：时刻担心国家将要灭亡，国家才会像拴在桑树上一样牢靠。

如果能提前考虑到造成危险的原因，就可以获得安定；若能提前考虑到造成混乱的原因，就可以获得大治；若能提前考虑到造成灭亡的原因，就可以保存下去。

【应急解说】

孔子认为在治国理政方面，要居安思危，有强烈的危机意识。后来唐初名臣魏征的话，其实也就是对孔子的改编。这句话同样适用于应急管理。对于直接和灾难与危险作斗争的应急管理事业来说，风险无处不在、挑战无时不有。看不到危险才是最大的危机，预见不到灾害才是最大的灾难。防范化解重大安全风险，是应急管理部门的根本任务。

7. 备预不虞，善之大者

☑ 提高全民防灾素养
☑ 防范化解重大安全风险
☑ 加强灾前应急准备

【原始出处】

春秋·左丘明《左传·成公九年》：“恃陋而不备，罪之大者也；备豫不虞，善之大者也。”

【白话释义】

依仗地处偏僻而不以加防备，这是罪中的大罪。提前防备意外之事，这是善中的大善。豫：预。

【应急解说】

春秋时代，莒国地处偏僻，远离诸侯争斗中心，自以为很安全，所以戒备松懈，城墙破败不堪。结果楚军包围莒城后，莒国很快溃散，君臣不得不亡命天涯。后来，人们总结这场战争失败的教训时说：“恃陋而不备，罪之大者也；备豫不虞，善之大者也。”这则故事充分说明了，无论在什么情况下，都要做好预防不测的充分准备，不能存在丝毫侥幸心理，要及时发现防灾减灾的薄弱环节和安全问题上的突出短板，并及时提出化解与处置方案。

8. 制治于未乱，保邦于未危

☑ 提高风险早期识别能力
☑ 防范化解重大安全风险
☑ 加强灾前应急准备

【原始出处】

西周《尚书·周官》：“制治于未乱，保邦于未危。”

春秋·李耳《老子·第六十四章》：“为之于未有，治之于未乱。”

【白话释义】

在国家没有产生动乱之前，就订立各种法令制度进行治理；在国家还没有产生危机的时候，便采取保卫的措施。

做事，要在事情尚未发生以前，就着手行动；治理，要在祸患没有产生以前，就早做准备。

【应急解说】

事物在其未发生的时候，很容易把握。祸患在其微小的时候，就容易消散。所以，做事情之前就要做好充分的准备，在局面还没有出现混乱的时候，就要着手于治理。当前的应急管理工作，呈现出许多不同以往的新特点、新情况。对于各种新问题，我们要科学预见形势发展走势，看得到隐藏其中的风险挑战，始终保持忧患意识，保持高度的清醒，将灾害与事故防患于未然，化解于无形。

9. 除患于未萌

☑ 提高风险早期识别能力

☑ 防范化解重大安全风险

☑ 加强灾前应急准备

【原始出处】

春秋·管仲《管子·牧民》："惟有道者，能备患于未形也。"

战国《六韬·军势》："善战者，不待张军；善除患者，理于未生。"

北宋·苏洵《审敌》："除患于未萌。"

北宋·司马光《资治通鉴·汉纪》："明者销祸于未萌。"

【白话释义】

只有认识事物发展规律的人，才能在祸患发生之前就有所防备。

善于打仗的人，无须等待展开军队、列阵迎敌的那一刻。善于治理灾患的人，在灾患萌发时已经开始治理了。

把祸患消灭于尚未萌发的状态之中。

明智的人会在祸患发生之前将其消灭。

【应急解说】

一切事物都处在变化的过程中，这是事物发展的基本规律，所以，这个世界没有万年太平的长治久安。2020 年 2 月 14 日，习近平总书记主持召开中央全面深化改革委员会第十二次会议并发表重要讲话。他强调传染病突发公共卫生事件的应急管理，第一是以防为先，即在体系上、思想上和环境上做好完备的预防工作。这就需要我们积极稳妥地掌握主动权，利用好宝贵的时间窗口，最大限度地化解风险，变危为安。

10. 防微杜渐，禁于未然

☑ 提高全民防灾素养
☑ 提高风险早期识别能力
☑ 防范化解重大安全风险

【原始出处】

三国·曹植《君子行》："君子防未然。"

东晋·葛洪《抱朴子·明本》："昔之达人，杜渐防微。"

南朝·范晔《后汉书·丁列鸿传》："若敕政责躬，杜渐防萌，则凶妖销灭，害除福凑矣。"

唐·房玄龄《晋书·王敦传》："杜渐防萌，慎之在始。"

明·宋濂《元史·张桢传》："防微杜渐，而禁于未然。"

【白话释义】

君子懂得防患于未然。

以前那些明智的人，会在坏事刚萌芽的时候，就加以制止，防止它继续形成下去。杜：堵住。渐：事物的开端。

如果整治政权、自我批评，在祸患刚萌芽的时候就加以消灭，那么凶兆妖邪就会消失，祸害灭除、福气到来。

堵住不良倾向的苗头，从一开始就需要小心慎重。

在灾害尚未发生时，就要预防萌芽的产生。

【应急解说】

随着科技的发展，我国的台风预报水平突飞猛进，我们已经能在五天内确定台风是否登陆我国，提前一天基本确定台风的登陆点。这给了登陆地足够的时间切实做好各项台风防御工作，例如尽快发布预警信息，在地质灾害点开展全面排查，做好救援物资、队伍准备，做好人员转移准备等。近年来的灾害事件一再证明，只有事先化解或减缓各种灾害的风险及危害，才能大大降低应急救援的压力和损失。

11. 无事则深忧，有事而不惧

☑ 提高风险早期识别能力
☑ 防范化解重大安全风险
☑ 健全应急预案体系

【原始出处】

北宋·苏辙《御试制策》第一道："古之圣人无事则深忧，有事则不惧。"

【白话释义】

古代的圣人能够在事情发生之前就想好应对之策，当事情来的时候，就不会惧怕。

【应急解说】

所谓"无事则深忧"，也就是要时刻树立起强烈的安全意识。是否天有不测风云？人是否有不安全的行为？物是否有不安全的状态？管理是否存在某种缺陷？安全监管需要反复走访，反复追问，举一反三。这样一来可以事前消除事故隐患，二来也可以事后迅速解决问题。

12. 消未起之患，治未病之疾

☑ 提高风险早期识别能力
☑ 防范化解重大安全风险
☑ 健全应急预案体系

【原始出处】

东汉·王符《潜夫论·思贤》："养寿之士，先病服药。"

东晋·葛洪《抱朴子·地真》："至人消未起之患，治未病之疾。"

东晋·葛洪《抱朴子·用刑》："明君治难于其易，去恶于其微。"

东晋·葛洪《抱朴子·安贫》："明哲消祸于未来。"

明·方孝孺《豫让论》："销患于未形，保治于未然。"

【白话释义】

善于养生的人，病患未发就已经开始服药预防。

有很高道德修养的人总是把灾患消除在萌芽状态，在未病之前就能认真加以预防。

明智的君主能够消除未形成的祸患，医治未发生的疾病。

深明事理的人能够于灾祸未发生之前就将其消除。

在祸患还未显露时就消除它，在动乱发生之前保住社会的稳定。

【应急解说】

以上这些论述，都是强调从易处入手解决难题，从细微之处开始消除祸端。灾害事故的发生都有其运行周期。在其酝酿的开始就能加以治理，就像治疗小病，可以防止其发展成大病一样。安全隐患是随时都可能引发的社会肌体的病痛，无视隐患，就是无视人民的生命和财产安全。在安全监管工作中，要有“小题大做”“吹毛求疵”的精神，扎扎实实地做好日常监管和基础台账。每个人都要有安全意识，有了安全意识，才能规范其行为，保证生产生活的安全。

13. 明者远见于未萌，而智者避危于无形

☑ 提高风险早期识别能力
☑ 防范化解重大安全风险
☑ 健全应急预案体系

【原始出处】

《逸周书 · 王佩解》：“不困在豫慎，见祸在未形。”

战国 · 商鞅《商君书 · 更法》：“愚者暗于成事，智者见于未萌。”

西汉 · 司马相如《上书谏猎》：“明者远见于未萌，而智者避危于无形。”

西晋 · 陈寿《三国志 · 吕蒙传》裴松之注引《吴书》：“明者防祸于未萌，智者图患于将来。”

西晋 · 陈寿《三国志 · 钟会传》：“明者见危于无形，智者窥祸于未萌。”

【白话释义】

不受困穷，在于预先谨慎；发现祸患，要在祸患未产生之前。豫：预。

愚钝的人，对已经出现的事情也看不明白；而明智的人，在事情还没有露出苗头时，就已经觉察到了。

聪明的人善于发现尚未萌芽的问题，智慧的人则设法避开尚未出现的危险。

聪明的人会避免尚未萌芽的祸患，智慧的人则会思虑将来可能出现的灾患。

聪明的人能够在危险尚未形成时就发现，智慧的人能够在祸患没有萌芽的时候觉察到。

【应急解说】

要在祸患未形成之际，就发现祸患的端倪；事先做好抵御风险的准备，就不会令人措手不及。我们已经充分认识到，相比于灾害发生之后开展救助工作，防止事故于尚未发生之前更为重要。从 2020 年新型冠状病毒引发的肺炎

疫情来看，我们的传染病风险监测预警工作还有短板，灾害风险防范意识还较为薄弱，所以我们在接下来的应急管理事业中，需要大力加强管理者的灾害风险防范化解工作，同时要大力增强全民的风险防范意识。

14. 先忧事者后乐，先傲事者后忧

☑ 健全应急预案体系
☑ 提高风险早期识别能力
☑ 防范化解重大安全风险

【原始出处】

西汉·刘向《说苑·谈丛》："先忧事者后乐，先傲事者后忧。"

东晋·葛洪《抱朴子·广譬》："久忧为厚乐之本，暂劳为永逸之始。"

【白话释义】

起先考虑到事情艰难的人，后来必定收获快乐；起先认为事情容易，掉以轻心的人，后来必定遭遇忧患。

长久的考虑能为真正的快乐打下基础，暂时的劳累则是长久安逸的开端。

【应急解说】

所谓"忧事"者，是指不折不扣地完成安全工作；所谓"傲事"者，是指浮皮潦草地应付安全工作。平时扎扎实实地毯式排查的结果就是没有灾祸发生，从容迎接各种考察和追踪。而一些工作者惧怕年底考核的原因，还是因为平时工作的态度和方法出现了问题。我国当前正在努力从注重灾后救助向注重灾前预防转变，这个转变过程需要每个工作者脚踏实地做好本职工作。

15. 忧先于事，故能无忧；事至而忧，无救于事

☑ 提高全民防灾素养
☑ 提高风险早期识别能力
☑ 防范化解重大安全风险

【原始出处】

南宋·辛弃疾《美芹十论》："事未至而预图，则处之常有余；事既至而后计，则应之常不足。"

明·徐祯稷《耻言》："忧先于事者，不入于忧；事至而忧者，无及于事。"

清·史襄哉《中华谚海》："忧先于事，故能无忧；事至而忧，无救于事。"

【白话释义】

事先已有防备，事情发生后就用不着忧虑了；事情发生了再去忧虑，已经无济于事了。

事情未发生的时候，就预先考虑周到，处理起来就应付有余；事到临头才开始想对策，往往就措手不及了。

谋虑在前，就能避免忧患。谋虑在后，已经于事无补了。

【应急解说】

《美芹十论》是南宋词人辛弃疾写给皇帝的十篇军事论述。这篇千古名文的第一句就是："事未至而预图，则处之常有余；事既至而后计，则应之常不足。"这句话强调了隐患排查治理的重要性。事前的自查自纠、自警自励，始终保持警醒忧患状态，是让我们减少损失、减少忙乱的重要法宝。如果等问题出现了，再慌忙进行救灾，会付出更多人力、更多劳动、更多金钱，而且无济于事了。

16. 有终身之忧，无一朝之患

☑ 提高风险早期识别能力
☑ 防范化解重大安全风险
☑ 加强灾前应急准备

【原始出处】

战国 · 孟轲《孟子 · 离娄下》："君子有终身之忧，无一朝之患。"

西汉 · 桓宽《盐铁论 · 结和》："偷安者后危，虑近者忧迩。"

【白话释义】

明智的人因为有了长期的忧患意识，所以就没有灾祸突发的痛苦。

苟且偷安的人，在后面的日子里会有危险；目光短浅的人，在未来的日子里会遭遇忧愁。

【应急解说】

在安全监管工作中，管理者要始终保持警醒警觉状态。让"居安思危"成为思维的定式、行动的习惯。时时刻刻都不能有丝毫松懈、半点马虎。社会各阶层，在追求经济效益和幸福生活的同时，也要紧绷"安全第一"这根弦，由被动到主动，承担起安全生产生活的主体责任。只有坚持以防为主、防抗救相结合的工作方针，坚持常态减灾和非常态救灾相统一，才能使得国家综合防灾减灾救灾能力得到全面提升。

17. 凡事预则立，不预则废

☑ 防范化解重大安全风险
☑ 推进防灾减灾制度建设
☑ 健全应急预案体系

【原始出处】

战国《礼记·中庸》：“凡事豫则立，不豫则废。”

西汉·桓宽《盐铁论·世务》：“事不豫辨，不可以应卒。”

【白话释义】

做任何事情，事先做好谋虑准备就会成功，否则就会失败。豫：预。

事前不做好充分的准备，就不能应付事情突然发生的变故。辨（bàn）：办。卒（cù）：猝，突然。

【应急解说】

毛泽东在《论持久战》中说：“‘凡事预则立，不预则废’，没有事先的计划和准备，就不能获得战争的胜利。”这句《礼记·中庸》中的至理名言，经过毛泽东的引用而广为人知。这句话同样也可以为应急管理事业所用，用来强调强化风险防控的重要性。事实证明，很多事故是完全可防可控的，这就需要我们要打好防范和抵御风险的有准备之战。我们需要看到，我国目前安全生产的基础薄弱，防灾减灾的体系还不健全，尤其是全民的防范意识还是很淡薄的，因此，我们更要增强忧患意识，下好先手棋，打好主动仗，把握主动权，有效规避和化解各种风险挑战。

18. 防患于未然者易，除患于已然者难

☑ 加强灾前应急准备
☑ 提高风险早期识别能力
☑ 防范化解重大安全风险

【原始出处】

西汉·刘向《战国策·燕策》：“除患无至，易于救患。”

南朝·范晔《后汉书·丁鸿列传》：“夫坏崖破岩之水，源自涓涓；干云蔽日之木，起于葱青。禁微则易，救末者难，人莫不忽于微细，以致其大。”

北宋·王安石《风俗》：“禁微则易，救末者难。”

明·马文升《巡抚事宜疏》：“臣闻防祸于未然者易，除患于已然者难。”

【白话释义】

在祸患发生之前就除掉其萌芽，比祸患发生之后再去救灾要容易得多。

那破坏崖壁岩石的水，来自细小的水流；遮天蔽日的大树，都是从小树苗长起来的。抑制祸患于萌芽阶段很容易，等到酿成大祸时再来挽救就很困难了。人们太容易忽视细节，以致酿成不可救药的后果。

禁止细微的不良倾向是容易的，要补救到了严重地步的不端行为，那就困难了。

我听说在灾害尚未形成时除患是很容易的，等到灾害已经形成了再去抗灾，就难得多了。

【应急解说】

当前阶段，需要把防范化解风险摆在应急工作的突出位置，要想防止风险的传导、叠加、演变与升级，必须要有敏锐的双眼、警惕的头脑、迅速的行动，将灾害消灭于未形成之前，将影响控制在最低程度、最小范围。所以，排险除患的安监卫士、时刻戒备的森林防火员，他们和勇敢逆行的消防员、冲锋在前的救护队员一样崇高而伟大。

19. 为虺弗摧，为蛇将若何

☑ 提高安全生产监管执法能力
☑ 提高风险早期识别能力
☑ 防范化解重大安全风险

【原始出处】

春秋 · 左丘明《国语 · 吴语》：“为虺弗摧，为蛇将若何？”

【白话释义】

当毒蛇小的时候不消灭它，等它长成了大蛇可怎么办呢？虺（huǐ）：小毒蛇。

【应急解说】

战国时代，吴王夫差率军大败越王勾践。越王勾践派人来向吴国求和，吴王准备答应。吴国的大臣伍子胥却认为不能议和，而要乘胜追击。伍子胥认为若不及时消灭弱小的对手，会留下莫大的祸害。但吴王不听他的建议，结果吴国后来被勾践所灭。吴王这里犯的错误就是“对隐患视而不见”，使得小型隐患终于酿成了大的祸患。在安全监察工作中，如果发现管理者对隐患整改不力、虚假整改或拒不整改的，需要严肃问责。

20. 先事虑事，先患虑患

☑ 提高风险早期识别能力
☑ 防范化解重大安全风险
☑ 提高安全生产监管执法能力

【原始出处】

战国·荀况《荀子·大略》：“先事虑事，先患虑患。”

战国·荀况《荀子·大略》：“ 先患虑患谓之豫，豫则祸不生。”

战国·荀况《荀子·大略》：“事至而后虑者，谓之后，后则事不举；患至而后虑者，谓之困，困则祸不可御。”

【白话释义】

在事情到来之前，就应考虑好事情发生后怎么办；在祸患到来之前，就应做好作消除祸患的打算。

在祸患到来之前，就应做好作消除祸患的打算，这叫“有准备”。提前有了准备，祸患就不会发生。

事到临头才开始动脑子，就叫落后，落后了事情就肯定办不好；祸到临头再动去脑子，就叫困窘，有了困窘就不能抵御灾祸。

【应急解说】

永远保持忧患意识，做好事前准备工作，才能使我们长久立于不败之地。例如要在危险发生之前，加强企业安全标准化的创建。这其实就是“先事虑事，先患虑患”，目的是使安全生产工作常态化、规范化。一来可以加深企业生产者对安全生产的理解和认识，二来企业严格执行就可以有效避免灾祸的发生。

21. 事前定，则不困

☑ 防范化解重大安全风险
☑ 提高安全生产监管执法能力
☑ 健全应急预案体系

【原始出处】

战国《礼记·中庸》：“事前定，则不困。”

西汉·刘向《说苑·谈丛》：“不困在于早虑，不穷在于早豫。”

【白话释义】

事情发生之前就谋划好了，干起来便不会感到困难棘手。

早做谋虑和准备，做事情就不会陷于困厄和绝境。

【应急解说】

做任何事情都要有所规划，有所准备。当前很多事故都是因为企业安全生产主体责任没有落到实处造成的。例如生产企业违法违规经营和储存危险货物、安全管理极其混乱，致使大量安全隐患长期存在。各级应急管理部门需要严格执法、从严监管，强化企业履行安全生产主体责任。这些工作做好了，就可以有效避免很多事故。

22. 有预备之政，上也

☑ 防范化解重大安全风险
☑ 推进防灾减灾制度建设
☑ 健全应急预案体系

【原始出处】

明·俞汝为《荒政要览》引吕祖谦语："大抵荒政，统而论之：先王有预备之政，上也；修李悝之政，次也；所在蓄积，有可均处，使之流通，移民移粟，又其次也；咸无焉，设糜粥，最下也。"

【白话释义】

各种救灾的政策，综合来说，有提前准备好的防灾措施，是上策。实行战国思想家李悝提出的平抑市场粮价的政策，是次一等的。国库中有粮食储备，可以平均分配，在受灾地区流通，迁徙百姓，运输粮食，是又次一等的。以上这些都没有，只是施粥给灾民，这是最下等的策略了。

【应急解说】

吕祖谦的话，实际指出了我国古代传统社会最常用的三种救荒制度，即仓储制度、调粟制度和施粥制度。这其中仓储制度即人们常说的"积谷备荒"，属于灾前预防措施，而调粟制度和施粥制度则属于灾后救灾举措。但这些措施，都不如事先消除灾害隐患更为重要。

23. 不待事至而后图之

☑ 提高风险早期识别能力
☑ 防范化解重大安全风险
☑ 提高安全生产监管执法能力

【原始出处】

明·俞汝为《荒政要览》引叶向高语："盖三代圣王焦思极虑，豫为之防，不待事至而后图之，是以天不能灾，地不能贫。”

【白话释义】

上古的尧舜禹三位圣王总是殚精竭虑，提前做好预备之策，不会等到灾害发生了再去想办法。所以天不能让他们的国家受灾，地不能让他们的百姓贫困。

【应急解说】

对于应急管理工作来说，预防灾害永远是第一位的。等到灾害发生之后再去采取救济措施，那就已经是下策了。面对我国灾害事故多发、频发的基本国情，我们要做查风险、除隐患、防事故的奋进者，而不做苟且偷安的坐等者。所以在现阶段，应急管理工作需要与时俱进，打造一支业务精、能力强、作风硬的安全员队伍，为企业的安全发展保驾护航。

24. 不慎其前而悔其后，虽悔无及矣

☑ 提高全民防灾素养
☑ 提高风险早期识别能力
☑ 防范化解重大安全风险

【原始出处】

西汉·刘向《说苑·建本》：“不慎其前而悔其后，虽悔无及矣。”

元·关汉卿《救风尘杂剧》第一折：“事要前思免后悔。”

明·洪应明《菜根谭·概论》：“图未就之功，不如保已成之业；悔既往之失，亦要防将来之非。”

【白话释义】

事前不谨慎，事后往往懊悔。但事后的懊悔，是无济于事的。

事情开始前就得考虑好，免得事到头来再后悔。

谋求策划未成功的事业，不如保住已成功的事业；后悔过去的过失，同时也要预防将来可能出现的错误。

【应急解说】

我国自然灾害易发，同时企业生产也事故多发。各级应急管理工作者要保持高度警惕，加强监测预警，排查风险隐患，切实做好各类灾害和事故的防范工作。莫要等到事故发生之后，再追悔莫及。一旦危险发生，即便是救援队伍力争第一时间响应、最快速度救援、最大限度地降低伤亡，也已经造成了无法挽回的损失。

25. 千丈之堤，以蝼蚁之穴溃；百尺之室，以突隙之烟焚

☑ 加强风险评估
☑ 提高风险早期识别能力
☑ 防范化解重大安全风险

【原始出处】

战国·韩非子《韩非子·喻老》：“千丈之堤，以蝼蚁之穴溃；百尺之室，以突隙之烟焚。”

北朝·刘昼《刘子·慎隙》：“尺蚓穿堤能漂一邑，寸烟泄突致灰千室。”

【白话释义】

千里大堤，很可能会因为蝼蚁洞而溃决；百尺高楼，很可能因为烟囱缝隙的火星而焚毁。

一条蚯蚓挖穿的小洞能使大堤崩决，淹没一座城池；烟囱里漏出来的小火星会把千家万户烧为灰烬。

【应急解说】

古人有很多优秀而生动的比喻，来说明小事不慎终将酿成大祸的问题。现实生活就是这样：一个小小的烟头，可能引起熊熊的森林大火；一个小小的零件，可能造成重大安全生产事故。凡事要从大处着眼、小处着手，方能有所成就。所谓“不矜细行，终累大德；为山九仞，功亏一篑”，以小见大、因小失大的道理人人都可以理解。细节往往决定成败，对于安全生产来说尤其如此。如果对微小的隐患熟视无睹，坐看其一步步向恶性转化，最后势必积重难返，造成无法弥补的损失。古代典籍中这些关于忧患意识与预防思想的经典智慧，需要各级应急管理者和工作者常记常新。

26. 细微可不慎？堤溃自蚁穴

☑ 提高预报预警能力
☑ 提高风险早期识别能力
☑ 防范化解重大安全风险

【原始出处】

三国·应璩《杂诗》：“细微可不慎？堤溃自蚁穴。”

清·王懋竑《书座右二章》：“长堤溃蚁穴，君子慎其微。”

【白话释义】

细微之处，能不谨慎吗？堤防被冲垮崩溃，可能只是因为一个蚁穴。

明智的人应该懂得蚁穴也能使大堤崩溃的道理，对待小事要十分慎重。

【应急解说】

祸患要在它刚露出苗头时就小心提防。细微之处，尤其需要谨慎对待。开展全面彻底的安全隐患大排查工作，目的就是坚决把各种风险问题消灭于萌芽状态。所以安全排查需要精准深入，不放过任何一个漏洞、任何一个盲点，这样才能不留下任何一处安全隐患。越是基层应急人越需要扎实细微的日常工作。千斤重担人人挑，要有“小题大做”“杞人忧天”的精神。查实情、出实招、求实效，才能促一方发展、保一方平安。

27. 山陵之祸，起于豪芒

☑ 提高全民防灾素养
☑ 提高风险早期识别能力
☑ 防范化解重大安全风险

【原始出处】

东汉·李尤《戟铭》：“山陵之祸，起于豪芒。”

【白话释义】

深重巨大的祸患，皆萌发于极为微小的事情中。

【应急解说】

从事过应急安全管理的人都知道“隐患猛于虎”的道理。当危险在细小的萌芽状态时，我们就应当给予重视和预防，从而断绝危险事物的滋长蔓延。安全监管工作最不能忽略任何细枝末节。像高山那样大的灾祸，往往是由如同细毛和麦芒那样微小的事情发展而成的。同样，冲毁高坝的大水，源头只不过是涓涓细流。

28. 患生于所忽，祸起于细微

☑ 提高全民防灾素养
☑ 提高风险早期识别能力
☑ 加强风险评估
☑ 防范化解重大安全风险

【原始出处】

西汉·刘向《说苑·敬慎》：“患生于所忽，祸起于细微。”

西汉·韩婴《韩诗外传》：“病加于小愈，祸生于懈惰。”

北宋·欧阳修《新五代史·伶官传》：“祸患常积于忽微，而智勇多困于所溺。”

【白话释义】

灾患产生于疏忽，祸端由小事而引起。

疾病稍为好转后，若不谨慎小心，病情很容易加重；灾祸往往产生于松懈和懒惰。

祸患常因小事不谨慎而积累酿成；聪明勇敢的人大多被他所溺爱的人或事物逼到困境。

【应急解说】

让人们瞠目结舌的突发事件，其实往往源于日常各类问题的堆积效应。各级应急管理工作者必须把日常防治作为工作的重点。例如建立隐患管理台账，逐项梳理、对账销号，如此日复一日，年复一年。即便工作有重复琐屑的特点，但意义却非常重要。所以，应急管理的作用不仅仅体现在突发事件发生后，更体现在日常防灾减灾工作当中。

29. 福生于谨慎，祸生于得意

☑ 提高全民防灾素养
☑ 防范化解重大安全风险
☑ 提高应急管理的精细化水平

【原始出处】

西汉 · 刘向《说苑 · 敬慎》：“福生于隐约，而祸生于得意。”

西汉 · 司马相如《上书谏猎》：“祸固多藏于隐微，而发于人之所忽。”

北宋 · 司马光《资治通鉴 · 唐纪十一》：“骄奢生于富贵，祸乱生于所忽。”

明 · 刘基《郁离子 · 虞孚》：“失意之事，恒生于其所得意。”

【白话释义】

幸福产生于小心恭谨，而祸患产生于自鸣得意。

灾祸固然隐藏于细微之处，而往往发生在人们疏忽的时候。

富贵会导致骄纵奢侈，疏忽大意会产生祸患。

不顺心遂意的事，常常起因于自我满足中的粗心大意。

【应急解说】

“监在平常时，安在细微处。”安全监管并非闲差，并非随处转转、随处看看。那样的话，很可能对违规违章行为视而不见，将安全隐患看作过眼云烟。我们需要紧盯人员密集场所及高风险场所，加大执法检查和联合惩戒力度。只有消除祸患于未萌发之前，才可以享受安全与舒适。“安全第一、预防为主、综合治理”，尤其要打造一支恪尽职守、忘我付出、吃苦在前、享受在后的基层应急力量。

30. 人无远虑，必有近忧

☑ 提高全民防灾素养
☑ 提高风险早期识别能力
☑ 防范化解重大安全风险

【原始出处】

春秋《论语 · 卫灵公》：“子曰：人无远虑，必有近忧。”

明 · 张居正《与操江宋阳山》：“天下之事，以为无足虑，则必有大可虑者。”

【白话释义】

对事情如果不能从长远考虑，忧患很快就会来了。

世上很多事，人们以为不值得思虑的，往往最后是大大让人操心的。

【应急解说】

“人无远虑，必有近忧”语出孔子，充满了哲学智慧，早已成为人们熟知的谚语，活跃在社会生活中。人之所以有近日之忧，是因为以前没有考虑得长远。我们现在遭受的许多灾害，如果时间可以倒回，都有可以补救的余地。例如，每次在自然灾害面前，我们都可以看到大多数农村地区和基层社区抗灾能力依然偏低，特别是农村受自然灾害致贫返贫的问题还比较突出，这就需要我们平时就加强农村防灾减灾的基础建设和抗灾能力的提升。

31. 不备难，难必至

☑ 提高风险早期识别能力
☑ 防范化解重大安全风险
☑ 推进防灾减灾制度建设

【原始出处】

西汉 · 刘向《说苑 · 贵德》：“弗备难，难必至。”

西汉 · 司马迁《史记 · 苏秦列传》：“前虑不定，后有大患。”

北朝 · 刘昼《刘子 · 利害》：“思难而难不至，忘患而患反生。”

【白话释义】

没预先做好迎接困难的准备，困难就一定会到来。

事前考虑得不周到缜密，事后必有大的祸患。

预先考虑到可能发生的危难，危难可免；事前不预防祸患，祸患必生。

【应急解说】

2020 年 6 月 13 日，沈海高速浙江温岭市大溪镇良山村附近，一辆槽罐车在匝道发生爆炸冲出高速，导致周边部分民房及厂房倒塌。事故共造成 20 人死亡，172 人住院治疗。那些安居家中的村民，怎么会想到有这样的天降横祸呢？我们要吸取浙江温岭槽罐车爆炸事故的教训，必须围绕生产、经营、运输、使用、存储等环节，进行风险排查管控行动，事先做好危险货物运输全链条的安全监管。如果在这些工作上疏忽大意，草草了事，那么下一场危险化学品事故不久就会发生。

32. 成于慎，败于纵

☑ 提高全民防灾素养

☑ 培育全民防灾文化

☑ 防范化解重大安全风险

【原始出处】

北宋 · 苏轼《拟进士对御试策》：“慎重则必成，轻发则多败。”

北宋 · 司马光《资治通鉴 · 汉纪九》：“尽小者大，慎微者著。”

明 · 方孝孺《慎斋箴》：“人之持身立事，常成于慎，而败于纵。”

【白话释义】

小心慎重就一定成功，轻率行事就很可能失败。

对细小事物也尽力而为的人，成绩就大；在细微处也能谨慎小心的人，成绩就显著。

人的修养和处世，往往因为谨慎而成功，因为放纵而失败。

【应急解说】

人的修养和处世讲究谨慎，应急管理事业也是同样。我们既要做好对企事业单位的安全检查工作，也要做好面向民众的安全宣传教育工作。古代这些闪耀着应急智慧的至理名言，一方面可以提升宣教工作者的理论水平和业务能力，另一方面也因为其文化性和经典性能产生良好的宣教效果，从而激发企业安全生产的主动性和自觉性、培育全民的防灾减灾素养。

33. 慎能远祸

☑ 提高全民防灾素养
☑ 培育全民防灾文化
☑ 防范化解重大安全风险

【原始出处】

北魏·贾思勰《齐民要术》："力能胜贫，谨能胜祸。"

清·申居郧《西岩赘语》："慎能远祸，勤能济贫。"

明·张居正《赠毕石庵先生宰朝邑叙》："惧则思，思则通微；惧则慎，慎则不败。"

【白话释义】

出力劳作能战胜贫穷，谨慎小心能战胜祸患。

小心谨慎能避免灾祸，勤劳能使人摆脱贫困。

临事肃敬畏惧就会用心思考，思考就会通晓一切细节；临事肃敬畏惧就会小心谨慎，谨慎就不会失败。

【应急解说】

提高社会防灾减灾救灾能力，要充分发挥基层一线的作用，发动全民积极参与安全大业。例如开展典型安全案例警示教育，把易于人民群众掌握、切实管用的生活安全常识送到千家万户，提升群众在日常生活中的安全素质。对于企业的宣教，则需强调绝不能只重发展不顾安全，更不能将安全视作无关痛痒之事。"慎能远祸"这句简单易行的名言警句，可以作为安全宣传标语广泛使用，提高全民的安全意识，筑牢防灾减灾救灾的人民防线。

34. 慎之于始，慎之于终

☑ 提高全民防灾素养
☑ 提高风险早期识别能力
☑ 防范化解重大安全风险

【原始出处】

春秋·李耳《老子·第六十四章》："慎终如始，则无败事。"

战国《礼记·文王世子》："举大事，必慎其终始。"

清·史襄哉《中华谚海》："慎之于始，慎之于终。"

【白话释义】

临结束时也要如开始时那样慎重细心，就不会败坏事情。

从事伟大的事业，必须自始至终都要谨慎。

从开始到最终，都要小心谨慎。

【应急解说】

干任何工作，谨慎都是重要的素质。目前，应急管理事业正从应对单一灾种向综合减灾转变，从减少灾害损失向减轻灾害风险转变，为的是全面提升全社会抵御自然灾害的综合防范能力。对于应急管理人来说，从始至终谨慎小心更是题中之义。例如受到当前经济社会加速转型发展的影响，火灾风险不断累积、日趋复杂。消防安全形势严峻。任何超能力的生产、超负荷的经营，都会将安全风险隐患叠加放大。俗话说“小心驶得万年船”，筑牢消防安全屏障，构建消防安全长效机制，其核心就是谨慎始终。

35. 恭为德首，慎乃行基

☑ 提高风险早期识别能力
☑ 提高预报预警能力
☑ 提高监测预警能力

【原始出处】

西晋 · 羊祜《诫子书》：“恭为德首，慎乃行基。”

【白话释义】

最重要的品德是谦恭，行动的基础是慎重。

【应急解说】

2020 年 7 月，湖北恩施沙子坝发生山体滑坡。所幸的是这次灾害被成功预测，在灾害发生前，村民就完成了撤离。之所以能成功预测本次自然灾害，是因为当地的地质灾害检测员村民陈光明拍到了地表裂缝的照片，他迅速告知相关工作人员来进行实地勘察。滑坡裂隙被提前发现，得益于于灾害检测员陈光明的谨慎负责，他认真负责的地质灾害检测态度，拯救了全村民众。

36. 若欲不忙，浅水深防

☑ 提高预报预警能力
☑ 提高风险早期识别能力
☑ 防范化解重大安全风险

【原始出处】

清 · 杜文澜《古谣谚》：“若欲不忙，浅水深防。”

【白话释义】

要想没有问题，就要把小事当作大事来加以防范。

【应急解说】

正如好的士兵会积极主动地上阵杀敌，合格的应急管工作者在思想上需要有足够强大的安全意识，加强日常的安全巡检，具有强大的识别、判断安全隐患的技能，并能及时科学、专业、彻底地清除隐患，以保证生产生活的安全运行。只有把工作做在当下，做在日常，才能避免发生事故之后的忙乱不堪。

37. 心事浩茫连广宇，于无声处听惊雷

☑ 提高风险早期识别能力
☑ 提高预报预警能力
☑ 防范化解重大安全风险

【原始出处】

现代·鲁迅《无题》："心事浩茫连广宇，于无声处听惊雷。"

【白话释义】

内心的思绪无限宽广，能从表面的一片沉寂中，感受到雷声的萌动。

【应急解说】

并不是说按部就班地生产生活，就可以永保安全。越是平静的社会生活，越隐藏着意想不到的风险和灾祸。明智的人会在日常生产生活中主动识风险、除隐患。作为应急管理工作者，则需要比普通人具有更加敏锐的双眼，加大明察暗访力度。倘若对那些隐患视而不见，就是在助长灾祸的发生。

38. 临崖失马收缰晚，船到江心补漏迟

☑ 提高全民防灾素养
☑ 培育民众安全文化
☑ 提高风险早期识别能力

【原始出处】

元·佚名《牧羊记传奇》："莫待临崖失马收缰晚，只恐船到江心补漏迟。"

【白话释义】

不要等到临近悬崖马掉下去，才想到收缰绳；更不要船都行使到了江心，才想到修补漏洞。

【应急解说】

这句话是说等到了危险边缘才回头补救，已为时过晚。当今的安全宣

传教育工作还存在覆盖面不广、精准度不高、影响力不足等问题。要想改变这一短板，首先需要安全宣传工作者在头脑里、笔头上、口才上有“几把刷子”。要想真正成为让人信服的宣传事业行家里手，可以从中华传统文化中广泛汲取营养。这句元代的俗语生动形象、言简意赅，非常适合拿来进行社会安全宣教工作。

39. 闲时不烧香，急来抱佛脚

☑ 提高全民防灾素养
☑ 培育全民防灾文化
☑ 加强灾前应急准备

【原始出处】

北宋 · 刘攽《中山诗话》：“急则抱佛脚。”

明 · 施耐庵《水浒传》第十六回：“正是急来抱佛脚，闲时不烧香。”

【白话释义】

着急的时候才想到求神拜佛。

平时不拜佛，事到临头再去求神，肯定是来不及了。

【应急解说】

先具有“发现问题的眼睛”，能够感受到潜在的威胁，随后伸出“解决问题的手”，将灾祸消灭于萌芽状态。应急管理事业最怕的是对身边的风险隐患熟视无睹、视而不见。如果事事都等灾害来临时的上面部署，不推不动，我们将永远处于被动状态。当前我们的应急管理事业，需要走向现代化、科学化，更要走向精细化、日常化。

40. 小孔不补，大孔叫冤苦

☑ 提高预报预警能力
☑ 提高风险早期识别能力
☑ 防范化解重大安全风险

【原始出处】

西汉 · 韩婴《韩诗外传》：“患至而后呼天，不亦晚乎？”

东汉 · 董卓《到渑池上书请收张让等》：“及溺呼船，悔之无及。”

清 · 杜文澜《古谣谚》：“小孔不补，大孔叫冤苦。”

【白话释义】

灾患临头才呼天唤地，不是太迟了吗？

到了人溺水的时候，才呼叫船只来救援，后悔也来不及了。

小的漏洞不去堵塞，等到漏洞大了就只能徒唤奈何了。

【应急解说】

“患至呼天，不亦晚乎”“及溺呼船，悔之无及”“小孔不补，大孔叫冤苦”，这些都是中国古代的通俗谚语，都在形容事前不做准备，灾祸临头，为时已晚。安全问题直接关系到人民群众的生命财产安全，是人民群众最关心、最直接、最现实的利益问题之一。近年来，随着社会的发展，安全形势持续稳定好转，但社会和自然的风险隐患仍然很多。平时的安全工作如果不注意、打折扣、走过场，就会酿成大祸。这就需要时刻强调日常工作中预防轻微风险苗头的重要性。

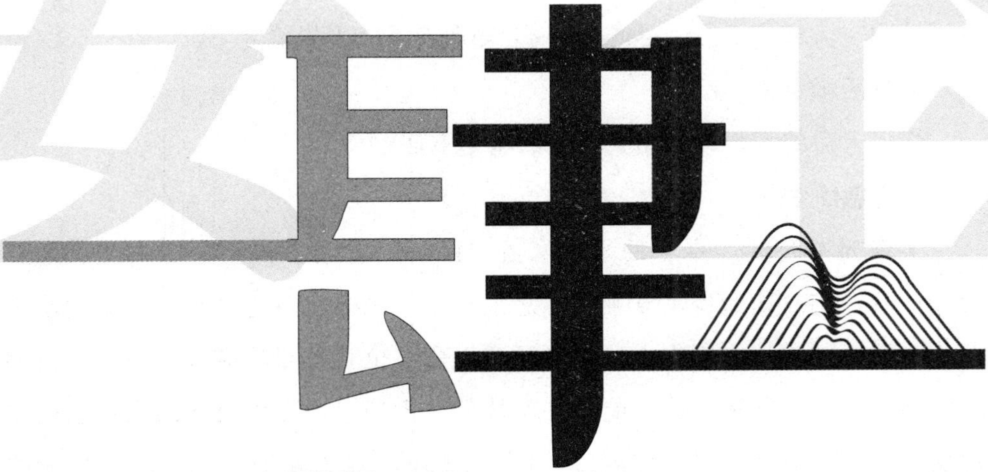

肆 安全生产

PRODUCTION SAFETY

安全生产是经济建设和社会发展的一项基础工作，始终是应急管理的基本盘。如何在生产经营活动中，避免造成人员伤害和财产损失的事故？中国古代很早就开始关注这一问题。卓越的儒家思想家孟子在两千多年前就提出“君子不立危墙之下”——爱惜自己的人不会让自己暴露在危险的境地。但当涉及经济利益之时，很多人就会放松警惕，走上轻安全、重业绩的发展模式，将“安全第一”抛在脑后。和自然灾害发生的客观性不同，安全生产事故的发生基本上都是“人祸”，所以安全生产是可预防、可管理的工作。渗透安全理念、养成安全行为，全面提高安全红线意识、全面提高风险防控效能、全面提高安全管理能力、全面提高事故防范效果、全面提高安全治理水平，应急人任重道远、大有所为。

1. 君子不立危墙之下

☑ 普及全民安全知识
☑ 培育民众安全文化
☑ 树牢安全发展理念

【原始出处】

战国 · 孟轲《孟子 · 尽心上》："知命者不立乎岩墙之下。"

【白话释义】

懂得天命的人，不会站到危险的墙壁下面。

【应急解说】

早在先秦时期，卓越的思想家孟子已经注意到了社会生活中的安全知识。他的这句"知命者不立乎岩墙之下"，后来被改造为"君子不立危墙之下"而广为流传。中国古人经常讲顺应天命，也就是要顺应客观规律。有倒塌危险的墙壁，是随时都可能出现事故的巨大隐患，爱惜自己的人不会站在危墙的下面，这是尊重事物发展的客观规律、寻求安全状态、珍爱生命的表现。

2. 千金之子，坐不垂堂

☑ 普及全民安全知识
☑ 培育民众安全文化
☑ 全面提高安全红线意识

【原始出处】

西汉 · 司马迁《史记 · 司马相如列传》："家累千金，坐不垂堂。"

西汉 · 司马迁《史记 · 袁盎晁错列传》："臣闻千金之子，坐不垂堂。"

【白话释义】

家中积累千金财富的人，因为害怕被掉下来的屋瓦砸到，所以不会靠近屋檐处坐着。

臣听说家中有千金财富的人，不会靠近屋檐处坐着，因为坐在那里有被屋瓦砸伤的危险。

【应急解说】

《史记》中引用的这句西汉谚语，建议人们不要在危险的地方停留，很有规避风险的自觉性。因为安全意识不够而造成事故的例子，每年都有不少。对煤矿、建筑工地、污水池、密集封闭的地下场所、垃圾池等各类易发事故的作业空间，应增强企业主体责任意识，提升作业人员安全知识水平，配备应急装备，确保作业条件符合安全标准。

3. 积羽沉舟，群轻折轴

☑ 全面提高风险防控效能
☑ 全面提高安全管理能力
☑ 全面提高事故防范效果

【原始出处】

西汉·刘安《淮南子·缪称训》:“积羽沉舟，群轻折轴。故君子禁于微。”

【白话释义】

羽毛累积多了，能将船压沉；轻东西累积多了，能将车轴压断。所以明智的人禁止自己做微小的坏事。

【应急解说】

2013年6月18日，习近平总书记在党的群众路线教育实践活动工作会议上发表重要讲话，指出养成勤正衣冠的习惯，能收到防微杜渐之效，能有效避免“积羽沉舟，群轻折轴”。在安全生产领域，有一则著名的“海恩法则”，是由飞机涡轮机的发明者德国人帕布斯·海恩提出的：每一起严重事故的背后，必然有29次轻微事故、300起未遂先兆，以及1000起事故隐患。可见，事故的发生都是量的积累的结果。小心谨慎、防微杜渐，能帮助我们树牢安全发展理念、提高安全红线意识、提高事故防范效果，全面提高安全治理水平。

4. 星星之火，可以燎原

☑ 普及全民安全知识
☑ 提高风险早期识别能力
☑ 全面提高事故防范效果

【原始出处】

西周《尚书·盘庚上》:“若火之燎于原，不可向迩，其犹可扑灭。”

【白话释义】

就像在原野上燃烧的大火，火势猛烈而不能接近，可是仍能予以扑灭。

【应急解说】

“星星之火别小看，疏忽大意可燎原”，初始时微小的事物，可能会有不可预估的发展。消防安全工作中，要防范小小火星酿成大火。火星、电火花、明火、高温物体、强光等都是常见的火源。用火不慎、用电不慎、用油不慎、用气不慎、吸烟、玩火、燃放烟花爆竹等也都是常见的引发火情的行为。若不加以防范，皆可能引发火灾，造成巨大的损失。社会中的每个人，都应该有一定的消防安全知识。

5. 一星之火能烧万顷之山

☑ 健全公民安全教育体系
☑ 普及全民安全知识
☑ 培育民众安全文化

【原始出处】

清·史襄哉《中华谚海》："一星之火能烧万顷之山，半句非言能误平生之德。"

【白话释义】

一点点火星，就有可能烧毁大山；半句不该讲的话，就有可能破坏一生辛苦修养的品德。

【应急解说】

安全无小事，哪怕是一点火星，都有可能发展蔓延成大型火灾。很多时候，当我们细查火灾的起因时，会发现都是由微小的疏忽大意引起的。有数据公司对近十年来近十万起森林火灾进行了大数据分析。结果显示，82.5%的森林火灾是由人为原因引起的，仅有1.3%的森林火灾是由自然原因造成的。例如2019年3月30日北京密云、平谷的那起山火，就是由于村民不慎点燃杂草引起的。所以，我们不得不引起警惕，加强法治宣传教育，使民众自觉自愿防范火灾。

6. 小隙沉舟，小虫毒身

☑ 培育全民防灾文化
☑ 全面提高风险防控效能
☑ 健全风险防范化解机制

【原始出处】

春秋·尹喜《关尹子·九药》："勿轻小事，小隙沉舟；勿轻小物，小虫毒身。"

【白话释义】

不要轻视微小的事情，小缝隙也可能让舟船沉没；不要轻视微小的物体，小虫子也可能毒害身体。

【应急解说】

只有把小事做好了，才能做大事；只有把细处稳固了，才能夯实整体。安全生产工作要从小事做起，从点滴做起，从身边做起。广大民众虽然分布在各行各业，工作环境各不相同，但是都应该懂得安全生产知识，识别身边的安全隐患，提高安全红线意识，防备因为忽视小事而引发事故。

7. 堤溃蚁孔，气泄针芒

☑ 全面提高事故防范效果
☑ 健全公民安全教育体系
☑ 筑牢防灾减灾救灾的人民防线

【原始出处】

南朝·范晔《后汉书·郭陈列传》：“轻者重之端，小者大之源，故堤溃蚁孔，气泄针芒。”

【白话释义】

重的东西是由轻的东西组成的，大的东西是由小的东西形成的，所以小小的蚂蚁洞能使堤坝溃决，针芒般微细的孔眼也会使气体泄出。

【应急解说】

2018年3月10日，习近平总书记参加十三届全国人大一次会议重庆代表团审议时强调：“领导干部要牢记‘堤溃蚁孔，气泄针芒’的古训，坚持从小事小节上加强修养，从一点一滴中完善自己，严以修身，正心明道，防微杜渐，时刻保持人民公仆本色。”这句出自《后汉书》中的格言，可以应用于应急管理系统中各级党员干部的修养建设，也可以应用于安全生产工作中的责任意识提升，亦可应用于健全公民安全教育体系，筑牢防灾减灾救灾的人民防线。

8. 涓涓不塞，将为江河；荧荧不救，炎炎奈何

☑ 普及全民安全知识
☑ 培育民众安全文化
☑ 加强风险隐患排查和治理

【原始出处】

战国《六韬·文韬·守土》：“涓涓不塞，将为江河；荧荧不救，炎炎奈何。”

【白话释义】

哪怕渗漏的水只是涓涓细流，也会因为没有及时封堵而成为大江大河。

哪怕燃烧的只有一点点荧火，也会因为没有及时扑救而发展成为大火灾。涓涓（juān）：细水慢流。荧荧（yíng）：闪烁的小火。

【应急解说】

《文韬·守土》篇谈论的是如何维护政权稳定的问题。借姜太公之口，说出“涓涓不塞，将为江河；荧荧不救，炎炎奈何”这句话，意在说明安全无小事的道理。水与火是人民生产生活中最重要的资源，也是最常见的隐患。常言道“水火无情”，不仅仅是因为水灾和火灾的破坏力强大，也在于隐患多、易发生，并且会积小成大。无论是普通民众，还是企事业单位，都需要在水火面前提高安全意识，合理使用，避免成灾。

9. 绳锯木断，水滴石穿

☑ 树牢安全发展理念
☑ 加强安全生产监管执法工作
☑ 加强风险隐患排查和治理

【原始出处】

南宋·罗大经《鹤林玉露》：“绳锯木断，水滴石穿。”

【白话释义】

时间长了，绳子可以锯断木头，水滴可以穿透石块。

【应急解说】

南宋学者罗大经在《鹤林玉露》中记载了“一钱斩吏”的故事，是说张咏在崇阳当县令时，有一天看到了一个小吏从库房中拿出来一枚钱，被识破后，小吏还认为只拿一枚钱没什么大不了的。张咏则认为，一天拿一枚，一千天就是一千枚。时间长了，绳子可以锯断木头，水滴可以穿透石块，不能把只偷一枚钱看成小事。小恶会滋生大恶，量变会引起质变，在安全生产领域，更要慎独、慎初、慎微，如此才能保障安全生产形势持续稳定向好，确保实现全年安全生产事故起数和死亡人数双下降的目标。

10. 曲突徙薪无恩泽，焦头烂额为上客

☑ 提高风险早期识别能力
☑ 提高预报预警能力
☑ 健全风险防范化解机制

【原始出处】

东汉·班固《汉书·霍光传》：“客有过主人者，见其灶直突，傍有积

薪，客谓主人，更为曲突，远徙其薪，不者且有火患。主人嘿然不应。俄而家果失火，邻里共救之，幸而得息。于是杀牛置酒，谢其邻人，灼烂者在于上行，余各以功次坐，而不录言曲突者。人谓主人曰：'乡使听客之言，不费牛、酒，终亡火患。今论功而请宾，曲突徙薪亡恩泽，焦头烂额为上客耶？'主人乃寤而请之。"

【白话释义】

有一个客人去拜访主人，看到这家的烟囱是笔直的，旁边还堆有柴草。客人就告诉主人，要他换个弯曲的烟囱，将柴草搬得远一点，不然将会有火灾发生。主人不以为然。不久，主人家果然失火，邻居街坊都来救火，幸而火被扑灭。于是主人杀牛摆酒，答谢他的邻居，被烧伤的人安排坐在上座，其他的人按出力大小依次入座，唯独没有邀请那个让他换个弯曲烟囱的人。因此有人对主人说："如果当初你听客人的话，今天也就用不着杀牛摆酒，而且不会有火灾发生。你现在论功请客，怎么对那位建议换弯曲的烟囱、将柴草搬开的客人不做报答，而把烧得焦头烂额的人当成座上宾呢？"主人这才省悟，于是去请那位客人。

【应急解说】

这则《汉书·霍光传》中的故事，后来被概括为"曲突徙薪无恩泽，焦头烂额为上客"，对我们当代应急管理事业很具有警示意义。危难发生时的援救非常重要，能够提前识别风险，并且能够提出化解风险的方法，更为重要。这就是当前我们反复强调的，要从注重灾后救助向注重灾前预防转变。所以当前我们需要强化重心下移、保障下倾、力量下沉，将更多的资源和力量集中到灾前预防工作上来。

11. 厝火积薪，苟且偷安

☑ 提高风险早期识别能力
☑ 提高预报预警能力
☑ 全面提高安全管理能力

【原始出处】

西汉·贾谊《新书·数宁》："抱火厝之积薪之下，而寝其上，火未及燃，因谓之安，偷安者也。"

【白话释义】

把火种放在柴草的下面，然后人在上面睡觉，虽然暂时没有着火，人也感到暖和安乐，那不过只是苟且偷安罢了。厝（cuò）：放置。

【应急解说】

贾谊是汉文帝时期集文学才华与政治远见于一身的才子，他敏锐地发觉国家在看似平稳的局面之中暗藏的危机，多次向汉文帝上陈社会中的各种隐患和弊端，“厝火积薪”的典故就来自贾谊上面的比喻。如果汉文帝只看到眼前的安逸，而失去忧患意识的话，就如同自己把火种放在柴草中，还若无其事地躺在上面睡觉，这样早晚会被火灾侵袭。贾谊的很多政见都被历史所证明，可见领导干部是否担负起安全责任，能否真正研究解决安全生产中的重点难点问题，十分重要。

12. 靡不有初，鲜克有终

☑ 全面提高安全管理能力
☑ 全面提高安全治理水平

【原始出处】

春秋《诗经 · 大雅 · 荡》：“靡不有初，鲜克有终。”

【白话释义】

凡事都能有个开头，但是能坚持到底的太少了。

【应急解说】

《荡》是《诗经》中的一篇艺术成就很高的作品，它的内容主要写西周时期的召穆公劝诫暴君周厉王的故事。“靡不有初，鲜克有终”这则成语便出自这首诗。民间经常说“善始善终”，但是“善终”比“善始”要难得多。这则成语，既是对人性难以做到持久善良的喟叹，也是对人性本身缺乏恒心耐心的真实感受。在安全生产的大业中，无论是领导能力、防控能力、监管能力，还是应急能力和保障能力，都要克服人性本来的弱点，发扬坚持到底的毅力与恒心。

13. 顾小忘大，后必有害

☑ 树牢安全发展理念
☑ 全面提高安全管理能力
☑ 全面提高事故防范效果

【原始出处】

西汉 · 司马迁《史记 · 李斯列传》：“顾小而忘大，后必有害；狐疑犹豫，后必有悔。”

【白话释义】

顾忌小事而忘了大事，日后必生祸害；关键时刻犹豫不决，将来一定后悔。

【应急解说】

《中华人民共和国安全生产法》规定：“在安全生产中，安全生产管理，坚持安全第一、预防为主的方针。”在企业生产过程中，谁为大？谁为小？安全为大，经济利益为小。切不可因小失大，为了经济利益而枉顾安全生产监督管理。所谓树立安全发展理念，就是弘扬生命至上、安全第一的思想，坚决遏制重特大安全事故。

14. 一事差，百事错

☑ 健全公民安全教育体系
☑ 健全风险防范化解机制
☑ 解决安全生产重点难点问题

【原始出处】

元·王子一《误入桃源》：“一事差，百事错。”

【白话释义】

一个环节处理不当，往往会连带许多事情都跟着出错。

【应急解说】

美国气象学家爱德华·洛伦兹提出了著名的“蝴蝶效应”：一只南美洲亚马孙河流域热带雨林中的蝴蝶，偶尔扇动几下翅膀，可以在两周以后引起美国得克萨斯州的一场龙卷风。我们也常常称这种现象为“连锁反应”。世界上万事万物是互相联系的，一件小事可能会引起一连串的反应。2014 年 8 月 2 日，苏州昆山中荣金属制品公司发生特大铝粉尘爆炸事故，当天造成 75 人死亡、185 人受伤。事故原因是车间除尘系统较长时间未按规定清理，铝粉尘集聚严重。工人打磨过程中产生的高温颗粒在集尘桶上方形成粉尘云。由于除尘器集尘桶锈蚀破损，桶内铝粉受潮，发生氧化放热反应，达到粉尘云的引燃温度，引发除尘系统及车间内系列爆炸，造成群死群伤的惨剧。可见，生产的每个环节过程都是相互联系的，务必找准查实关键问题和原因，抓好“龙头效应”，从根本上解决重大安全短板。

15. 差以毫厘，谬以千里

☑ 全面提高安全管理能力
☑ 全面提高安全治理水平
☑ 提高应急管理的专业化水平

【原始出处】

东汉·班固《汉书·司马迁传》：“差以毫厘，谬以千里。”

【白话释义】

哪怕差了一丝一毫，结果可能就会相差千里之远。

【应急解说】

《论语·先进》篇中记载子贡曾问孔子：子张和子夏谁更贤德？孔子说：“子张过度，子夏不及。”朱熹在《四书章句集注》中注解这句话时说：“夫过与不及，均也。差之毫厘，谬以千里。故圣人之教，抑其过，引其不及，归于中道而已。”朱熹认为，无论是超过了，还是不够，都一样是未得正道，因为差以毫厘，就会谬以千里。我们在安全生产监管责任落实中，既不能“过”，也不能“不及”。太过则影响社会正常的经济秩序，不及就会让安全监管存在盲区死角。

16. 世事多因忙里错

☑ 全面提高事故防范效果
☑ 全面提高安全管理能力

【原始出处】

清·曾国藩《赠灵仙仁弟亲家》：“世事多因忙里错。”

【白话释义】

世上的事情有很多是因为忙乱而产生了错误。

【应急解说】

在安全生产过程中，沉着冷静的心态是十分重要的，否则会因为忙乱而作出错误的行为和选择，让灾难有机可乘。要避免忙乱，可以实行清单化管理，形成区域性安全生产风险清单，建立应急物资储备清单、安全生产网格员工作清单，通过“清单化”形式推动各方有条不紊地履行职责。

17. 好船者溺，好骑者堕

☑ 防范化解重大安全风险
☑ 提高风险早期识别能力
☑ 提高预报预警能力

【原始出处】

东汉·袁康、吴平《越绝书·外传记吴王占梦》：“好船者溺，好骑者堕。”

【白话释义】

喜欢乘船的人很可能会溺水，善于骑马的人很可能会摔伤。

【应急解说】

《越绝书》中记载了春秋末年吴越争霸的很多故事。其中有这样一则，就是公孙圣为吴王夫差解梦，他以“好船者溺，好骑者堕”劝谏夫差收敛嗜好，不要狂妄自大。但是夫差并没有听从，反而认为公孙圣所言不祥而杀掉了他。后来夫差果然国破身亡。越是特种作业的老员工越要保持高度警觉。如果自恃在安全操作方面本领高超或者轻车熟路，进而得意忘形，很可能会遭受意想不到的灾祸。不但会给自己的生命安全带来巨大的威胁，也会给整个企业乃至整个行业造成巨大的打击。

18. 路当坦处亦防倾

☑ 培育民众安全文化
☑ 树牢安全发展理念
☑ 加强风险隐患排查和治理

【原始出处】

清·田松岩《题崂山杖诗》：“月夕花晨伴我行，路当坦处亦防倾。”

【白话释义】

月之下花之旁，这只手杖曾陪我行走四方，路途平坦的地方，也要提防失足摔倒。

【应急解说】

田松岩在登山杖上题写了一首这样的诗。他告诫登山杖也是告诫自己，哪怕是在平路上，也要预防跌倒啊！安全生产具有长期性、复杂性和反复性的特点，我们需要时刻念好“防”这一口诀，警惕“傲”这一大病。安全周期越长，事故越是没有发生，就越要保持如临深渊、如履薄冰的谨慎心态。一旦自满于曾经的经验而骄傲，就极易发生事故，导致多年的荣誉“归零”，悔之晚矣。

19. 不蹶于山，而蹶于垤

☑ 普及全民安全知识
☑ 加强风险隐患排查和治理
☑ 全面提高事故防范效果

【原始出处】

战国·韩非《韩非子·六反》：“不蹶于山，而蹶于垤。”

清·王永彬《围炉夜话》："不蹶于山，而蹶于垤，则细微宜防也。"

【白话释义】

人们不会被山绊倒，而会被小土堆绊倒。踬（zhì）：被绊倒。垤（dié）：小土堆。

在高山上不易跌倒，在小土堆上却容易跌倒。由此可知，愈是细微小事，愈要谨慎小心。蹶（jué）：跌倒。

【应急解说】

战国时法家代表思想家韩非子引用"不踬于山，而踬于垤"这句谚语，是为了说明"山者大，故人顺之；垤微小，故人易之也"，也就是说山体很大，所以人们谨慎对待，而土堆微小，所以人们满不在乎，因此会因为疏忽而绊倒。从安全生产的角度来看，这句话也提醒我们，不要只看到那些明显的、重大的危险，而在小事上大意疏忽。2019 年 4 月 15 日，山东济南齐鲁天和惠世制药有限公司发生重大着火中毒事故，直接原因是承包商的施工人员在受限空间内动火切割冷媒水系统管道，引燃附近堆放的冷媒缓蚀剂，从而产生有毒烟雾，导致现场人员死伤。切割管道看似是一件小工程，但旁边堆放的冷媒缓蚀剂属于危险化学品，为易燃固体，要求远离火源。无奈承包商管理不到位，施工人员对化学品危险特性不了解，以致酿成大祸。事故发生后，当地人民检察院依法对 7 名犯罪嫌疑人以涉嫌重大责任事故罪批准逮捕。

20. 却是平流无石处，时时闻说有沉沦

☑ 普及全民安全知识
☑ 培育民众安全文化
☑ 全面提高安全红线意识

【原始出处】

唐·杜荀鹤《泾溪》："泾溪石险人兢慎，终岁不闻倾覆人。却是平流无石处，时时闻说有沉沦。"

【白话释义】

泾溪里面礁石很险，人们渡河的时候都非常小心，所以一年到头都没听到有人落水。而在水流缓慢，没有礁石的地方，却常常听到有人被淹死的消息。

【应急解说】

晚唐诗人杜荀鹤以安徽的泾溪为例，说到这样一个现象：人们在急流行

船的时候小心谨慎，可以整年都没有事故。反而是波浪平静的水域，却常常有沉没事故发生。可见，事故的发生与否，其实与人们的警惕心理相关。所以我们在强化安全教育时，要通过安全案例解析、警示教育、安全知识学习等多种方式，引导生产者时时绷紧安全弦，坚决杜绝“干惯了、看惯了、听惯了”的倦怠心理。

21. 坦途不戒，骥或蹶；羊肠畏惴，驽可越

☑ 提高风险早期识别能力
☑ 全面提高事故防范效果
☑ 防范化解重大安全风险

【原始出处】

北宋·林逋《省心录》：“行坦途者肆而忽，故疾走则蹶；行险途者畏而慎，故徐步则不跌。”

明·宋濂《持敬斋铭》：“坦途不戒，骥或蹶；羊肠畏惴，驽可越。”

【白话释义】

走平路的人，往往会因为疏忽大意，步子加快而摔跤；走险路的人则会因为畏惧谨慎，步子慢而得到平安。蹶（jué）：跌倒。

平坦的道路上如果不戒备，即使是好马也可能摔跟头。在羊肠小道上小心谨慎，劣马也可以跨越艰险。骥（jì）：良马。驽（nú）：劣马。

【应急解说】

这句话乃是用日常生活中的经验，来说明事易败于大意，事成源于谨慎，所以明智的人不会精神懈怠、得过且过。粗心疏漏，一方面是思想问题，另一方面是能力不足的体现。对解决问题缺少创新办法，存在被动思想或者畏难情绪，都不算是君子所为。对于一时难以根治的重大事故隐患，要明确有关部门实行跟踪督办，有计划、有步骤地进行整改，决不能以位卑权小或者能力不足而放任不管。

22. 事者生于虑，成于务，失于傲

☑ 全面提高安全治理水平
☑ 推进应急管理体系现代化
☑ 推进应急管理能力现代化

【原始出处】

春秋·管仲《管子·乘马》：“事者生于虑，成于务，失于傲。”

【白话释义】

事情总是从思考中生成，因努力而成功，因傲慢而失败。

【应急解说】

2018 年 12 月 18 日，习近平总书记在庆祝改革开放 40 周年大会上引用《管子 · 乘马》中的这句古语，高度概括了我们改革开放 40 年来的发展历程。不但改革开放这个大事业如此，任何事业总是产生于周详的考虑，成功于辛勤的努力，失败于骄傲和放纵。安全生产关系到人民群众的安全感，关系到社会和谐稳定，是全面建成小康社会的应有之义，最考验各级政府的治理能力。在这一重大事业中，深谋远虑、真抓实干和忧患意识的结合，是必不可少的。

23. 小处不渗漏，暗处不欺隐，末路不怠荒

☑ 树牢安全发展理念
☑ 全面提高安全红线意识
☑ 全面提高安全治理水平

【原始出处】

明 · 洪应明《菜根谭 · 概论》：“小处不渗漏，暗处不欺隐，末路不怠荒，才是真正英雄。”

【白话释义】

细微的地方不遗漏，没人看见的地方不做隐秘的坏事，处于绝境的时候也不荒废，这才是真正的英雄。

【应急解说】

明代奇书《菜根谭》汇集了很多为人处世的道理，这则格言从小处、暗处、末路着手，认为在细微的、独处的、困难的境地中，更能考验一个人的品质和修养。战国时代《礼记 · 大学》篇中，就提出“慎独”一说，指在没有人监督的时候，更需要形成行为的自觉。春秋时代《论语 · 子罕》中记载孔子的话说：“岁寒，然后知松柏之后凋也。”指在困境中，方能显出人的坚强。开展安全生产工作时，细微之处不能掉以轻心，不留安全死角；独处时，依然紧绷安全弦，不去触碰安全红线；一旦不幸发生事故，要沉着冷静，使用专业知识合理应对。

24. 极则必反，盈则必亏

☑ 树牢安全发展理念
☑ 全面提高安全红线意识
☑ 全面提高风险防控效能

【原始出处】

战国·吕不韦《吕氏春秋·不苟论》："全则必缺，极则必反，盈则必亏。"

【白话释义】

完备之后就是缺乏，极端之后就是反向，满盈之后就是亏损。

【应急解说】

以天人合一为根本特色的中国传统文化，很早就从日升月落、盈亏变化、四季往还中总结出对应于人事的哲学主张。中国人从对自然界的观察中，充分认识到器满则倾、物极必反的规律，因此《吕氏春秋》提出"不处全，不处极，不处盈"的应对措施，也就是不要走极端的意思。2020年是不平凡的一年，既是时不我待的脱贫攻坚决战决胜之年，又受到疫情、汛情、国际局势变化等因素影响，经济局势面临很大挑战。国家开展复工复产的政策之后，一些企业抓紧蛮上，机器不停、人员不休，企图快速挽回下滑的效益，快速清理积压的库存。殊不知这样冲动猛干的结果很可能是物极必反。忽视安全投入和安全培训，加大了安全风险，是对员工安全不负责，对企业未来不负责，对当地发展不负责的错误行为。

25. 工欲善其事，必先利其器

☑ 推动科技强安战略
☑ 强化应急救援装备技术支撑
☑ 推进应急管理科技自主创新

【原始出处】

春秋《论语·卫灵公》："工欲善其事，必先利其器。"

【白话释义】

工匠想要做好工作，一定要先打磨好工具。

【应急解说】

所谓"磨刀不误砍柴工"，要想达到高效的工作状态，专业器具的准备是必不可少的。煤矿、金属非金属矿山、危险化学品和烟花爆竹等重点行业领域的安全问题依然不容乐观，主要是因为作业环境危险、人力使用多、自动化程度低，所以群死群伤的事故风险很大。以"机械化换人、自动化减人"

的科技强安行动，才能从根本上有效防范和遏制重特大事故发生。我们需要引导企业坚定地走依靠科技进步保障安全生产的正确道路，用先进的机械化、自动化来武装人员，从而提高工作效率，保障生产安全。

26. 流水不腐，户枢不蠹

☑ 全面提高安全管理能力
☑ 健全风险防范化解机制
☑ 健全应急管理相关法律法规

【原始出处】

战国·吕不韦《吕氏春秋·尽数》："流水不腐，户枢不蠹。"

【白话释义】

流动的水不会腐败，转动的门轴也不会生虫。

【应急解说】

《吕氏春秋》中的《尽数》一篇是谈论养生避害之道的。其中说到了运动对于生命的重要性，如同流动的水和转动的门轴，人的形体和精神也要保持通畅，避免郁结，才能远离疾病。这个道理应用于安全生产，也就是要保持管理制度的运行通顺，机器设备的运转良好，人员维持身体和心理的双重健康。2016 年慈溪市飞龙电器有限公司的机械伤害事故，正是因为事故注塑机维护保养不到位，设备老化，机器安全装置失灵，使得工人被模具夹伤，经抢救无效死亡。

27. 狡兔三窟

☑ 全面提高事故防范效果
☑ 建立健全安全生产事故应急预案

【原始出处】

西汉·刘向《战国策·齐策四》："狡兔有三窟，仅得免其死耳。"

【白话释义】

狡猾的兔子会挖三个藏身的洞，才能免于祸患。

【应急解说】

"狡兔三窟"是《战国策》中很著名的一则故事。"战国四公子"之一的齐国孟尝君田文，在门客冯谖的策划之下，为自己设计了好几条出路，仿佛是有好几个洞穴的狡兔一样。正因为有这样的准备，孟尝君在乱世中做到了全身远害。在防灾减灾救灾领域，也可以从中得到启发，那就是在建立安全生产事故应急预案时，要多方考虑，因地制宜，准备充分。如果预案过于单一或单薄，可能难以应对复杂的危险状况。

28. 使马者知地险，操舟者观水势

☑ 加强风险隐患排查和治理
☑ 全面提高事故防范效果
☑ 全面提高安全治理水平

【原始出处】

明·吕坤《呻吟语·御民》："使马者知地险，操舟者观水势。驭天下者察民情，此安危之机也。"

【白话释义】

策马的人要看清道路的艰险，行船的人要看清水势的运行。管理天下的人要体察民情，这是国家安危的关键啊。

【应急解说】

明代学者吕坤的箴言笔记《呻吟语》论及人情世道中的许多哲理。无论是策马的人、行船的人，还是管理天下的人，都要知晓自己面对的最关键的安全问题在哪里。安全生产，始终是应急管理部门的"基本盘"；企业负责人，永远是安全生产的第一责任人；一线生产者，永远是事故的第一受害人。守不住安全底线，一线生产者生命会受到威胁；守不住安全底线，企业负责人要有牢狱之灾；守不住安全底线，应急管理的大业如何开展？

29. 山骞不崩，唯石为镇

☑ 树牢安全发展理念
☑ 推动科技强安战略
☑ 推进应急管理科技自主创新

【原始出处】

清·曾国藩《冰鉴·神骨》："山骞不崩，唯石为镇。"

【白话释义】

尽管高山之上的泥土会流失，但是山不会倒塌，因为有岩石的支撑，能够得以保持稳固。骞（qiān）：亏损。

【应急解说】

山体以石为固，人体以骨为固，石和骨都起到支撑的强大作用。保障安

全生产的重大支撑正是科技进步。在危险作业中，以机械化生产替换人工作业、以自动化控制减少人为操作，能够从根本上大力提高企业安全生产保障能力。所以需要引导企业将眼光放长远，在“科技强安”方面开展投资改造，鼓励先进机械化、自动化技术装备的推广应用，支持企业加快淘汰落后的技术装备。

30. 欲速则不达

☑ 普及全民安全知识
☑ 树牢安全发展理念
☑ 加强安全生产监管执法工作

【原始出处】

春秋《论语 · 子路》：“无欲速，无见小利。欲速则不达，见小利则大事不成。”

【白话释义】

不要求速成，不要只看见微小的利益。求速成的话就达不到目的，只看见小利的话就不能成大事。

【应急解说】

子夏问为政之道，孔子回答说：“欲速则不达。”为政不要急功近利，不能以速成为目标，也不要把眼光放在追求一些小利益上面，要顾全大局。这句话也是安全生产的原则之一。生产企业追求经济效益最大化无可厚非，但必须要以安全为前提。人命关天，责任如山。一旦出现生产事故，绝非一时的经济效益所能弥补。记忆犹新的 2013 年吉林德惠市宝源丰禽业有限公司爆炸事故，造成百余人死亡，再次暴露出企业重业绩、轻安全的弊病。这家企业是有着 1200 名员工的大型企业，成立不到 4 年，就从注册资金 500 万元发展到资产总额 1.28 亿元，年均增长 300% 以上，还在 2011 年被评为吉林省农业产业化省级重点龙头企业。但是该企业厂区内建筑材料全部可燃，消防通道、消防措施不到位，火灾隐患非常大，而且千余名职工没有进行过任何安全知识的培训和消防演习。最终安全生产没跑赢经济利益，一场大火葬送了所有！

31. 临祸忘忧，忧必及之

☑ 树牢安全发展理念
☑ 全面提高安全红线意识
☑ 防范化解重大安全风险

【原始出处】

春秋·左丘明《左传·庄公二十年》："临祸忘忧，忧必及之。"

【白话释义】

面临灾祸而不知忧虑，忧患一定会到来。

【应急解说】

这句话的背景是对东周王室形成巨大动荡和打击的"王子颓之乱"。当时王子颓在赶走周惠王之后，自己做了君主。他管理混乱，生活非常放纵。接纳了周惠王的郑国与虢国国君认为，王子颓面临灾祸而不知忧虑，必然败亡。于是郑国、虢国利用机会攻入东周王都洛邑，杀死王子颓，周惠王得以复位。2019 年 7 月 19 日，河南三门峡义马气化厂发生爆炸事故，造成 15 人死亡、16 人重伤。事故直接原因是事发企业装置泄漏后处置不及时、带病运行，设备生产等专业过程管理存在重大安全漏洞。而这些错误的背后都来源于安全意识、风险意识淡薄，风险辨识能力差，这和王子颓本质上又有什么区别呢？可见，失去了忧患意识而放纵恣肆，一定会遭遇灾祸。

32. 小心翼翼，古训是式

☑ 树牢安全发展理念
☑ 防范化解重大安全风险
☑ 提高应急管理的精细化水平

【原始出处】

春秋《诗经·大雅·烝民》："小心翼翼，古训是式。"

春秋《诗经·大雅·大明》："维此文王，小心翼翼。"

【白话释义】

严肃谨慎，不敢疏忽，要遵循古人这个准则。翼翼：恭敬整齐的样子。

这位周文王啊，他行事小心且恭敬。

【应急解说】

《诗经》在称颂名臣仲山甫和周文王时，都使用了"小心翼翼"这个词，严肃恭敬与谨慎小心的态度统合在了这则成语里。安全生产非常需要严肃和谨慎的态度。尤其是化工生产中，其物料大多易燃易爆、有毒有害，加之高温、高压等操作条件均对生产提出了严格的要求，一旦违规操作、使用不当，均可导致事故发生。看似设备出现故障破损是外因，但设备维护维修不到位正是源自态度上的松懈疏忽，所以，小心翼翼、安全第一，是永远的生产生活法则。

33. 翼翼矜矜，福所以兴

☑ 培育民众安全文化
☑ 加强风险隐患排查和治理
☑ 全面提高安全管理能力

【原始出处】

西晋·张华《女史箴》："翼翼矜矜，福所以兴。"

【白话释义】

小心谨慎可以带来幸福。翼翼：恭敬整齐的样子。矜矜（jīn）：小心谨慎的样子。

【应急解说】

西晋文学家张华写《女史箴》，是为了讽刺晋惠帝时专权跋扈的皇后贾南风。贾后残暴乱政，是西晋陷入八王之乱而国势日下的重要原因。"箴"与"针"同义，作为文体，是指劝诫性质的文章。张华作为国家重臣而谆谆告诫，可惜并没有能够阻止西晋的日落西山。如今我们要以古为鉴。保持幸福安宁的局面，正来自谨慎恭敬。各级应急管理部门要向张华一样，组织开展针对化工和危险化学品企业主要负责人风险意识和事故教训的警示教育，要与相关企业主要负责人签订落实安全生产主体责任承诺书，督促相关负责人确保安全生产。

34. 战战兢兢，如临深渊，如履薄冰

☑ 防范化解重大安全风险
☑ 全面提高安全管理能力

【原始出处】

春秋《诗经·小雅·小旻》："战战兢兢，如临深渊，如履薄冰。"

【白话释义】

小心谨慎，犹如站在深渊边上，犹如踩在薄薄的冰面上。战战：恐惧的样子。兢兢（jīng）：谨慎的样子。

【应急解说】

“战战兢兢”这则成语出自《诗经》中的讽刺诗《小旻》。作者对西周末期的局势非常忧虑，在诗中指出了政局的很多弊病，最后一章以“战战兢兢，如临深渊，如履薄冰”做结，爱国忧国的拳拳之心、深沉的忧患心理跃然纸上。这里的“战战兢兢”并不是畏惧害怕的意思，而是强调谨慎严肃、勤勉小心。每年夏天，酷暑、暴雨、台风等极端天气增多，高温季节更是化工企业的事故易发、高发期。广大民众都在夏季寻求清凉避暑，而应急管理人不能贪图一丝清凉，需要更加紧绷神经，以如临深渊、如履薄冰的战备状态，严防恶性事故，为全社会创造祥和稳定的安全环境。

35. 祸不入慎家之门

☑ 树牢安全发展理念
☑ 加强风险隐患排查和治理
☑ 筑牢防灾减灾救灾的人民防线

【原始出处】

唐·王勃《平台秘略论》：“祸不入慎家之门。”

清·金缨《格言联璧·齐家》：“谨慎，保家之本。”

清·申居郧《西岩赘语》：“自爱者必慎。”

【白话释义】

祸患不会去谨慎之家。

谨慎，是保全家庭的根本。

爱惜自身的人，肯定是谨慎的人。

【应急解说】

谨慎是一种十分可贵的品质，是持家的要素，也是从事安全生产工作的必备素质。想形成谨慎小心的习惯，需要长期坚持，长期修养。但是，人都难免有喜怒哀乐的情绪，以及骄傲懒惰等弱点，如何做到时时刻刻都谨慎呢？这就需要持之以恒地加强安全宣传与安全教育，还需要制定有约束力的制度和规则。宣传教育可以让人不断强化安全意识，制度规则可以让人按规范操作，以规则行事。

36. 得荫忘身

☑ 树牢安全发展理念
☑ 提高风险早期识别能力
☑ 全面提高风险防控效能

【原始出处】

战国·庄周《庄子·山木》：“睹一蝉，方得美荫而忘其身；螳螂执翳而搏之，见得而忘其形；异鹊从而利之，见利而忘其真。”

【白话释义】

看见一只蝉，正在享受绿荫而忘记了自己的安危。螳螂以树叶为遮蔽打算扑向蝉，眼看就要捉到了，却忘记自己的形体也被别人发现了。一只怪鹊跟在后面计划捕捉螳螂。它们都是见到了利益而忘记了保命。

【应急解说】

这是来自庄子版本的“螳螂捕蝉，黄雀在后”。蝉在阴凉的地方，感到舒服开心，就忘了自己的安危，其实螳螂已经盯着它了。螳螂以为自己就要捕到猎物了，正在沾沾自喜，没想到自己已经快成为怪鹊的食物了。因此，如果只沉溺在眼前的利益里，失去安全意识，那么危机就潜藏其中。所以安全生产工作，一定不能短视，只看得到经济效益；一定不能放松警惕，去享受那片刻的安逸。

37. 金石之计

☑ 提高突发事件响应和处置能力
☑ 建立健全安全生产事故应急预案

【原始出处】

西汉·陆贾《新语·资质》：“昔宫之奇为虞公画计，欲辞晋献公璧马之赂，而不假之夏阳之道，岂非金石之计哉！”

【白话释义】

当年宫之奇向虞国君主提出的计策，拒绝晋国送来贿赂的宝马和美玉，不借虞国的道路让晋国去攻打虢国，这真是金石一样安全的计策啊！

【应急解说】

春秋时期，虞国大臣宫之奇意识到虞国与虢国唇亡齿寒的道理，建议虞君联虢抗晋，坚决不可借道给晋国去攻打虢国。但是虞国国君贪图晋国送来的珍宝，并没有理会宫之奇的警告。果然，晋国借道虞国灭掉虢国后，转头就把虞国也灭了。所谓金石之计，就是指最安全、最有效的计策。可惜虞国国君对这条金石之计置若罔闻。在安全生产领域，也需要提前制定好“金石之计”。为了迅速有效处置生产安全事故，各级安全生产监督管理部门、每个生产经营企业都有必要建立健全安全生产事故应急预案，其中要分析事故可能产生的直接后果以及次生、衍生后果，明确具体的应急程序和处置措施，以便最大限度地减少人员伤亡和财产损失。

38. 万全之策

☑ 全面提高安全治理水平
☑ 健全安全生产相关法律法规
☑ 加强安全生产监管执法工作

【原始出处】

东汉 · 班固《汉书 · 晁错传》：“帝王之道，出于万全。”

战国 · 韩非《韩非子 · 饰邪》：“道法万全，智能多失。夫悬衡而知平，设规而知圆，万全之道也。”

【白话释义】

帝王的治国之道，在于思考问题要十分全面。

法度要考虑到多种情况，如果只是依靠投机取巧肯定会有失偏颇。悬挂衡器才知道平不平，设置圆规才知道圆不圆，这是万无一失的好办法。

【应急解说】

如何才能提出万全之策呢？韩非子认为如果只是依靠投机取巧的话，难免会有偏失。想知道平不平，要悬挂衡器；想知道圆不圆，要使用圆规，如此才能计出万全。韩非子这里强调的是要依靠规矩，依靠法治。《中华人民共和国安全生产法》正是为了加强安全生产工作，保障人民群众生命和财产安全，促进经济社会持续健康发展而制定的。法律确立了安全生产监管执法部门地位，明确了生产经营单位安全生产管理机构、人员的设置、配备标准和工作职责，是有效防止和减少生产安全事故的万全之策。

39. 建久安之势，成长治之业

☑ 全面提高安全治理水平
☑ 提高人民群众安全感与幸福感
☑ 保障社会和谐稳定和改革发展

【原始出处】

东汉 · 班固《汉书 · 贾谊传》：“建久安之势，成长治之业。”

【白话释义】

创建长期安定的局势，成就长久太平的功业。

【应急解说】

西汉文学家贾谊具有远见的卓识，他能对国家局势进行精准的预判，并以居安思危、长远发展的眼光来审视社会变化。这句话后来被概括为“长治久安”这一成语。久安的关键在长治，安全生产管理也是一项长期的、复杂的、艰巨的系统工程，需要做好打持久战的准备。安全生产如果搞不好，伤亡事故频繁发生，就会激化社会矛盾，影响社会安定。所以搞好安全生产，既关系到经济社会的有序发展，更是社会主义文明建设的重要组成部分。

40. 天时不如地利，地利不如人和

☑ 全面提高安全治理水平
☑ 保护人民群众生命财产安全
☑ 保障社会和谐稳定和改革发展

【原始出处】

战国·孟轲《孟子·公孙丑下》：“天时不如地利，地利不如人和。”

【白话释义】

有利于作战的天气和时令，比不上有利于作战的地理形势；有利于作战的地理形势，比不上作战中的人心所向。

【应急解说】

战国时期儒家思想家孟子以天时、地利、人和的递进推导，提出以人为本、以民心为重的金科玉律。习近平总书记说过：“人命关天，发展决不能以牺牲人的生命为代价，这必须作为一条不可逾越的红线。”安全生产，以人为本。保障生产安全是维护最广大人民群众根本利益的工作，“安全第一、预防为主、综合治理”，是安全生产工作的基本方针，为的是促进人民安居乐业、社会安定有序、国家长治久安。

伍 救灾救援

RELIEF AND RESCUE

当代以来，重大自然灾害频发，人为事故不断出现新的特点，建设和提高救援实战能力，对保护人民群众生命财产安全和社会稳定意义重大。2018年11月9日，国家综合性消防救援队伍授旗仪式上，习近平总书记提出消防救援队伍要敢于赴汤蹈火，时刻听从党和人民召唤，保持枕戈待旦、快速反应的备战状态，练就科学高效、专业精准的过硬本领，发扬英勇顽强、不怕牺牲的战斗作风。要想提高应急救援的专业化、科学化、精细化水平，需要全面加强应急救援队伍的教育、训练工作，加强救援的科技创新，以及救灾装备的技术支撑。应急救援具有高负荷、高压力、高风险的特点，各级救援队伍责任重、奉献多、牺牲大，社会各方面都需要关心支持这支队伍，提升其职业荣誉感和吸引力。

1. 救灾恤患，尤当在早

☑ 提高指挥决策能力
☑ 提高救援实战能力
☑ 提升处置各类灾害事故的能力

【原始出处】

北宋·苏轼《奏浙西灾伤第一状》：“救灾恤患，尤当在早。”

【白话释义】

赈灾，最重要的是要及时及早。

【应急解说】

北宋元祐五年（1090 年），浙江大旱。苏轼时任杭州知州（宋代以朝臣充任各州长官，称为知州）。在给皇帝的奏章中，他提出“救灾恤患，尤当在早”的论点。灾害救援是国家或社会对因遭遇各种灾害而陷入生活困境的灾民进行抢救和援助的一项社会救助制度，其目的是通过救助，使灾民摆脱生存危机，同时使灾区的生产、生活等各方面尽快恢复正常秩序。救灾的行动应该尽早进行，在灾害扩大之前起到作用，力争花费少而成效大。如果着手晚了，灾害已然横行再赈济，就会导致花费多却成效小。这是苏轼根据自己任地方官的亲身经历总结出来的救灾真理。苏轼有伟大的文学才能，同时也有体恤爱民、执行力强的救灾能力。著名的“苏堤”就是苏轼为了防灾减灾而疏浚西湖时，给杭州人民的恒久礼物。

2. 救荒如救焚，唯速乃济

☑ 健全应急预案体系
☑ 提高突发事件响应和处置能力
☑ 提高救援实战能力

【原始出处】

明·周孔教《荒政议》：“救荒如救焚，唯速乃济。”

明·周孔教《荒政议》：“凡申报灾伤，务在急速。给赏钱粮，务要及时。”

【白话释义】

救灾就像救火一样，只有反应速度快才能起到作用。

凡是申报灾情和伤亡，一定要快速。分配救灾的物资和粮食，一定要及时。

【应急解说】

要想高速有效地处置各种突发事件、自然灾害、重特大事故、环境公害等，首先需要完备的应急预案。例如为了科学统一、有力有序有效地实施地震应急，《国家地震应急预案》就包含组织体系、响应机制、监测报告、应急响应、指挥与协调、恢复重建、保障措施、对港澳台地震灾害应急、其他地震及火山事件应急等部分。应急响应的精准、顺畅、高效，能够最大程度减少人员伤亡和经济损失，维护社会正常秩序。

3. 事急而不断，祸至矣

☑ 提高突发事件响应和处置能力
☑ 提高指挥决策能力
☑ 提高救援实战能力

【原始出处】

西晋·陈寿《三国志·诸葛亮传》曰："事急而不断，祸至无日矣。"

【白话释义】

情况紧急的时候却不做决断，那么祸事很快就会降临。

【应急解说】

东汉末年诸方争霸之时，诸葛亮为了对孙权行激将之计时说了这句话，希望孙权对时势能够有正确的判断和决策。灾害和事故往往具有突发性。快速的决策能力在处置突发事件的过程中事关重大，高效的应急响应能力往往决定着应对突发事件的成败。快速、果断、高效，在应急管理的各个环节中都是关键词。

4. 挽狂澜于既倒，支大厦于将倾

☑ 提高救援实战能力
☑ 加强国家综合性救援力量建设
☑ 提高突发事件响应和处置能力

【原始出处】

唐·韩愈《进学解》："障百川而东之，回狂澜于既倒。"

【白话释义】

阻挡江河乱流的水势，引导它们东注大海，挽回已经倒下的巨大波澜。

【应急解说】

"回狂澜于既倒"原意是形容唐代大文豪韩愈对当时衰败的儒家学说有力挽狂澜、重振雄风的作用。这句话后来广泛应用在危险的局面中，尽力挽回的努力和成效。救灾救援是检验应急人实战水平的战场。灾害事故的突然袭来，无异于狂澜既倒、大厦将倾，应急人需要在紧急关头力挽危局，担当中流砥柱，提高应对突发事件的快速反应能力、应急处理能力和协调作战能力，在艰险之中起到领军作用，来之能战，战之能胜。

5. 中流砥柱

☑ 提高指挥决策能力
☑ 提高救援实战能力
☑ 保护人民群众生命财产安全

【原始出处】

春秋·晏婴《晏子春秋·内篇谏下》："吾尝从君济于河，鼋衔左骖以入砥柱之中流。"

【白话释义】

我曾经跟随君王渡河，看到一只大鳖衔着车辆左侧的马，跃入黄河砥柱山的激流之中。

【应急解说】

在今河南省三门峡的黄河激流之中一座矗立如柱的山，名叫砥柱山。这根高大的石柱迎着险恶的黄河水，巍然屹立，毫不动摇。因此，人们就用"中流砥柱"来比喻危难中能挺身而出，起到支撑作用的坚强力量或重要人物。各级救援力量逆向而行、坚守最危难之处，坚持为老百姓排忧解难的责任和使命，保护人民群众生命财产安全，也如激流中坚强的柱石一般，起到大灾大难中稳定民心、稳定社会的重要作用。

6. 化险为夷

☑ 提高救援实战能力
☑ 提升处置各类灾害事故的能力
☑ 保护人民群众生命财产安全

【原始出处】

唐·韩云卿《平蛮颂》："变氛沴为阳煦，化险阻为夷途。"

【白话释义】

将毒气转化为阳光，将危险转为平坦。氛沴（fēn lì）：毒气。

【应急解说】

唐大历十一年（776年），李昌巙在桂林象郡征讨造反者，五岭之人转危为安，恢复生活生产。韩云卿写作《平蛮颂》以记载这一事迹。灾难救援，就是一个化险为夷的过程。2020年夏暴雨频发，长江水位居高不下，长江大堤三山X051段多点发生管涌险情。上海消防救援总队跨区域增援二编队指战员联合当地民兵武装，在距长江大坝最近涌点300米处紧急用沙袋铺路堵漏，经过10余小时的奋战，开辟道路500米，搬运沙袋5000余袋，成功排除险情。建设综合性救援力量、加强应急装备技术支撑，都是能够将险境转化为坦途的条件保障。

7. 援溺振渴

☑ 提高应急管理的专业化水平
☑ 提高应急管理的精细化水平
☑ 提高突发事件响应和处置能力

【原始出处】

北宋·苏轼《司马文正公光墓志铭》："尽瘁忧国，梦寐以之。曾未期月，援溺振渴。事无巨细，悉究本末。"

【白话释义】

司马光鞠躬尽瘁，在梦中也为国家担忧。用不到一个月的时间，就可以援救受难的人们。他无论事情大小都细心对待，精心探求事情的来龙去脉。

【应急解说】

用援救溺水的人和解救干渴的人，来比喻救援受难人群，再恰当不过了。危难之中，百姓最渴望的就是得到救援救助。2020年夏，安徽多地受强降雨的影响，出现严重积涝，多个村庄被淹。被困人员大多为老人、孕妇以及小孩这样的行动不便的人员。消防救援队伍"火焰蓝"立刻有力有序地展开救援。消防员们通过背、扶、抱的方法，将洪水中的灾民转移到安全地带。在受灾群众安置点，消防员们又利用战勤保障车，为受灾群众提供饮食，发放饮用水，做好受灾群众的安置保障工作。消防救援队伍始终坚持人民至上、生命至上的原则，为身处险境的人民群众送去希望。

8. 救焚拯溺

☑ 提高救援实战能力
☑ 提高突发事件响应和处置能力
☑ 打造应急队伍的心理素质与精神力量

【原始出处】

东汉·王充《论衡·自纪》："救火拯溺，仪不得好；辩论是非，言不得巧。"

【白话释义】

救火和营救溺水者的时候，往往顾不上自己仪态是否美好；辩论是非的时候，也顾不上言辞是否机巧。

【应急解说】

救灾的紧急时刻，当然顾不上整理衣装和仪表。例如因长时间太阳暴晒、洪水浸泡以及高强度的劳动，抗洪的消防员们多数会出现手足癣、细菌性皮肤病、皮肤晒伤、疲劳性损伤以及中暑等问题。黝黑的面部，颈部和手臂有大面积晒伤，起皱发白的大脚和蚊虫叮咬的腿部，是抗洪战士们仪容的真实写照。有的抗洪卫士为了减轻晒伤，就将泥巴涂在脸上身上。他们以坚定的理想信念坚守着为老百姓排忧解难的初心，即使是涂满了泥巴，也是最美最帅的身影。

9. 抽薪止沸

☑ 提高突发事件响应和处置能力

☑ 提高应急管理的专业化水平

【原始出处】

战国·吕不韦《吕氏春秋·季春纪·尽数》：“夫以汤止沸，沸愈不止，去其火则止矣。”

东汉·班固《汉书·枚乘传》：“欲汤之沧，一人炊之，百人扬之，无益也，不如绝薪止火而已。”

【白话释义】

如果用开水去制止水的沸腾，沸腾会更加厉害，应该把烧水的火去掉，沸腾就停止了。

想要把沸水变冷，哪怕是一个人烧火，一百个人拿瓢扬之，也是没有用的。还不如把灶下面的柴火拿走就能解决问题。沧（cāng）：冷、寒。

【应急解说】

当水沸腾的时候，要怎样才能使之恢复平静呢？拿开水往上浇，或者是拿水瓢扬之，都是不行的。只有去掉火源，从根本上解决问题，才能终止水的沸腾。后来人们从这段话中生发出多则成语，如扬汤止沸、以汤止沸、抽薪止沸等。这也启发我们在救灾救援工作中要做到及时找到矛盾的根源，然后有的放矢、拔本塞源。

10. 釜底抽薪

☑ 提高救援实战能力
☑ 提高突发事件响应和处置能力

【原始出处】

《三十六计·第十九计》：“釜底抽薪。”

【白话释义】

从锅底抽掉柴火，才能从根本上解决问题。

【应急解说】

著名的“三十六计”是中国传统兵法智慧的结晶，“釜底抽薪”之计乃是化用自典故“抽薪止沸”。在战场上，若能找到敌军最薄弱的环节，便可正中要害，获得胜利；在救灾救援中，也要找到灾情事故发生的根本原因，才能根治祸患。“釜底抽薪”也暗含着灭火的道理，例如森林消防中，经常使用设置隔离带的方法，釜底抽薪，切断火源，就可有效地抑制山火的蔓延。

11. 救民于水火

☑ 保护人民群众生命财产安全
☑ 实践人民至上的救灾原则

【原始出处】

战国·孟轲《孟子·滕文公下》：“救民于水火之中，取其残而已矣。”

【白话释义】

把百姓从水火之中拯救出来，并且除掉残暴的君主。

【应急解说】

战国时期有代表性的儒家思想家孟子，具有深厚的民本思想。当时宋国想实行仁政，但是齐国和楚国这两个大国却要出兵攻击宋国，他的弟子万章询问该怎么办。孟子以其充沛的浩然之气，宣称古时仁义之师的正义力量能把百姓从水火之灾中拯救出来。如今，我们“全灾种、大应急”的救援力量体系不断完善，能够救民于灾情危机之中，致力于保护人民群众生命财产的安全，亦是正义之师、仁义之师。

12. 无辜之人，岂有知而不救

☑ 保护人民群众生命财产安全
☑ 提高人民群众安全感与幸福感
☑ 展示社会主义救灾制度的优越性

【原始出处】

唐·韩愈《御史台上论天旱人饥状》：“至或犯法当戮，犹且宽而宥之，况此无辜之人，岂有知而不救？”

【白话释义】

即便是触犯法律的人，都会体谅他们值得宽恕的地方，何况是无罪的百姓，怎么能明知道他们受难而不施救呢？

【应急解说】

唐德宗贞元十九年（803 年），时任监察御史的韩愈，亲历关中大旱的惨烈灾情，写下了《御史台上论天旱人饥状》。在这篇文章中，韩愈表现出深厚的民本意识，心忧百姓，为推进朝廷积极赈灾，作出了深切动人的呼吁。民本思想是中国文化中的优秀传统，在中国救灾史上有恒久的体现。以民为本，是在多灾多难的历史长河中祖辈们能够不断取得救灾成功的重要思想保障。民本情怀，在当代救灾实践中更是其关键内核，救灾救援队伍就是为了实践人民至上的救灾原则，全心全意为人民服务的队伍。

13. 险夷不变应尝胆，道义争担敢息肩

☑ 加强应急救援队伍建设
☑ 提高突发事件响应和处置能力

【原始出处】

现代·周恩来《送蓬仙兄返里有感》：“险夷不变应尝胆，道义争担敢息肩。”

【白话释义】

敢于卧薪尝胆的志向不因环境的艰险或顺利而改变，争相扛起道义的重担在肩上，一刻也不敢停歇。

【应急解说】

面对国家危难和人民困苦，周恩来同志决心“为中华之崛起而读书”，誓言“险夷不变应尝胆，道义争担敢息肩”，立下“面壁十年图破壁”的远大志向。实现中华民族伟大复兴是近代以来中华民族最伟大的梦想，当前我们的事

业还面临许多艰险，各条战线上的广大民众，都要立足岗位，砥砺前行。对于应急管理人来说，始终把人民的安危冷暖放在心上，切实担负起防范化解重大安全风险的政治责任，始终把保障人民生命财产安全放在第一位，紧紧依靠人民群众，构筑防灾减灾救灾的人民防线，正是我们要坚守的道和义。

14. 及兹阻险尽，始喜原野阔

☑ 提高救援实战能力
☑ 搞好灾后重建工作
☑ 开展灾后心理调节与心理援助

【原始出处】

唐·杜甫《鹿头山》："及兹阻险尽，始喜原野阔。"

【白话释义】

直到走完危险的路途，才惊喜地感到原野的辽阔。

【应急解说】

这首《鹿头山》是杜甫的蜀中纪行诗。蜀地路途艰险，但只有走过了陡峭险峻的路程，才知道平原之上的坦途是多么的辽阔啊！这种感受，与战胜灾难之后的苦尽甘来十分相似。在抗灾救灾的过程中，我们也可以此勉励救灾队伍，待到险阻尽处，会有平坦大道等待着我们；也可以此鼓励灾区民众，等到灾难过去，迎接我们的是更美好的新生活。

15. 地若无山川，何人重平道

☑ 提高救援实战能力
☑ 提升处置各类灾害事故的能力
☑ 坚持为老百姓排忧解难的责任和使命

【原始出处】

唐·唐备《失题》："天若无雪霜，青松不如草。地若无山川，何人重平道。"

【白话释义】

天如果不降下霜雪，那么青松就会长得不如小草高。大地如果没有山河险阻，那么就没有人重视平坦的道路。

【应急解说】

生于忧患，死于安乐。经过严酷的寒冷，青松才能成长；走过坎坷的道路，才让人体会到什么是坦途。如果不经受艰苦的磨炼，就无法体会到安乐的真正意义。2020 年 8 月以来，四川多地连日出现严峻汛情，已启动 I 级防汛应急响应。根据应急管理部应急指挥中心调度，相关消防救援队立即调派抗洪抢险专业力量支援。在风浪之中他们完成排涝、沙石装袋、舟艇驾驶、人员转运等众多抗洪抢险任务。不负韶华，砥砺前行，他们在艰苦奋斗中获得成就，在大风大浪中挺立身姿，他们是真正的国家栋梁。

16. 惯是救援者，舟轻不畏风

☑ 大力培养应急管理人才
☑ 加强应急救援队伍建设
☑ 加强国家综合性救援力量建设

【原始出处】

唐 · 储光羲《江南曲》："惯是湖边住，舟轻不畏风。"

【白话释义】

常在湖边居住的水乡人民，可以驾驶一叶轻舟，不畏风浪地前行。

【应急解说】

《江南曲》的开篇写道"绿江深见底，高浪直翻空"，浪高翻空的大江中，水乡人驾驶一叶轻舟，在风浪中自在遨游。唐代诗人储光羲笔下的江南水乡百姓，活泼勇敢，热情豪迈。他们这种无畏风浪的胆识和娴熟的技巧由何而来？就是来源于"惯是湖边住"。可见，险境中的勇气和技能，与平日里持续的训练是分不开的。各级救援队伍需要在平时聚焦"专业化、职业化、正规化"的建设方向，抓好实战化训练、组织比武竞赛、模拟演练，提升高难度灾情与复杂事故的救援应对能力。

17. 只要船头坐得稳，不怕四面浪来颠

☑ 发扬党员干部模范带头作用
☑ 加强应急救援队伍建设
☑ 加强应急救援行动中的心理素质

【原始出处】

清 · 史襄哉《中华谚海》："只要船头坐得稳，不怕四面浪来颠。"

【白话释义】

只要坐稳船头，就不怕大风大浪的颠簸。

【应急解说】

在救灾救援过程中，很可能灾情不止一种，危机变化随处都在，真可谓

“四面浪来颠”，这就更加要求应急救援人员过硬的救援能力和心理素质。2020年8月四川乐山的强降雨使得凤洲岛与对面陆地的桥梁被淹没，岛上群众被困待援。消防救援队联合武警、应急、公安、海事等救援人员在洪水滔滔中成功登岛。先是在岛内用小船搜救，再将受困群众集中安置到岛上高处，最后使用大船将受困群众转移到市区。救援现场的水流湍急，水位不断升高，但凭借优秀的专业能力，消防救援人员先后成功救出被困群众300多人。

18. 血沃中原肥劲草，寒凝大地发春华

☑ 保护人民群众生命财产安全
☑ 加强应急救援队伍建设

【原始出处】

现代·鲁迅《无题》：“血沃中原肥劲草，寒凝大地发春华。”

【白话释义】

中原在热血的滋润中，长出更加茁壮的劲草。大地在寒冷的凝结中，萌发出更加繁盛的春天。

【应急解说】

即使在恶劣的环境中，仁人志士仍有着坚韧强大的生命力。应急救援事业，面对的就是险象环生的危难和受灾群众水深火热的困苦，更需要有磅礴顽强的生命力和伟大的奉献精神。在艰险无比的救援现场和应急工作第一线，应急工作者用他们的强大技术和敢于流血牺牲的精神，保民平安，为民造福，展现了新部门新队伍的优势和战斗力，是新时代最美的追梦人之一。

19. 宝剑锋从磨砺出，梅花香自苦寒来

☑ 加强应急救援队伍建设
☑ 加强国家综合性救援力量建设

【原始出处】

时语俗谚：“宝剑锋从磨砺出，梅花香自苦寒来。”

【白话释义】

宝剑的刀锋来自不断的磨砺，梅花的飘香来自寒冷的冬天。

【应急解说】

2013年5月4日，习近平同各界优秀青年代表座谈时提到：“广大青年

一定要矢志艰苦奋斗。‘宝剑锋从磨砺出，梅花香自苦寒来。’人类的美好理想，都不可能唾手可得，都离不开筚路蓝缕、手胼足胝的艰苦奋斗。”记得那一年，一张“90后”消防员背部受伤的照片被刷屏，网友们纷纷点赞。他是福州消防支队消防员沈伍呷，只有21岁。他在一次负重长跑训练中呼吸器背托把后背磨破了，休息时战友拍下照片发了朋友圈。“很意外那么多人点赞。对于消防员来说，这伤很正常啊！”他说道。一个普通人成长为合格的消防员，需要经过心理及生理的层层考验，除了艰苦的理论学习外，还要进行锲而不舍的体能、技能多方面的训练，例如高空滑绳、攀越救援、高温训练等。没有持之以恒的艰苦磨砺，就成不了灾害险情中人民的卫士。

20. 凿井者，起于三寸之坎，以就万仞之深

☑ 推进应急管理体系现代化
☑ 推进应急管理能力现代化

【原始出处】

北朝·刘昼《刘子·崇学》：“为山者，基于一篑之土，以成千丈之峭；凿井者，起于三寸之坎，以就万仞之深。”

【白话释义】

堆山的人，从一筐泥土开始，最终堆成了高耸的峭壁；凿井的人，从很浅的土坑开始，最终挖成了万仞的深井。

【应急解说】

发挥我国应急管理体系的特色和优势，既是一项紧迫任务，又是一项长期任务。积极推进应急管理体系和能力现代化，绝非一日之功，要坚持由易到难、由近及远的前进之阶。保持恒心与毅力，从小做起，从根基做起，不断积累，是推进我国应急管理体系和能力现代化的必由之路。

21. 积土为山，积水为海

☑ 大力培养应急管理人才
☑ 提升处置各类灾害事故的能力

【原始出处】

战国·荀况《荀子·儒效》：“积土而为山，积水而为海。”

【白话释义】

高山是由土堆积而来的，大海是由水汇聚而来的。

【应急解说】

2018 年 4 月 10 日，习近平主席出席博鳌亚洲论坛 2018 年年会开幕式并发表的主旨演讲。演讲中，习主席引用“积土而为山，积水而为海”，指出幸福和美好未来不会自己出现，成功属于坚持而笃行的人。应急救灾队伍的实战水平，也是需要不断积累，持续训练，建立长效战斗机制。只有如此，才能适应高负荷、高压力、高风险的工作内容，提升处置各类灾害事故的能力。

22. 民病而后图之，不如先事而为之计

☑ 加强灾前应急准备
☑ 筑牢防灾减灾救灾的人民防线

【原始出处】

北宋·曾巩《越州赵公救灾记》：“民病而后图之，与夫先事而为计者，则有间矣；不习而有为，与夫素得之者，则有间矣。”

【白话释义】

等到百姓们已经饥馑才考虑怎么去应对，与事先就能有所行动相比，是有很大区别的；百姓如果事先没有准备就去抗灾，与平时就进行相关训练的情况，也是有很大区别的。

【应急解说】

宋神宗熙宁八年至九年（1075—1076 年），越州（今浙江绍兴）先是出现了旱灾，随后就是饥荒和瘟疫横行。在这一背景下，“唐宋八大家”之一的曾巩写下散文名篇《越州赵公救灾记》。他在文中明确指出，当灾害发生时，民众们是否经过了防灾抗灾的练习和准备，是决定救灾成功与否的重要因素。让在防灾减灾第一线的村干部、村民们经过培训都能掌握一定的灾害防范知识和技能，是降低自然灾害造成损失的重要法宝。这就是我们现在为什么要重视建设全民防灾文化和提高民众防灾素养的原因。

23. 视其所以，观其所由，察其所安

☑ 提高监测预警能力
☑ 提高救援实战能力
☑ 提升处置各类灾害事故的能力

【原始出处】

春秋《论语·为政》：“视其所以，观其所由，察其所安，人焉廋哉？人焉廋哉？”

【白话释义】

要观察一个人因为什么去做事，如何去做事，还要观察他做事时心安与否。如果这样多方位观察，这个人也就没有什么能被隐藏和掩饰的了，就可以给此人一个比较客观的评判了。廋（sōu）：隐藏、隐瞒。

【应急解说】

一定要多角度观察、多方位考虑，才能真正了解一个人。孔子的这句话，是教给人们观人之法。多方位考虑、多层次准备，也可以应用于防灾减灾救灾的工作中。例如台风登陆之前，要密切监视台风的发展变化，抓好短时临灾预警。对河道、水库、堤防、城市地下空间、施工工地、海上石油作业平台、沿海核电站、各类矿山等重要设施、设备进行拉网式排查，做好船只回港避风、海上作业人员和近海渔排养殖人员上岸避险，针对重点区域和薄弱环节提前预置应急抢险救援力量、装备和必要的物资。只有方方面面都考虑周全，才能做到安全救援、高效救援，确保人民群众和抢险救援人员自身的安全。

24. 御狂马不释策

☑ 提高救援实战能力
☑ 提升处置各类灾害事故的能力
☑ 强化应急救援装备技术支撑

【原始出处】

三国·王肃《孔子家语·子路初见篇》：“御狂马不释策。”

【白话释义】

驾驭狂马的人，不能放下鞭子。

【应急解说】

《孔子家语》中，将“御狂马不释策”和“操弓不反檠”“木受绳则正”“人受谏则圣”加以并举，认为这些道理是相通的：驾驭狂马的人不能放下鞭子；

操拿弓弩的人不能丢下正弓的器具；木材经过绳墨工具加工就笔直；人接受直言规劝才能明智。救灾救援，也需要找到“策”“檠”“绳”“谏”，通过正确得当的措施和方法、高效先进的设备与机械来武装自己，使救援队伍减少牺牲、担当新使命、展现新作为。

25. 不登高山，不知天之高也；不临深溪，不知地之厚也

☑ 加强应急救援队伍建设
☑ 提升处置各类灾害事故的能力

【原始出处】

战国·荀况《荀子·劝学》：“故不登高山，不知天之高也；不临深溪，不知地之厚也。”

【白话释义】

不登到高山之巅，就不知道天有多高；不来到深渊之前，就不知道地有多厚。

【应急解说】

任何事业的成功，都不可能一步登天，一蹴而就，任何人才的养成，都需要亲身实践，在现实中磨砺。应急救援人员如果不下基层、不到一线、不去现场，就不可能得到真正的锻炼和切实的经验。同时，因为救援队伍面对惨烈的灾难和事故场面，相关部门也要十分重视救援人员的心理应激反应，做好他们的心理卫生服务保障。

26. 登山不愁峻，涉海不愁深

☑ 提高救援实战能力
☑ 加强应急救援队伍建设
☑ 加强国家综合性救援力量建设

【原始出处】

唐·张祜《苏小小歌三首》：“登山不愁峻，涉海不愁深。”

【白话释义】

登山不怕山高，入海不怕水深。

【应急解说】

刀山敢上，火海敢闯，招之即来，战之必胜。这就是国家和人民对综合性应急救援队伍的期待与要求。2018 年 11 月 9 日，在国家综合性消防救援

队伍授旗仪式上，习近平提出消防救援队伍要敢于赴汤蹈火，时刻听从党和人民召唤，保持枕戈待旦、快速反应的备战状态，练就科学高效、专业精准的过硬本领，发扬英勇顽强、不怕牺牲的战斗作风。到2019年11月，国家综合性消防救援队伍组建一年的时间里，就完成了120多万起应急救援任务，营救疏散了66万多名遇险群众。

27. 不入虎穴，焉得虎子

☑ 加强应急救援队伍建设
☑ 提高救援实战能力
☑ 打造应急队伍的心理素质与精神力量

【原始出处】

南朝·范晔《后汉书·班超列传》：“不入虎穴，不得虎子。”

【白话释义】

不进入老虎栖身的地方，就不能捉到小老虎。

【应急解说】

东汉时期的军事家、外交家班超，在出使西域鄯善国时，以“不入虎穴，不得虎子”的无畏精神，深入匈奴营地，斩杀匈奴使者，最终使得鄯善国王放弃匈奴而选择归顺汉朝。后来，“不入虎穴，焉得虎子”成为著名的成语，比喻想要达到目标就必须实践出真知、烈火炼真金。各级应急救援队伍只有在实践中、任务中、险境中、挑战中才能不断提高，打造钢铁之师，以实际行动维护人民群众生命财产安全和社会稳定。

28. 逢山开道，遇水搭桥

☑ 提高救援实战能力
☑ 强化应急救援装备技术支撑
☑ 提升处置各类灾害事故的能力

【原始出处】

元·康敬之《李逵负荆》：“逢山开道，遇水搭桥。”

【白话释义】

遇到山就开辟道路，继续前进；遇到水就搭设桥梁，继续前进。

【应急解说】

逢山开道，遇水搭桥，就是指敢于迎难而上、科学指挥、高效救援。应急救援队伍全年365天、每天24小时都勤学苦练、战备待守。在千锤百炼中，他们不断提质强能，探索出了一整套行之有效的抢险救援战术打法。他们随时都可能面对极端情况和生死考验。他们奉献多、牺牲大，全社会都需要关心支持这支队伍，提升应急救援队伍的职业荣誉感。

29. 不畏浮云遮望眼

☑ 提高救援实战能力
☑ 加强应急救援队伍建设

【原始出处】

北宋·王安石《登飞来峰》："不畏浮云遮望眼，只缘身在最高层。"

【白话释义】

不怕浮云会遮住我远望的视线，因为我身处在最高层。

【应急解说】

这是北宋政治家、文学家王安石的名句。他登上飞来峰上的千寻塔，高瞻远瞩，以强烈的信念和勇气表达出扫荡阻碍、一往无前的决心。在应急管理部新成立、国家综合性消防救援队新组建的背景下，在国家积极推进我国应急管理体系和能力现代化的道路上，各级应急救援队伍也要不畏艰难，直面挑战，努力建设成为一支专常兼备、反应灵敏、作风过硬、本领高强的专业队伍，继续创造抢险救灾的奇迹，在实践中充分展现出自己的特色和优势。

30. 为有牺牲多壮志，敢教日月换新天

☑ 发扬党员干部模范带头作用
☑ 推进应急管理体系现代化

【原始出处】

现代·毛泽东《到韶山》："为有牺牲多壮志，敢教日月换新天。"

【白话释义】

先烈们因为心存壮志而牺牲，是他们将天地换了一幅新气象。

【应急解说】

中国共产党担负着实现中华民族伟大复兴的历史使命，用改天换地的豪情，带领中国人民扭转命运，由近代时期的积贫积弱、任人欺凌，走向了繁荣富强。当今和平年代，虽然没有硝烟炮火，但时代对应急管理事业提出了新的

要求。应急管理，重如泰山；防灾减灾，人命关天。这是一个特殊的战场，是和灾害事故搏斗的持久战场。广大应急工作者要站在国家安全的战略高度，不忘初心，心存壮志，以持续坚定的信念不断推进新时代大国应急管理之路。

31. 雄关漫道真如铁，而今迈步从头越

☑ 加强应急救援队伍建设
☑ 保障社会和谐稳定和改革发展

【原始出处】

现代·毛泽东《忆秦娥·娄山关》：“雄关漫道真如铁，而今迈步从头越。”

【白话释义】

不要说雄壮的群山起伏得像铁般难以逾越，如今让我们重新翻越这座雄关。

【应急解说】

《忆秦娥·娄山关》是毛泽东在长征途中写下的。他将川黔要道上的娄山关形容为坚硬如铁。但尽管雄关如铁，红军依然英勇攻击，得胜凯旋。正是不惧艰险、奋起抗争的精神，使得中国人民在苦难深重的岁月里打拼出了新时代。各级救援队伍在同地震、洪水、山火、台风、爆炸、泥石流等灾害事故作斗争时，未尝不像是在过关卡、攻城池。只有拿出红军攻坚克难、全力以赴的拼搏精神，才能保护人民群众的生命财产安全，彰显应急人的时代担当。

32. 欲尽救灾，必须众力

☑ 广泛发动社会救灾力量
☑ 培育民间专业救援力量
☑ 推动社会组织参与灾害救助活动

【原始出处】

南宋·董煟《救荒活民书》：“欲尽救灾，必须众力。”

【白话释义】

如果想彻底救济灾害，一定要依靠所有人的力量。

【应急解说】

救灾救援始终坚持人民至上的原则，同时也需要依靠人民、发动人民，构建群防群治的救灾网络。须知人民才是力量的源泉和真正拥有者。民政

部、应急管理部曾联合印发指导意见，要求各地积极发挥基层群众性自治组织作用，引导社会应急力量参与防汛抗旱工作。在2020年汛期，江西省九江市柴桑区江新洲数千儿郎回乡增援；南昌市百余名青年奔赴一线；湖南省岳阳市汨罗市165名在校学生应声集结；武汉市江岸区麟趾社区10余位居民踊跃参与。他们扛沙袋、筑堤坝、送食物、送物资，甚至还帮助救灾队伍义务理发，辅导安置点孩子们完成暑假作业。危难时刻，各类社会力量汇聚起抢险救灾的强大合力，这是我们能够取得胜利的最大保障。

33. 入山问樵，入水问渔

☑ 提高应急管理的专业化水平
☑ 提升处置各类灾害事故的能力

【原始出处】

北朝·魏收《魏书·邢峦传》："耕则问田奴，绢则问织婢。"

明·庄元臣《叔苴子·内篇》："入山问樵，入水问渔。"

【白话释义】

耕田就要向农夫请教，织布就要向纺织女工学习。

进山时就向樵夫问山路，渡河时就向渔夫问水情。

【应急解说】

这句话是说解决问题要从实际出发，实事求是，具体问题具体分析，并且要多向知情人、内行人、专家学者请教，切勿盲目下手。各级救援力量需要面对复杂的灾害事故救援现场，例如"高低大化"（高层建筑、地下建筑、大型商业综合体、化工企业）、"老幼古标"（老年人活动场所、儿童活动场所、文物古建筑、城市标志性建筑），皆需要因地制宜、专业精准地施策救援。在地质矿山、风雨冰雪、交通运输、江河流域、危险化学品等重点领域，应急救援任务更需要专业化、精细化。

34. 欲知山中事，须问打柴人

☑ 提高应急管理的专业化水平
☑ 提高应急管理的精细化水平

【原始出处】

明《增广贤文》："欲知山中事，须问打柴人。"

【白话释义】

要想知道山中的情况，需要请教山中砍柴的人。

【应急解说】

山中砍柴的人，才是最了解山势和道路情况的人。最宝贵的经验，乃是来自基层，来自长期的实地工作。我国基层应急救援队伍体系由综合应急救援队伍、专业应急救援队伍、志愿者应急救援队伍和信息员（值班员）队伍构成，包含消防、交通、电力、供水、供气等十几种救援力量。各地还组建了包括交通、卫生、环保、气象、供电、安监、地震等在内的专业救援分队，以及根据区域特点成立的化工救援分队、动物防疫救援分队、高速公路抢险救援分队等。应急救援队伍之所以需要细分，就是因为各地的情况不同，各行业的风险不同，需要精细专业、术业专攻。

35. 近水知鱼性，近山识鸟音

☑ 提高应急管理的精细化水平
☑ 提高应急管理的科技化水平

【原始出处】

明《增广贤文》：“近水知鱼性，近山识鸟音。”

【白话释义】

来到水边会了解鱼的习性，走进山林能辨别鸟的叫声。

【应急解说】

这句谚语的关键在一“近”字，要想真正细致、精准地了解事物，掌握其性质和特点，离不开近距离的观察和体会。每一个不同地理位置的灾情、不同季节的风险隐患，都有其特性，所以救援时要实施精准治理。在应急救援工作中，设身处地，身临其境，才能精细地研究观察，精准地训练和制定方案。

36. 抱薪救火

☑ 提高指挥决策能力
☑ 提高应急管理的专业化水平

【原始出处】

西汉 · 司马迁《史记 · 魏世家》：“以地事秦，譬犹抱薪救火，薪不尽，火不灭。”

【白话释义】

以割地的方法来讨好秦国，就好像抱着柴火去救火一样，柴火烧不完，火就不会灭。

【应急解说】

战国时期，在秦国强大的扩张压力之下，魏国不断用割地求和的方法来希求喘息的时间。纵横家苏代向魏王提出，用土地来侍奉秦国，就如同抱薪救火。柴火没有烧光，火是不会熄灭的。魏国没有把土地割让完的时候，秦国是不会停止索取的。后世以“抱薪救火”来喻指以错误的方法制止灾祸，反而会使灾祸愈演愈烈。由此可见，救灾救援时的指挥决策非常重要，只有方法对了，策略对了，才能快速救灾。

37. 解衣包火

☑ 提高指挥决策能力
☑ 普及全民安全知识

【原始出处】

北宋 · 司马光《资治通鉴 · 晋纪》：“解衣包火，张罗捕虎。”

【白话释义】

脱下衣服包火，张开罗网捕虎，都是不能解决问题的，只会招致更大的危险。

【应急解说】

北魏政治家崔浩认为，因为不同地域的民情不同，当时兵力强盛的刘裕，如果在关中地区采用和在荆州、扬州一样的作战策略，就如同脱下衣服去包火，张开罗网捕虎，是不可能奏效的。所以北魏不用和刘裕硬碰硬，可以静观其变，坐等对方的失败。解衣抱火、披麻救火、抱薪救火、救焚投薪等成语，都表达了一样的道理。可见救灾救援时，一旦采用了错误的方法，不仅达不到救援的效果，还可能适得其反，加重灾情。记忆犹新的 2015 年 8 · 12 天津港火灾爆炸事故，因为没有被告知货场内存有大量硝酸铵，救援人员利用水炮、泡沫炮远程冷却、覆盖保护。随后在毫无征兆的情况下，短时间内接连发生了两次大爆炸，造成了大量救援人员的伤亡。此次事故，是新中国成立以来，消防官兵伤亡最为惨重的事件，给我们敲响了沉重的警钟。

38. 以火救火，以水救水

☑ 提高应急管理的专业化水平
☑ 提高应急管理的精细化水平

【原始出处】

战国·庄周《庄子·人间世》："以火救火，以水救水，名之曰益多。"

【白话释义】

用火来救火灾，用水来救水灾，可以说是加重了灾祸。

【应急解说】

庄子"以火救火，以水救水"之说，非常形象地比喻了当方法错误时，反而会助长灾祸的现象。所以在救灾救援中，决策方案的采用，需要非常慎重。但值得指出的是，在消防的具体情况中还真有"以火灭火"的方法。例如提前将火情周围一些可燃物燃烧掉，这样当火势蔓延过来的时候，没有可燃物，就可以形成隔离带，有助于灭火。可见应急救援是一门大学问，需要在科学化、专业化、精细化、智能化方面，不断创新，不断进步。

39. 远水不救近火

☑ 提高救援实战能力
☑ 提高突发事件响应和处置能力

【原始出处】

战国·韩非《韩非子·说林上》："失火而取水于海，海水虽多，火必不灭矣，远水不救近火也。"

【白话释义】

失火的时候想要用海水来救火，海水虽然很多，但是来不及救火。所以远处的水救不了近处的火。

【应急解说】

战国法家代表思想家韩非子讲了这样一个故事：鲁国的君主让自己的儿子们去晋国和楚国做官，以结交强国。犁钼认为这种做法是"远水不救近火"，因为在鲁国的旁边，齐国正虎视眈眈呢。灾情刻不容缓，时间就是生命。救灾救援工作，必须反应灵敏，动作迅速，不断通过专业化、实战化演练，提高处置突发事件的能力。

40. 盲人骑瞎马，夜半临深池

☑ 健全风险防范化解机制
☑ 提高应急管理的专业化水平

【原始出处】

南朝·刘义庆《世说新语·排调》：“盲人骑瞎马，夜半临深池。”

【白话释义】

盲人骑着瞎马，半夜来到深水池的旁边。

【应急解说】

盲人、瞎马、半夜、深池，几种会引起危险的情况全都凑到一块儿了，这就是风险叠加。改革开放以来，我国用四十年的时间就完成了西方国家一二百年的城市化进程，人口不断聚集，大型、特大型城市的数量不断增加。但城市也随之步入了风险管理阶段，一个小小的导火索就可能引发巨大的人员伤亡。天津河西区城市大厦火灾、北京特大暴雨灾害、上海外滩踩踏事故、深圳滑坡灾害事故造成的伤亡触目惊心。在救灾救援行动中，一定要避免盲目行动，以免出现风险叠加的情况。

陆 应急法制

EMERGENCY LEGALITY

应急管理涉及范围广、担子重、责任大，各方面工作都需要有法有据、依法进行。我国 1954 年首次规定的戒严制度，算得上是第一部应急管理方面的法规。自 2003 年非典疫情以来，我国又相继在公共卫生、环境、铁路、粮食、食品安全等领域，建立了各种安全应急预案制度，出台了《突发事件应对法》《安全生产法》《防震减灾法》《消防法》等重要的法律法规。六十余年来，我国应急管理法律经历了从无到有、从分散到综合化、系统化，取得了一系列成就，新时代大国应急管理法律体系已经初步形成。但我国目前应急管理法制建设中，立法缺位、滞后，乃至立法位阶、层级偏低等问题仍然存在。这就需要我们不断加强应急法规制度建设，完善应急法治体系，让法律为我国应急管理工作提供根本保障。

1. 凶荒之岁，民心易动

☑ 健全应急管理相关法律法规
☑ 普及全民应急法律知识

【原始出处】

西汉·晁错《论贵粟疏》："民贫，则奸邪生。"

明《增广贤文》："饱暖思淫欲，饥寒起盗心。"

明·俞汝为《荒政要览》引吕祖谦曰："凶荒之岁，民心易动。一夫叫呼，万夫皆集。"

【白话释义】

当百姓贫困的时候，就容易生出违法犯罪之事。

当人在吃饱穿暖之后，就会有更多的欲望要求；当人饥寒交迫的时候，可能生出偷盗的心思。

灾荒之年，社会容易民心不稳。一个人呼吁闹事，很多人就会聚集起来响应。

【应急解说】

我国几乎每年都会发生多次重特大自然灾害。此外，生产事故、公共卫生事件和社会安全事件也会造成严重的社会危害。天灾常常引发人祸，尤其在突发事件之中，人们由于缺乏生产生活资料，缺少安全感和稳定感，往往会铤而走险，集中爆发多种违法犯罪现象。常态的法律不足以维护受灾地区的社会稳定，这就需要通过制定应急法律法规，来预防和减少违法犯罪行为，规范灾害救助工作，维护社会稳定和国家安全。让法律体系为我国应急管理工作提供根本保障。

2. 饥寒至身，不顾廉耻

☑ 健全应急管理相关法律法规
☑ 普及全民应急法律知识
☑ 加强突发事件中的执法能力

【原始出处】

西汉·晁错《论贵粟疏》："夫寒之于衣，不待轻暖；饥之于食，不待甘旨。饥寒至身，不顾廉耻。人情一日不再食则饥，终岁不制衣则寒。夫腹饥不得食，肤寒不得衣，虽慈母不能保其子，君安能以有其民哉？”

【白话释义】

处于寒冷里的人，对于衣服不要求轻软保暖；处于饥饿中的人，对于食物不要求甘甜美味。被饥寒交迫包围的人，没有什么廉耻之心。一天不吃两顿饭就会感到饥饿，一年不添新衣就会感到寒冷，这是人之常情。如果腹中饥饿了却没有食物，身体感到寒冷了却没有衣服，即便是慈爱的母亲也不能保全自己孩子的命，君主又怎么能保证自己的子民不造反呢？

【应急解说】

求生存是人类在面对任何危险时的第一本能。当严重灾害导致人的生存受到威胁的情况下，常态社会中的伦理道德、法律制度等就会显得苍白无力，难以约束人的行为，所以灾害往往会导致社会秩序的混乱。对于自然灾害背景下的法律应对，自古以来就受到历代政府的重视。近年来兴起的崭新学科——灾害法学、灾害经济学、灾害伦理学、灾害社会学等，都是在新时代背景下探讨灾害中人与社会的特殊关系。实践证明，运用法律手段来加强防灾减灾救灾工作，保护人民群众的生命与财产安全，维护社会的稳定，是十分有必要的。

3. 法令行则国治，法令弛则国乱

☑ 推进应急管理的法治化
☑ 加强安全生产监管执法工作
☑ 加强突发事件中的执法能力

【原始出处】

战国·荀况《荀子·君道》：“法者，治之端也。”

战国·韩非《韩非子·有度》：“国无常强，无常弱。奉法者强则国强，奉法者弱则国弱。”

东汉·王符《潜夫论·述赦》：“国无常治，又无常乱，法令行则国治，法令弛则国乱。”

北宋·王安石《周公》：“立善法于天下，则天下治；立善法于一国，则一国治。”

【白话释义】

法律，是治国的开端。

任何一个国家都不会永远富强，也不会长久贫弱。执行法令的人坚决，国家就会富强；执行法令的人软弱，国家就会贫弱。

一个国家不会有永久的太平，也不会有永久的混乱。法令能够执行，国家就能得到治理；法令废弛，国家就会出现混乱。

在全天下确立好的法律，则天下就大治；在一个国家确立好的法律，这个国家就会大治。

【应急解说】

韩非子是战国法家思想的集大成者，战国时代，燕、魏、楚、齐诸国都处在剧烈的兴衰变化中，韩非子发现，只有能奉行法律的国家才会强盛，如果不能依法治国，国家就会衰败。所以他把“奉法”作为国家强盛的关键。数千年来的王朝兴替史都证明了韩非子的这一判断。尤其对于事关百姓生命财产安全和社会和谐稳定的应急管理事业来说，发挥法治在其中的引领和规范作用，乃是重中之重。

4. 法令既行，纪律自正

☑ 推进应急管理的法治化
☑ 健全应急管理相关法律法规

【原始出处】

北宋·包拯《上仁宗论旱灾得雨》：“法令既行，纪律自正，则无不治之国，无不化之民。”

【白话释义】

用法律来治国，国家的纪律自然清正，于是就不会有治不好的国家，也不会有顽固不化的百姓。

【应急解说】

我国应急管理立法工作有一个重要的标志就是2003年的抗击非典事件。2003年5月12日，我国正式颁布了《突发公共卫生事件应急条例》，标志着我国公共卫生应急处理工作进入法制化轨道。随后，各地方人民政府也根据《突发公共卫生事件应急条例》各自颁布了地方性的法律法规，逐步形成了以《突发事件应对法》为核心的应急管理法律体系。从此之后，我国应急管理的法律框架开始逐步建立，并走向系统化。

5. 纪纲一废，何事不生

☑ 健全应急管理相关法律法规
☑ 推进应急管理的法治化
☑ 提高安全生产监管执法能力

【原始出处】

北宋·苏轼《上神宗皇帝书》：“纪纲一废，何事不生。”

【白话释义】

国家的法律和制度一旦败坏，什么坏事都有可能发生。

【应急解说】

要做到切实以制度管安全、防事故。例如为了加强安全生产监督管理，防止和减少生产安全事故，保障人民群众生命和财产安全而制定的《中华人民共和国安全生产法》中规定，生产经营单位必须遵守本法，加强安全生产管理，建立健全安全生产责任制度，完善安全生产条件，确保安全生产。生产经营单位的主要负责人对本单位的安全生产工作全面负责。矿山、建筑施工单位和危险物品的生产、经营、储存单位，应当设置安全生产管理机构或者配备专职安全生产管理人员。在安全问题上，任何人都不能越过红线，越过了就要严肃追究其法律责任。

6. 法者，天下之准绳也

☑ 健全应急管理相关法律法规
☑ 推进应急管理的法治化

【原始出处】

春秋·文子《文子》：“夫法者，天下之准绳也，人主之度量也。”

春秋·管仲《管子·七主七臣》：“法者，所以兴功惧暴也；律者，所以定分止争也。”

战国·鹖冠子《鹖冠子·度万》：“守一道而制万物者，法也。”

【白话释义】

法律，是天下人共同遵循的准则，也是统治者裁定是非的依据。

法，是用来提倡立功、威慑行暴的；律，是用来确定本分、制止争端的。

坚持一个能够统制天下万物的法宝，这个法宝就是法律。

【应急解说】

我国目前的应急管理法律主要包括自然灾害类、事故灾害类、公共卫生事件类、社会安全事件类。其中自然灾害类的应急管理法律包括《防汛条例》《防沙治沙法》《防震减灾法》《森林防火条例》《自然保护区条例》《气象法》等。事故灾难类的包括《建筑法》《消防法》《矿山安全法》《道路运输条例》《河道管理条例》《水污染防治法》《危险化学品安全管理条例》等。公共卫生事件类的包括《突发公共卫生事件应急条例》《重大动物疫情应急条例》《传染病防治法》《食品卫生法》《动物防疫法》等。社会安全事件类的包括《戒严法》《企业劳动争议处理条例》《行政区域边界争议处理条例》《粮食流通管理条例》《中央储备粮管理条例》《民用爆炸物品管理条例》《野生动物保护法》等。

7. 以至详之法晓天下，使天下明知其所避

☑ 普及全民应急法律知识

☑ 建立有效的法律法规信息公开机制

【原始出处】

春秋·管仲《管子·七主七臣》：“令者，所以令人知事也。”

北宋·苏轼《御试重巽申命论》：“以至详之法晓天下，使天下明知其所避。”

【白话释义】

法令，其实是用来告诉人们制度和规则的。

把周密详备的法律昭告天下百姓，使他们知道哪些事可以干，哪些事不能干。

【应急解说】

突发事件中的应急法律具有极大的优先性、紧急性、强制性和权威性，必须建立有效的法律法规信息公开机制，增加关于违法行为、违法处罚等方面的透明度。明确底线、划清红线，不仅可以增强公众的防范意识，而且还可以提高政府的公信力与执行力。公开透明原则是一项低成本、高效率但最为基础性的法治原则，也是当今世界公认的应急法治的一项基本原则。

8. 权衡所以定轻重，准绳所以正曲直

☑ 推进应急管理的法治化
☑ 健全应急管理相关法律法规

【原始出处】

唐·吴兢《贞观政要·论公平》：“法，国之权衡也，时之准绳也。权衡所以定轻重，准绳所以正曲直。”

【白话释义】

法律，是国家的秤，是社会的墨线。秤是用来判定轻重的，墨线是用来纠正弯曲的。

【应急解说】

秤和墨线都被用来当作生活中的标准，用秤和墨线来比喻法治，可以非常形象地说明法律是规范人们行动的准则。法治是国家治理不可或缺的法宝，法治体系是国家治理体系的骨干工程。应急管理工作仅仅依靠行政手段是不够的，还需要综合运用法治手段，才能适应大国应急现代化、体系化的需要。但我国目前应急管理法制建设中，立法缺位、滞后，乃至立法位阶、层级偏低等问题仍然存在。

9. 官不私亲，法不遗爱

☑ 提高安全生产监管执法能力
☑ 加强突发事件中的执法能力
☑ 增强工作者应急法律素养

【原始出处】

战国·慎到《慎子·君臣》：“官不私亲，法不遗爱。”

东汉·班固《汉书·王尊传》：“明慎所职，毋以身试法。”

【白话释义】

官员执政时不能偏私自己亲近的人，执行法律时不能漏掉和自己友爱的人。

官员要明确慎重自己的职责，一定不要以身试法。

【应急解说】

管理者依法决策、依法管理、秉公执法，对于治理应急事务十分重要。管理者需要增强法律素养和专业素质，坚持日常学法与用法相结合，尤其要按照法律规定和法定程序履行职责，把法律知识转化为依法办事的能力，做

到法定职责必须为、法无授权不可为。

10. 私情行而公法毁

☑ 推进应急管理的法治化
☑ 加强突发事件中的执法能力
☑ 增强工作者应急法律素养

【原始出处】

春秋·管仲《管子·八观》:“私情行而公法毁。”

【白话释义】

如果徇私之风盛行,国家的法律就会被破坏。

【应急解说】

各级应急管理部门的领导干部要对应急法律怀有尊重、敬畏之心。在日常工作中,带头学习法律、遵守法律,带头依法办事。尤其需要经常以典型案例为镜子,检视自己的行为和思想,文明公正执法。只有如此,才能有效引导广大群众自觉守法、遇事找法、办事靠法。只有如此,才能维护法律的尊严,切实保障人民群众的合法权益。

11. 不以一毫私意自蔽,不以一毫私欲自累

☑ 推进应急管理的法治化
☑ 增强工作者应急法律素养

【原始出处】

南宋·朱熹《中庸章句》:“不以一毫私意自蔽,不以一毫私欲自累。”

【白话释义】

不要因为一点个人私利就处事不公;不要因为一点私心就让自己陷入身心疲惫的状态。

【应急解说】

有私心,是人的本性和本能。但如果超越了合情合理尤其是合法范围内的私心,那就是贪心和欲望。人必须要通过学习和教育,管理自己的私心,切勿放任私心泛滥成为贪欲之心。同时还需要严密的法律制度,来约束权力、监督权力。公务人员在执法监督的过程中,如果为私心所扰、为利益所惑、为人情所困、为关系所累,就无法保证人民赋予的权力始终被用来为人民谋利益。尤其是领导干部,更需要坚守正道,正确行使权力,自觉做到履

行职责为公、行使权力为民。

12. 法不阿贵，绳不挠曲

☑ 推进应急管理的法治化
☑ 增强工作者应急法律素养

【原始出处】

战国·韩非《韩非子·有度》："法不阿贵，绳不挠曲。"

【白话释义】

法律不偏袒有权有势的人，墨线也不向弯曲的地方倾斜。

【应急解说】

法律面前，人人平等，但是法律往往会遇上权力的挑战。如果法律屈从于权力，那么法律就会失去社会公信力，让凝聚万千智慧的法律条文变成一纸空文。如果法律战胜了权贵，那么法律就更有震慑力和公信力。所以，整个社会要加强对权力运行的制约和监督。越是权力拥有者，心中就越需要牢固树立法的准绳意识。

13. 刑过不避大臣，赏善不遗匹夫

☑ 推进应急管理的法治化
☑ 加强突发事件中的执法能力
☑ 增强工作者应急法律素养

【原始出处】

战国·韩非《韩非子·有度》："刑过不辟大臣，赏善不遗匹夫。"

【白话释义】

惩罚有罪行的人，不能因为他是高官显宦而跳过；奖赏有功劳的人，不能因为他是小百姓而遗忘。辟（bì），同"避"。匹夫：平民百姓。

【应急解说】

2020 年 2 月，在全国上下齐心协力阻击新冠疫情的战役中，习近平总书记讲话指出，要严格执行疫情防控和应急处置法律法规，加强风险评估，依法审慎决策，严格依法实施防控措施，坚决防止疫情蔓延。要加大对危害疫情防控行为执法司法力度，严格执行《传染病防治法》及其实施条例、《野生动物保护法》《动物防疫法》《突发公共卫生事件应急条例》等法律法规，依法实施疫情防控及应急处理措施。

14. 守身如玉，去蠹如仇

☑ 提高安全生产监管执法能力
☑ 加强突发事件中的执法能力
☑ 增强工作者应急法律素养

【原始出处】

清·魏象枢《答刘辑五书》:“执法如山，守身如玉，爱民如子，去蠹如仇。”

【白话释义】

官员执行法令，要像山那样毫不动摇；保持节操，要像美玉那样洁白无瑕；爱护百姓像对亲生儿子那般尽心；铲除奸贼，像对仇敌那样决不手软。蠹（dù）：毒虫。

【应急解说】

法律制定之后，关键是需要有法就依、执法严格。2015 年 8 · 12 天津滨海新区爆炸事故发生后，调查组认定，有关地方党委、政府和部门存在有法不依、执法不严、监管不力、履职不到位等问题。天津交通、港口、海关、安监、规划和国土、市场和质检、海事、公安以及滨海新区环保、行政审批等部门，未认真贯彻落实有关法律法规，未认真履行职责，违法违规进行行政许可和项目审查，日常监管严重缺失；有些负责人和工作人员贪赃枉法、滥用职权，导致惨局发生。这些违法者理应得到法律的严惩。

15. 不难于立法，而难于法之必行

☑ 推进应急管理的法治化
☑ 提高安全生产监管执法能力
☑ 普及全民应急法律知识

【原始出处】

明·张居正《请稽查章奏随事考成以修实政疏》:“盖天下之事，不难于立法，而难于法之必行；不难于听言，而难于言之必效。”

【白话释义】

天下的大事，困难之处不在于立法，而在于法的执行；不在于说了些什么，而难在说出来就一定要有成效。

【应急解说】

针对有法难依的局面，明代政治家张居正创制了“考成法”，以严格考察各级官吏贯彻朝廷诏旨的情况。张居正的考成法在今天仍然有借鉴意义。2013 年吉林长春市宝源丰禽业 6 · 3 特别重大火灾爆炸事故调查报告显示，

宝源丰公司董事长、总经理等责任人，严重违反《消防法》《安全生产法》《建筑法》等法律法规规定的消防安全职责，追求企业和自身经济利益而忽视员工生命安全。德惠市公安消防大队、长春市公安消防支队等领导对贯彻《消防法》《建设工程消防监督管理规定》《吉林省消防重点单位界定标准》等法律法规不力，对宝源丰公司重大火灾隐患排查治理情况失察，给予党纪、政纪处分。这个重大教训告诫我们要注重对已有制度的贯彻落实，加大执法工作力度，完善执法程序、细化执法内容、规范执法过程。

16. 言出如箭，执法如山

☑ 推进应急管理的法治化

☑ 增强工作者应急法律素养

【原始出处】

清·李绿园《歧路灯》第八十八回："言出如箭，执法如山。"

【白话释义】

说话要像射箭一样，正中要害；执行法律要像山一样，不可动摇。

【应急解说】

2015 年 8·12 天津滨海新区爆炸事故发生后，李克强总理指出，这起事故涉及的失职渎职和违法违章行为，一定要彻查追责，公布所有调查结果，给死难者家属一个交代，给天津市民一个交代，给全国人民一个交代，给历史一个交代。经调查，事故企业无视安全生产主体责任，置国家法律法规、标准于不顾，只顾经济利益，不顾生命安全，不择手段地变更及扩展经营范围，长期违法违规经营。有关地方政府安全发展意识不强，在事故企业经营问题上一再违法违规审批、监管失职，最终导致特大事故的发生，造成严重的生命财产损失和恶劣的社会影响。后来，人民法院对被告单位及 24 名直接责任人员和 25 名相关职务犯罪被告人进行了公开宣判。

17. 知为吏者，奉法利民；不知为吏者，枉法以侵民

☑ 推进应急管理的法治化

☑ 增强工作者应急法律素养

【原始出处】

西汉·刘安《说苑·政理》："知为吏者奉法利民，不知为吏者枉法以侵民。"

【白话释义】

懂得如何做官的人，会严格执行法律让人民获利；不懂得做官的人，会徇私枉法侵害百姓。

【应急解说】

现阶段，不光是普通民众缺乏应急法治知识，就连很多公务人员也缺乏应急法治观念。实际上，应急法治水平是干部素质和能力的重要体现，领导干部尤其要加强危机管理和应急法治教育。我们要不断深入对制度规范、职责规范的细化研究，不断加强执法监督，不断规范执法行为，使全国应急管理系统的行政执法工作逐渐走向规范化、法制化。

18. 明制度于前，重威刑于后

☑ 推进应急管理的法治化
☑ 健全应急管理相关法律法规

【原始出处】

战国·尉缭《尉缭子·重刑令》："故先王明制度于前，重威刑于后。"

【白话释义】

从前贤明的君王总是先申明制度，然后再施以重刑。

【应急解说】

"明制度于前"，需要广泛开展普法宣传，普及应急管理法律法规。应急管理部门的普法活动，要具有主动性和自觉性，不能流于形式，更不能搞"一阵风运动"，尤其要面向生产一线人员、灾害多发地区进行普法宣传，开展深入学法活动。还可以利用新媒体资源，进行线上普法宣传，面向大中小学展开"安全知识进校园"活动等，全方位、多途径展开应急管理普法工作。"重威刑于后"，则需要加强应急管理执法，严格执法的力度越大、举措越实，越能为应急管理工作的顺利开展保驾护航。

19. 火形严，故人鲜灼；水形懦，人多溺

☑ 推进应急管理的法治化
☑ 加强安全生产监管执法工作
☑ 加强突发事件中的执法能力

【原始出处】

战国·韩非《韩非子·内储说上七术》："火形严，故人鲜灼；水形懦，

人多溺。”

【白话释义】

火的形态严酷，所以很少有人被烧伤；水的形态柔和，所以很多人溺亡。

【应急解说】

《韩非子》中记载的这句话，出自春秋时期郑国著名政治家子产。子产在临终之际嘱托继任者游吉，希望他能从火与水的道理中，领会到严格法令的重要性，可惜后来游吉并没有能够按照子产的精神实行，法律过于宽纵，待到郑国发生祸乱之时，悔之晚矣。应急管理的法治化是推进我国应急管理体系和能力现代化的必要环节，决不可有法不依、执法不严、违法不究。

20. 激浊扬清为第一义

☑ 提高安全生产监管执法能力
☑ 加强突发事件中的执法能力

【原始出处】

清·顾炎武《与公肃甥书》："诚欲正朝廷以正百官，当以激浊扬清为第一义。”

【白话释义】

要想兴国安邦、端正百官，必须把铲除邪恶、弘扬正气作为第一要紧事。

【应急解说】

越是大灾大难中，越要铲除邪恶，弘扬正气，只有如此，才能全力保障广大人民群众的生命财产安全，切实维护社会大局稳定。例如政法机关将依法严厉打击以下违法者：拒不执行在紧急状态情况下人民政府依法发布的命令的，盗窃、哄抢、诈骗、破坏、挪用救灾物资的，盗窃、破坏公共设施的，哄抬物价、囤积居奇、制贩售假等扰乱市场经济秩序的，故意阻碍执行救灾任务车辆通行的，妨碍救援人员等开展救灾工作的，编造、散布有关灾情以及救灾工作等谣言的。

21. 庆父不死，鲁难未已

☑ 推进应急管理的法治化
☑ 加强突发事件中的执法能力

【原始出处】

春秋·左丘明《左传·闵公元年》："不去庆父，鲁难未已。"

【白话释义】

不杀掉庆父，鲁国的灾难就不会停止。

【应急解说】

庆父是鲁国的公子，他先后杀死两位国君，可谓罪大恶极。齐国大夫仲孙湫说：如果不除去庆父，鲁国是不会得到安定的。这句话后来被用来比喻不清除制造混乱的罪魁祸首，就永远得不到安宁。后人也常把制造混乱的头子比作庆父。坚持特殊时期、特殊案件、特殊办理的方针，依法严厉处置危害救灾和灾后重建的罪魁祸首，快审快判，力争在最短时间内使灾区人民感受到政府打击犯罪的决心与力度，及时有效、不留余地地清除"毒瘤"，可以在社会上形成强大的震慑力，预防其他犯罪的发生，营造良好的灾区守法氛围。

22. 不以规矩，不能成方圆

☑ 推进应急管理的法治化
☑ 健全应急管理相关法律法规
☑ 普及全民应急法律知识

【原始出处】

战国·孟轲《孟子·离娄上》："不以规矩，不能成方圆。"

【白话释义】

如果不用圆规和曲尺，就无法画出标准的圆形和方形。

【应急解说】

孟子说，即使有离娄（相传黄帝时期一个目力极强的人）那样好的视力，鲁班那样好的技巧，如果不用圆规和曲尺，也不能准确地画出方形和圆形。遵循一定之规，是每个社会中个体的基本素质，也是一个集体赖以存在的基础。我国自 2003 年非典疫情以来，相继开始在公共卫生、环境、铁路、粮食、食品安全等领域，建立了各种安全应急预案制度，这些应急预案制度是我们有效开展防灾减灾救灾工作的重要圆规与曲尺。

23. 木受绳则直，金就砺则利

☑ 推进应急管理的法治化
☑ 普及全民应急法律知识
☑ 建立有效的法律法规信息公开机制

【原始出处】

战国·荀况《荀子·劝学》：“故木受绳则直，金就砺则利。”

【白话释义】

所以木材经过墨线量过就能取直，金属在磨刀石上磨过就能变得锋利。砺（lì）：磨刀石。

【应急解说】

在著名的《劝学篇》中，荀子以木与绳、金属与磨刀石为比喻，来说明后天学习的重要性。人只有通过不断的教育才能明察世事。引申开来，人只有依法办事，才能没有过失。在灾难来临时，人会本能地生出恐惧、混乱之心，依法应对是最基本、最简明、最稳当的科学应对方法。古往今来，法律都被视作维护社会稳定的有力武器。在灾难袭来的特殊情况下，如果人们的言行都能被限制在法律规定的范围之内，自然国家大治，天下太平。

24. 当局者迷，旁观者清

☑ 普及全民应急法律知识
☑ 建立有效的法律法规信息公开机制
☑ 增强工作者应急法律素养

【原始出处】

五代·刘昫《旧唐书·元行冲传》：“当局称迷，傍观见审。”

【白话释义】

当事人沉浸在事情中很容易糊涂，旁观的人却能看得清楚。

【应急解说】

《旧唐书》中这句“当局称迷，傍观见审”后来被人们改造为“当局者迷，旁观者清”。当事人往往因为对利害得失考虑得太多，而被蒙蔽了双眼，不及旁观者认识得全面。例如很多人存在这样的观念：这只是偶尔发生的灾难突发事件，所以我哄抢救灾物资也没有关系吧？既然大家都在好奇，都在猜测，所以我在网络上编造一个谣言也不是什么大事吧？这是救灾稀缺品，我作为商家，抬高一下物价也无可厚非吧？殊不知，以上这些做法都触犯了法律。如果我们在常态下，不向社会普及应急法律法规，推广安全生产知识，那么在非常态下，民众就很可能缺乏应对危机的法律意识，以致走上违法犯罪的道路。

25. 蚍蜉撼大树，可笑不自量

☑ 推进应急管理的法治化
☑ 加强突发事件中的执法能力

【原始出处】

唐·韩愈《调张籍》："蚍蜉撼大树，可笑不自量。"

【白话释义】

小小的蚂蚁妄想摇动大树，真是可笑且不自量力的行为。蚍蜉（pí fú）：一种蚂蚁。

【应急解说】

韩愈生活在李白、杜甫之后，他时常追思仰慕着李杜的才华。但是与韩愈同时代的一些无知轻薄的后生，却大肆诋毁李白与杜甫。韩愈认为，这些人就像企图去摇撼大树的蚂蚁一样，可笑的是他们也不估量一下自己。这句诗现在常用来形容反动分子的狂妄与不自量力。有了应急管理法律法规，那些犯罪分子企图在人心不稳的特殊情况下，大搞阴谋破坏活动，是根本不可能得逞的。

26. 魔高一尺，道高一丈

☑ 提高安全生产监管执法能力
☑ 加强突发事件中的执法能力
☑ 增强工作者应急法律素养

【原始出处】

明·吴承恩《西游记》第五十回："道高一尺魔高一丈，性乱情昏错认家。可恨法身无坐位，当时行动念头差。"

【白话释义】

猪八戒的道行有一尺高，但犀牛精的魔法却有一丈高。猪八戒被幻术迷惑了性情，把犀牛精变化出来的庄子当作了家，从而中了圈套。恨只恨猪八戒没有稳定住法身的正位，当时一念之差走到了这一步。

【应急解说】

一方的力量增长了，另一方的力量也随之增长，而且幅度更大。"道高一尺，魔高一丈"是佛家警告修行者的话，意思是修行者每前进一步，都需要克服重重魔障。而反过来说的“魔高一尺，道高一丈”比喻邪恶的事物抵不过正义的事物，也可以用来形容法律的强大。无论违法犯罪者隐藏得多深，终究躲不过法律的制裁。哪怕违法犯罪者换新招、搞升级，法律的力量也会随着形势的变化而增强。

27. 法令所以导民也，刑罚所以禁奸也

☑ 推进应急管理的法治化
☑ 健全应急管理相关法律法规

【原始出处】

西汉·司马迁《史记·循吏列传》：“法令所以导民也，刑罚所以禁奸也。”

【白话释义】

法令是用来引导百姓的，刑罚是用来禁止奸恶的。

【应急解说】

总结经验教训，完善相关法律制度，是灾后重建的重要组成部分。经过多年的发展，应急管理法律法规已经逐步由分散走向综合、走向系统，但同时也要看到我们现在还有一些问题和不足。如一些关键法律法规亟须与时俱进地修订，一些过时的应急法规需要清理，救助和补偿的有关领域还缺乏专门的立法；一些立法在内容上较为抽象，缺乏实施细则和配套办法等。

28. 所以能制胜于天下者，用法明也

☑ 推进应急管理的法治化
☑ 健全应急管理相关法律法规
☑ 建立有效的法律法规信息公开机制

【原始出处】

北宋·司马光《资治通鉴·魏纪三》：“（诸葛）亮流涕曰：‘孙武所以能制胜于天下者，用法明也。’”

【白话释义】

诸葛亮哭着说：孙武之所以能够在天下取得胜利，是因为他的法纪严明。

【应急解说】

法纪严明，是促进事业成功的重要保障。面对突发事件，有关部门会按照比例原则和最小伤害原则，出台和实施救灾措施，公民的权利和自由可能都会受到一定限制。例如，在疫情防控工作中，对于当地依法采取的交通

限制、停产停业等应急措施，所有公民都需要配合，拒不配合相关措施的行为，要受到行政处罚，严重者甚至构成犯罪。同时，企事业单位、村委会、小区物业等非行政主体采取的管理措施，也要坚守法治精神，不能鲁莽妄为，更不能以救灾救援为借口，逾越法治的底线。

29. 法生于义，义生于众适，众适合于人心

☑ 推进应急管理的法治化
☑ 健全应急管理相关法律法规

【原始出处】

西汉·刘安《淮南子·主术训》：“法生于义，义生于众适，众适合于人心，此治之要也。”

【白话释义】

法律产生于公众的道义，道义产生于公众的需要，公众的需要符合广大民众的心愿，这就是法治的关键啊。

【应急解说】

只有适应世情时势的法律才是好法律。2003 年非典疫情导致的公共危机突然袭来，给社会生活、民众心理带来严峻的挑战。也正是此次公共危机，让整个社会更加深刻地认识到建设应急法治的重要性。经过四年的酝酿、起草，我国于 2007 年正式颁布实施了《中华人民共和国突发事件应对法》。这部法律为在突发事件中迅速恢复社会秩序、保障人权，提供了基本的法律支撑。该法在 2008 年汶川大地震、2020 年新冠肺炎疫情等重大突发事件中发挥了重要作用，是我国构建应急法治、应对突发事件的基础性法律。

30. 法与时转则治，法与世宜则有功

☑ 推进应急管理的法治化
☑ 健全应急管理相关法律法规

【原始出处】

战国·韩非《韩非子·心度》：“故治民无常，唯治为法。法与时转则治，法与世宜则有功。”

战国·慎到《慎子·逸文》：“故治国无其法则乱，守法而不变则衰。”

唐·马总《意林·淮南子》：“苟利于民，不必法古；苟周于事，不必循常。

法度制令，各因其宜。”

【白话释义】

治民之本在于明法。法令随时代而变，国家就能得到治理；法律与世情相宜，治理才会有成效。

如果治理国家不用法律，国家就会混乱，固守之前的法律而不与时俱进，国家就会由盛转衰。

如果是对民众有利的，就不必执着于之前的做法；假如事情可以办得很周全，就不必遵循旧有的规程，法令和制度要合时宜。

【应急解说】

2020年全力阻击新冠疫情蔓延的保卫战，也让全社会聚焦防控工作中法律法规的薄弱环节。例如依靠平常的科层制体系（基层获得信息之后逐级上报，直到高层决策之后再逐级下达执行）来实施突发事件处置是行不通的，必须代之以有效的预决策机制。一旦预先假设的危机情景出现，相关主体就应该直接采取法定措施，无须层层请示汇报、等待上级决策，以免贻误最佳处理时机。如果上级认为下级的判断是错误的，可及时纠正乃至取消下级已经采取的应急措施。法律从来不是一成不变的，而是要结合新的时代特点与时俱进。例如新冠疫情的爆发，促进了《中华人民共和国野生动物保护法》的修改工作，并加快了《中华人民共和国动物防疫法》等法律的修改进程。如果我们的应急法律体系不能补短板、找差距，在下一次危机来临之时，我们仍将付出相同的代价。

31. 可行必守，有弊必除

☑ 推进应急管理的法治化
☑ 提高安全生产监管执法能力
☑ 加强突发事件中的执法能力

【原始出处】

唐·刘禹锡《为容州窦中丞谢上表》：“可行必守，有弊必除。”

【白话释义】

如果事实证明律法是可行的，那就必须要坚守；如果发现律法有弊端，那就必须要剔除弊端。

【应急解说】

《中华人民共和国突发事件应对法》的出台背景是2003年的非典疫情，

而2020年新冠肺炎疫情又暴露出目前的应急法律法规还有可操作性不强、约束力不足、条款之间不够协调、政出多门、各行其是等问题。有关立法部门需要根据新的社会形势，对应急法律制度给予系统、细化、严格的规定，避免在下一次公共危机来临时重蹈覆辙。补短板、强弱项，修改完善应急管理相关配套制度，抓紧构建系统完备、科学规范、运行有效的应急法律体系，是我们锲而不舍的奋斗目标。

32. 上下贵贱皆从法，此谓为大治

☑ 推进应急管理的法治化
☑ 普及全民应急法律知识
☑ 增强工作者应急法律素养

【原始出处】

春秋 · 管仲《管子 · 任法》："有生法，有守法，有法于法。夫生法者，君也；守法者，臣也；法于法者，民也。君臣上下贵贱皆从法，此谓为大治。"

【白话释义】

有创制法律的，也有执行法律的，还有遵照法律行事的。创制法律的是君主，执行法律的是官吏，遵照法律行事的是民众。社会上上下下无论贵贱都遵守法律，这就叫作"大治"。

【应急解说】

各类各级行政机关工作人员既是法律的创制者、普及者、执行者，同时也是严格遵守法律的行事者。迟报、谎报、瞒报自然灾害损失情况，造成后果的；未及时组织受灾人员转移安置，或者在提供基本生活救助、组织恢复重建过程中工作不力，造成后果的；截留、挪用、私分自然灾害救助款物或者捐赠款物的；不及时归还征用的财产，或者不按照规定给予补偿的；有滥用职权、玩忽职守、徇私舞弊等其他行为的，皆由任免机关或者监察机关依照法律法规给予处分。构成犯罪的，要依法追究刑事责任。

33. 宥过无大，刑故无小

☑ 推进应急管理的法治化
☑ 提高安全生产监管执法能力
☑ 增强工作者应急法律素养

【原始出处】

西周《尚书 · 大禹谟》："宥过无大，刑故无小"。

【白话释义】

如果是一时过失，事虽大也可以宽恕；如果是明知故犯，事虽小也要受到惩罚。

【应急解说】

每位公民都要切实强化法律红线意识。尤其是工业园区和危险化学品企业，以及房屋安全、建设施工、消防安全、自然灾害预防等方面的管理人员，更要以如履薄冰的心态，保持警钟长鸣。对于造成重大安全责任事故的，有关部门一定会彻查原因，依法严格追责、严厉问责、严肃查处。对涉及玩忽职守、失职渎职、违法违规的，必定会一究到底，坚决处理，绝不姑息。

34. 奉三尺之律，绳四海之人

☑ 健全应急管理相关法律法规

☑ 普及全民应急法律知识

【原始出处】

唐·吴兢《贞观政要》：“唯奉三尺之律，以绳四海之人。”

【白话释义】

只有奉行严明的法律，才能治理普天下的人。三尺之律：纸张出现前，律法一般是写在长三尺的竹简上，后世将“三尺律”作为法律的别称。

【应急解说】

法律专家认为，现行应急管理的相关法规很多，但缺少一部以应急管理整体性、系统性为视角的主干法、综合法。目前的《安全生产法》《防震减灾法》《消防法》等都是行业领域法，难以担此大任。而《突发事件应对法》还有原则化、抽象化的问题，需要不断修订完善其条款。加快应急管理法律法规的修订工作，尽快建立完善一部着眼当前、立足长远的应急管理综合法，任重而道远。

35. 法以砥焉，化愚为智

☑ 普及全民应急法律知识

☑ 建立有效的法律法规信息公开机制

【原始出处】

唐·刘禹锡《砥石赋》：“石以砥焉，化钝为利；法以砥焉，化愚为智。”

【白话释义】

用磨刀石来磨砺金属，可以使钝刀变得锋利；以法律来治理天下，能将百姓化愚为智。砥（dǐ）：磨刀石。

【应急解说】

法治教育是公民终身教育的重要内容之一。社会各阶层都需要学习应急管理法律法规中与人民群众生产生活密切相关的内容，例如《安全生产法》《消防法》《突发事件应对法》《防震减灾法》《危险化学品安全管理条例》《生产安全事故应急条例》等。应急管理部、司法部、全国普法办每年联合组织开展全国应急管理普法知识竞赛活动，就是为了在全社会营造浓厚的应急法治氛围，提高全体公民的安全意识、风险知识和预防能力，宣传以人为本、生命至上、安全发展等应急管理工作理念。

36. 法立于上，教弘于下

☑ 普及全民应急法律知识

☑ 建立有效的法律法规信息公开机制

【原始出处】

西晋·陈寿《三国志·钟会传》裴松之注："法立于上，教弘于下。"

【白话释义】

法律由上层来制定，然后需要通过教育将其弘扬普及于天下。

【应急解说】

从2003年非典爆发之后，我国加快建立健全应对突发事件的法律法规，例如制定了《突发事件应对法》《传染病防治法》《食品安全法》《突发公共卫生事件应急条例》《政府信息公开条例》等。这些都是以惨痛的教训乃至生命为代价换来的法律和制度结晶。但在应对突发事件时，个别地方及部门还会出现盲目、非科学、经验主义、人情化等应对做法，表明法治思维和法治能力不足。这就需要我们加强应急法律普法教育。

37. 善人劝其德而乐其政，邪人痛其祸而悔其行

☑ 推进应急管理的法治化

☑ 普及全民应急法律知识

【原始出处】

东汉·王符《潜夫论·断讼》："夫立法之大要，必令善人劝其德而乐其政，

邪人痛其祸而悔其行。”

【白话释义】

立法的关键，是让善人继续发扬品德并安居乐业，让坏人痛恨自己闯下的祸患而后悔自己的行为。

【应急解说】

法律的目的不是惩罚人而是引导人。国家严格地执行法律，即使是对犯罪者施以刑罚，目的也是为了使更多的人受益，而不是为了惩罚百姓。国家制定细致系统的法律，是为了告诉人们哪些事可以做，哪些事不能做，震慑和制止犯罪行为，惩罚和改造犯罪分子，这就是所谓的“劝善消罪”。

38. 鉴于往事，资于治道

☑ 推进应急管理的法治化
☑ 增强工作者应急法律素养

【原始出处】

北宋·宋神宗《题资治通鉴》：“鉴于往事，有资于治道。”

【白话释义】

参照以往的历史经验，对治理国家会有所帮助。

【应急解说】

2015年8月12日22时51分46秒，天津市滨海新区天津港的瑞海公司危险品仓库发生火灾爆炸事故，造成165人遇难，798人受伤，304幢建筑物、12428辆商品汽车、7533个集装箱受损。这次事故伤亡重大，教训极其惨痛。后经国务院调查组认定，8·12天津滨海新区爆炸事故是一起特别重大的生产安全责任事故。从这次事故中可以看出，当时危险化学品安全管理法律法规标准不健全；国家缺乏统一的危险化学品安全管理、环境风险防控的专门法律；当时对危险化学品安全管理违法行为处罚偏轻，单位和个人违法成本很低，不足以起到惩戒和震慑作用等。

39. 钓而不纲，弋不射宿

☑ 推进社会生态文明建设
☑ 健全应急管理相关法律法规
☑ 增强工作者应急法律素养

【原始出处】

春秋《论语·述而》：“子钓而不纲，弋不射宿。”

【白话释义】

孔子钓鱼而不用网去捕鱼，孔子射鸟而不射杀归巢休息的鸟。这样做是为了不赶尽杀绝。纲：大网。弋：带线的箭。

【应急解说】

《论语》这句话中有先进的生态理念——在取用自然资源时，要怀有珍惜爱惜之心。古人很早就懂得我们赖以生存的自然资源，并非取之不尽、用之不竭的，例如《礼记》中记载："树木以时伐焉，禽兽以时杀焉。"指出要按时节砍伐树木和捕猎动物，《吕氏春秋》中说："竭泽而渔，岂不获得？而明年无鱼；焚薮而田，岂不获得？而明年无兽。"都指出不要为了一己私欲，让自然资源枯竭，表现出宝贵的传统生态智慧。当代社会所说的"绿水青山就是金山银山"也是这个意思。随着相关环境保护、野生动物保护等法律法规的制定与实施，在生态环境保护问题上，我们不能越雷池一步，否则就会受到法律的惩罚。

40. 草木荣华滋硕之时，则斧斤不入山林

☑ 推进社会生态文明建设
☑ 健全应急管理相关法律法规
☑ 普及全民应急法律知识

【原始出处】

战国·荀况《荀子·王制》："圣王之制也，草木荣华滋硕之时，则斧斤不入山林，不夭其生，不绝其长也；鼋鼍、鱼鳖、鳅鳣孕别之时，罔罟、毒药不入泽，不夭其生，不绝其长也。"

【白话释义】

在上古明君时代，当草木开花生长之时，不进山林砍伐，为的是不断绝它们的生长。大鳖、扬子鳄、鱼鳖、泥鳅、鳝鱼等怀孕产卵之时，不将渔网或毒药投入水中，不捕杀幼鱼、幼鳖，为的也是不断绝它们的生长。

【应急解说】

荀子认为只有取之以时、取之有度，才能使万物繁盛，才能保证资源永不匮乏。在全面建设生态文明的当前阶段，我们要坚决摒弃损害生态环境、破坏生态资源的发展模式。因此，明智的管理者要制定合理的法规，让百姓按时节砍伐、捕捞，切勿寅吃卯粮，急功近利。我们当前的生态环境形势依然严峻，所以我们要积极推动用最严格的制度、最严密的法规来保护生态环境。依法加强生态环境保护，是建设美丽中国的重要保障。

柒 保障互助

RESERVE AND SUPPORT

在古代社会长期的农业文明中，鼓励粮食储备，讲究强本而节用，是历朝历代、各家各派共同遵奉的治国原则。2020年的抗疫阻击战中暴露出部分应急物资储备不足、产能储备不足等问题，促使我们尽快找差距、补短板，大力完善国家各类应急物资的储备体系，以便提高整个国家在大型灾害面前的抗风险能力。中国自古以来就讲究一方有难，八方支援。大灾大难面前，需要广泛动员社会各界的救助力量，同舟共济，共渡难关。近年来，随着全球自然灾害与人为事故的频繁发生，灾害外交开始成为展示国家应对灾害的能力、塑造友善的良好形象、调节改善国与国关系的重要选择之一。中国作为崛起中的大国，应充分建立健全灾害外交反应与沟通机制，发挥灾害外交的积极作用，树立积极维护世界和平与发展的大国形象。

1. 非务积聚，何以备灾

☑ 提高突发公共事件的物资保障能力
☑ 健全突发事件应急物资储备体系

【原始出处】

《逸周书·文传解》："天有四殃，水旱饥荒，其至无时。非务积聚，何以备之？"

唐·白居易《礼部试策五道》："敦俭啬以足衣，务储蓄以足食。是以禹有九年之水，汤有七年之旱，野无青草，人无菜色者，无他欤？盖勤俭储积之所致耳。"

元·高则诚《琵琶记·几言谏父》："又道是养儿代老，积谷防饥。"

【白话释义】

上天有四种灾祸：水灾、旱灾、饥年、荒年。这些自然灾害来的时候是无法预料的，如果平时不做好物资储备，如何才能抵抗得住呢？

如果勤俭的话可以保证有衣服穿，如果储蓄的话可以保证有粮食吃。大禹时代有连续九年的水灾，商汤时代有连续七年的旱灾，当时田野里都没有植物了，但百姓却没有饥饿的神色，这是什么原因呢？就是因为平时注意勤俭节约、储蓄物资的原因啊。

人们常说，养孩子能在自己年老时照顾自己，储存粮食能够应对饥荒的到来。

【应急解说】

我国传统农业时代的社会保障模式，用八个字就可以基本概括，即：养儿防老，积谷备荒。而现代社会的物资储备，则是一项涉及多部门、多环节的综合系统工程，直接反映着国家综合治理能力和管理水平。例如各级粮食物资储备局是实际物资储备单位，而应急管理部门对救灾物资有调拨使用权，其共同的职责都是为受灾的地区与群众服务。平时做好救灾物资的储备工作，是提高救灾应急能力，确保受灾人员基本生活的重要保障。

2. 积贮乃天下之大命

☑ 设置应急生活物资储备库
☑ 提高突发公共事件的物资保障能力

【原始出处】

战国 · 墨翟《墨子 · 七患》：“国无三年之食者，国非其国也；家无三年之食者，子非其子也。”

西汉 · 贾谊《论积贮疏》：“夫积贮者，天下之大命也。”

五代 · 刘昫《旧唐书 · 食货志下》：“古者平准之法，使万室之邑，必有万钟之藏，千室之邑，必有千钟之藏。”

【白话释义】

一个国家没有三年的储备粮，这个国家难以自保。一个家庭没有三年的储备粮，这个家庭连自己的儿子都保存不了。

积蓄储备，是国家生存的命根子。

古代平抑物价的经济政策中，需要保证有万户居民的城镇藏有万钟粮食，保证有千户居民的城镇藏有千钟粮食。钟：古代容量单位。

【应急解说】

国家物资储备是国家实施宏观调控、备战备荒、应对突发事件的重要工具。自古以来，物资储备都是国家安全的重要组成部分。尤其在大灾大害来临时，应急物资的储备对国家安全具有重大意义。合理、有效的国家物资储备，可以帮助国家防范、化解重大风险，是维护人民群众生命财产安全的“压舱石”。既要有中央救灾储备物资，也要有各省的救灾储备物资，尤其是落实好基层应急物资储备，才能确保防灾减灾救灾装备供应充足，保障应急救援力量，最大限度地减轻突发灾害事件造成的损失，保障人民群众的生命与财产安全。

3. 国以人为本，人以食为天

☑ 设置应急生活物资储备库
☑ 提高突发公共事件的物资保障能力

【原始出处】

西汉 · 司马迁《史记 · 郦生陆贾列传》：“王者以民人为天，而民人以食为天。”

【白话释义】

对一个国君来说，人民是他的根本；对一个人来说，食物是他的根本。

【应急解说】

2020 年 5 月 23 日，习近平总书记在看望全国政协十三届三次会议经济界委员时强调指出："手中有粮、心中不慌在任何时候都是真理。"粮食安全自古就是关系国计民生全局性、战略性的大问题。在 2020 年的新冠肺炎疫情防控期间，党中央多次就粮食的生产、储备、流通、保供、稳价等作出重要指示。在防疫期间，粮食供应稳定，没有出现大的波动，这得益于上至国家，下到地方较为完善的战略物资储备体系。

4. 农者天下之本，食者民生之命

☑ 设置应急生活物资储备库

☑ 提升应急物资生产动员能力

【原始出处】

明 · 俞汝为《荒政要览》："农者天下之本，食者民生之命，则不可无三农以生九谷。"

【白话释义】

国家的根本在于农业，人的命脉在于饮食。所以这个社会不能没有平地、山区、水泽地区的三种农夫来播种九种谷物。

【应急解说】

粮食安全始终是国之大计、强国之基。对于我们这样人口众多的大国来说，"中国饭碗"更是千钧之重，尤其在灾害来临时的大战大考中，粮食安全的重要性愈加显著。虽然我国粮食安全保障水平远高于 17% ～ 18% 的国际警戒线，但仍需要时刻居安思危、备预不虞。强化粮食监测预警和储备的执法监管，平时筑牢基础、急时应对有方，才能走好中国特色的粮食安全之路。

5. 仓无备粟，不可以待凶年

☑ 设置应急生活物资储备库

☑ 提升应急物资生产动员能力

【原始出处】

战国 · 墨翟《墨子 · 七患》："故仓无备粟，不可以待凶饥。"

东汉·班固《汉书·食货志》：“种谷必杂五种，以备灾害。”

【白话释义】

粮仓里没有储备粮，如何应对灾害与饥荒？

有必要将稻、黍、稷、麦、菽搭配着种植，这样无论气候如何，都能有所收获，以便防备饥荒。

【应急解说】

新冠肺炎疫情发生以来，各类储备物资纷纷走进老百姓的日常生活，在关键时刻发挥了重要作用。社会生活日新月异，灾害类型多种多样，在新形势下，储备物资早已不仅仅是粮食，还有储备肉、储备菜、储备口罩、储备消毒液等，以及帐篷、活动板房、衣服、棉被、救生衣、应急包、睡袋、折叠床和移动厕所等应急物资。习近平总书记指出，要健全国家储备体系，科学调整储备的品类、规模、结构，提升储备效能。只有这样，才能有效应对各类自然灾害和生产安全事故，满足应急救援的需求。

6. 不备谓之怠

☑ 提高突发公共事件的物资保障能力

☑ 健全突发事件应急物资储备体系

【原始出处】

春秋·左丘明《国语·周语下》：“可先而不备，谓之怠。”

西汉·晁错《论贵粟疏》：“故尧、禹有九年之水，汤有七年之旱，而国无捐瘠者，以畜积多而备先具也。”

【白话释义】

可以提前做好准备但却没有做准备的，这就是懒惰啊。

所以尧、禹时发了九年的洪水，商汤时有持续七年的旱灾，但国家却没有受到损害的原因是提前准备了大量的储备粮。

【应急解说】

从一些灾害事故中可见，目前我们仍然存在应急救援技术力量薄弱、抢险救灾物资储备种类单一、数量不足的难题。例如新冠肺炎疫情的爆发，触发了医用口罩、防护服、医疗器械与药品药材等物资应急保供的警讯，暴露出一些物资储备的短板和弱项。在现有的储备物资中，哪些是必须的？哪些是缺少的？哪些是多余的？如何给物资储备工作打好“补丁”？各级储备单位都需要与时俱进，制定物资储备目录清单，平时加强储备的监测与预警，及时发现和解决突出问题，打好主动仗，下好先手棋。

7. 养备而动时，则天不能病

☑ 提升应急物资生产动员能力
☑ 提高应急物资调运保障能力
☑ 健全应急物资采购供应体系

【原始出处】

战国·荀况《荀子·天论》：“养备而动时，则天不能病。”

【白话释义】

给养充备，动作适时，即使是天灾也不会使人困顿。

【应急解说】

应急物资储备在应对各种自然灾害和突发事件方面，能起到保供给、稳民心的积极作用。当前阶段，随着科技的进步、时代的发展，还需要推动储备管理体系现代化升级，实施精细化、标准化管理。例如需要加强智能机器人、无人驾驶器材、航空器材等先进适用装备的配备力度，以便在极端自然灾害、高层建筑火灾、危化品泄漏等特殊灾害场合中，发挥专业救援队伍的力量。需要设立特大自然灾害生活救助资金，加强应急避难场所建设，建立储备大数据平台，实现各部门、各地方的信息互联互通。还需要综合考虑出库、运输、配送等环节，实现统一指挥、快速响应、高效协同，从而确保储备物资在关键时刻拿得出、运得快、用得上。

8. 有水旱不可忧，无水旱之备可为惧

☑ 设置应急生活物资储备库
☑ 健全突发事件应急物资储备体系
☑ 提高突发公共事件的物资保障能力

【原始出处】

南宋·董煟《救荒活民书》：“盖天下非有水旱之可忧，而无水旱之备者为可惧。”

【白话释义】

有水灾、旱灾这样的自然灾害其实并不可怕，最可怕的是没有应对水旱之灾的储备啊。

【应急解说】

我国幅员辽阔，水旱之灾频发，往往南方地区容易遭遇强降雨，而北方则干旱肆虐。水旱之灾不可避免，事先的应对物资必须准备周全。确保国家储备物资质高量准、储存安全，在关键时刻调得出、用得好。越是在自然灾害多发频发的地方，越需要建设各级救灾物资储备库，切实做好广大城镇与农村的受灾物资保障，如此才能保障灾后救援工作的快速开展。

9. 不务蓄积，不备凶饥，人事之失也

☑ 健全突发事件应急物资储备体系
☑ 提高突发公共事件的物资保障能力
☑ 设置应急生活物资储备库

【原始出处】

明·徐光启《除蝗疏》：“国家不务蓄积，不备凶饥，人事之失也。”

【白话释义】

一个国家如果不搞好粮食储备和物资积累来应对灾害，这是治理工作的重大失误啊。

【应急解说】

现阶段我们的物资储备工作主要包括：健全储备体系，解决储备品类、规模、结构的缺陷，提升储备效能，完善统一调配、协同调配的机制。例如在统一调配问题上，医药、工业设备等储备物资一般分散在医药、工信等部门，面对突发重大事件仍需有快速统筹协调的机制。再者，我们还要促进物资储备立法，培养物资储备专业人才，健全救灾储备管理制度等。

10. 年登则常积，岁凶则直给

☑ 设置应急生活物资储备库
☑ 提高应急物资调运保障能力

【原始出处】

唐·李大师、李延寿《北史·李彪传》：“年登则常积，岁凶则直给。”

北宋·司马光《资治通鉴·齐纪二》：“年登则常积，岁凶则直给。数年之中，谷积而人足，虽灾不为害矣。”

【白话释义】

丰收之年就做好粮食储备，灾害之年就公正合理地救济百姓。

丰收之年就做好粮食储备，灾害之年就公正合理地救济百姓。如此一来，几年之后就可以粮食充足，人丁兴旺，即使发生灾害也不会造成太大的损失。

【应急解说】

物资储备是国家提高应对突发事件能力的坚实保障，也是推进国家治理体系和治理能力现代化的重要基石之一。古人的储备思想十分朴素，就是在丰收之年做好储备，在凶灾之年用储备物资来救济百姓。社会发展日新月异，但物资储备的核心却依然如是。在新时代，我们需要把物资储备工作做得更科学化、体系化、精细化。增强物资储备领域统筹与协调能力、信息分析能力和应急处理能力。

11. 人生无几，必先积蓄

☑ 设置应急生活物资储备库
☑ 提高突发公共事件的物资保障能力

【原始出处】

东汉 · 袁康、吴平《越绝书》："人之生无几，必先忧积蓄，以备妖祥。"

南宋 · 董煟《救荒活民书》：蓄积藏于民为上，藏于官次之，积而不发者又其最次。

【白话释义】

人的寿命没有多长，一定要事先准备好积蓄，来防备意想不到的灾祸发生。

老百姓手中有积蓄是最好的，财富都藏在官方是次一等的，如果在灾害来临时，将积蓄藏起来不去救助灾民，这是最差的。

【应急解说】

国家需要储蓄备患，对于个体的小家庭来说，也需要做好金钱与物资的储备。平时做做"月光族"可以，但灾害袭来时，如果手中没有储蓄，就会感觉到巨大的生存压力。2020 年新冠肺炎疫情发生以来，一些居家隔离者不能工作，很快就体味到手头没有钱的苦恼，这就需要我们个人在日常生活中要有储蓄备患的意识。一个国家的物资储备工作也需要有"藏储于民"的政策，多多鼓励企业参与，全民参与，形成政府储备为主、民间储备互补的"大储备"网络。这样一来，既减轻了国家财政负担，又提高了社会抗灾应变能力。

12．克勤于邦，克俭于家

☑ 健全救灾储备管理制度
☑ 健全突发事件应急物资储备体系

【原始出处】

西周《尚书·大禹谟》："克勤于邦，克俭于家。"

春秋·管仲《管子·五辅》："纤啬省用，以备饥馑。"

【白话释义】

能够辛勤地为国家效力，能够节俭持家。

勤俭生活，节约用度，来防备饥荒。

【应急解说】

成语"克勤克俭"就源自《尚书》中的这句话。勤劳和节俭是中华民族的传统美德。在灾害侵袭的时刻，更需要发扬勤劳与节俭的品质，无论是物资管理者，还是物资使用者，都要爱护救灾应急物资。需要健全救灾储备管理制度，例如完善物资台账、会计制度、入库出库凭证手续等，加强各储备仓库的物资管理、仓库管理、设备设施管理等事宜。对于贪污或挪用、损毁或丢失救灾储备物资者，要依据规定给予处分。

13．务在四时，守在仓廪

☑ 提升应急物资生产动员能力
☑ 健全突发事件应急物资储备体系

【原始出处】

春秋·管仲《管子·牧民》："凡有地牧民者，务在四时，守在仓廪。"

【白话释义】

凡是有国土统治人民的君主，必须注意四时的农事，保证粮食的储备。

【应急解说】

从全球粮食形势来看，世界上仍有8亿余人处于饥饿状态，近40个国家需要粮食援助。中国作为发展中的人口大国，粮食安全是永恒课题。"务在四时"包括提高粮食生产科技水平，稳定粮食生产。"守在仓廪"现阶段的任务包括落实粮食仓储设施项目配套资金、建设城市应急救灾物资生产储备基地、完善现代粮食仓储物流网络等；同时还包括在灾害来临时，通过各种宣传手段，引导消费者科学合理地采购消费，及时妥善处置不实信息和负面舆论，稳定粮食的市场价格，以便应对突发事件，提升国家的粮食安全。

14. 通融有无，真救灾良法

☑ 健全应急物资采购供应体系
☑ 提高应急物资调运保障能力
☑ 探索民间灾害互助机制

【原始出处】

南宋·董煟《救荒活民书》："通融有无，真救荒活法。"

南宋·董煟《救荒活民书》："有无相济，真救荒之良法。今州县各私其民，官司各私其职，莫肯通融，异县贮储，不恤邻邑，哀哉！"

【白话释义】

州县之间进行物资的流通和救济，这是救灾的好办法。

州县之间相互帮助救济，是救灾的良策。现在很多州县只考虑自己百姓的利益，官员们各自为政，不肯互通有无，只在自己的管辖范围内储备粮食，却不帮助邻近的县邑，真是令人感到悲哀的事情啊。

【应急解说】

当剧烈灾害突然来临时，受灾民众可能会迅速陷入生活的困境之中。如果政府和社会不紧急实施救助行为，受灾者很有可能倾家荡产、流离失所甚至遭遇人身伤亡。所以必须将各种救灾物资迅速运往灾区，首先解决灾民的生存危机。例如 2020 年新冠肺炎疫情的突然爆发，对我国物资调运水平是一场集中的检验。当时各个省市的抗菌口罩、消毒手套、防护服，还有米面粮油、蔬菜水果等，从四面八方被火速送往湖北武汉，以支援当地抗击疫情。我国地大物博，各兄弟省市之间在灾情面前互通有无，有利于救灾活动的顺利展开。

15. 救灾恤邻，道也

☑ 提高突发公共事件的物资保障能力
☑ 提高应急物资调运保障能力
☑ 寻求国际救灾合作与支援

【原始出处】

春秋·左丘明《左传·僖公十三年》："天灾流行，国家代有。救灾恤邻，道也。行道，有福。"

春秋·左丘明《国语·晋语三》:“天殃流行，国家代有。补乏荐饥，道也，不可以废道于天下。”

春秋·左丘明《左传·僖公元年》:“凡侯伯救患分灾讨罪，礼也。”

【白话释义】

每个国家都有可能遭受自然灾害，所以帮忙救灾，解除邻国的祸患，是道义啊！按道义行事的人，会有福禄的。

天灾流行，各国都会轮流出现。在连续的饥荒之年帮助别国的灾民，这是正道，不可在天下废弃正道。

对于诸侯来说，解除别人的祸患，分担邻国的困苦，讨伐有罪的行为，都是合乎礼的。

【应急解说】

春秋时期，晋国发生饥荒之后，向秦国请求购买粮食。秦国大夫丕豹对秦穆公说:“晋君曾对您无礼，大家没有不知道的。这几年晋君有祸难，现在晋国又连续闹饥荒，已经失去人心和天意。您应该讨伐他，不要卖给他粮食！”秦穆公却说:“我的确憎恶晋君，但晋国的百姓又有什么罪呢？天灾爆发，各国都会轮流出现。救济饥荒，这是正道啊，不可在天下废弃正道。”秦穆公的话代表了中国源远流长的救灾文化。“救灾恤邻”早已经成为中华民族的文化基因，植根在中国人的内心，潜移默化地影响着中国人的思想和行为方式。当今时代，构建人类命运共同体，是中国提出的解决世界和平与发展问题的重要方案。灾难面前没有国界，国家之间互帮互助，让灾民顺利渡过难关，正是应该坚守的人间正道。

16. 同恤灾危，备救凶患

☑ 开展国际人道主义赈灾行动

☑ 寻求国际救灾合作与支援

【原始出处】

春秋·左丘明《左传·成公十二年》:“凡晋楚无相加戎，好恶同之，同恤灾危，备救凶患。”

【白话释义】

从此以后，晋国和楚国之间不会再发生战争，好恶相同，一起救济灾害，一起面对危机。

【应急解说】

这是春秋时代晋楚两国签订的同盟条约中的话，指出了当灾难降临时，国家之间需要相互帮助，共同救济。当今世界，国与国之间的联系日益紧密，全球人民患难一体，休戚与共。维护共有的地球家园，已成为各国政府共同关心的问题。2020 年全球新冠肺炎疫情爆发以来，世界各国纷纷同恤灾危，备救凶患，体现了国际灾难救助原则。在自然灾害面前，积极展开国际援助有其必要性和道德性，也有其现实价值。国际上任何事务都是分国界、种族以及意识形态的，唯有灾害面前的人道主义救援是没有这些分别的。参与国际灾害援助事务，能很好地展示国家形象。

17. 亲仁善邻，国之宝也

☑ 开展国际人道主义赈灾行动
☑ 寻求国际救灾合作与支援

【原始出处】

春秋 · 左丘明《左传 · 隐公六年》：“亲仁善邻，国之宝也。”

民间谚语：“亲望亲好，邻望邻好。”

【白话释义】

与仁者亲近，与邻邦友好，是我们的珍宝。

亲戚们都希望彼此都过得好，邻居们都希望彼此发展好。

【应急解说】

春秋时期，郑庄公主动请求与陈国讲和，但陈桓公不准许。大臣五父对陈桓公说：“与仁者亲近，与邻邦友善，就是国家的珍宝啊！”力劝陈桓公答应和郑国的讲和。两千多年来，“亲仁善邻”一直是中华民族珍贵的国家睦邻原则。中国一直努力发展自身，并且惠及周边国家。坚持与邻为善、以邻为伴，巩固睦邻友好关系。近年来，自然灾害在全球频发，越来越成为世界各国共同面临的重大挑战。在灾害侵袭人类之际，面对共同的敌人，更需要团结邻国、合作互助，顺利战胜人类共同的敌人——灾害。

18. 投我以木桃，报之以琼瑶

☑ 开展国际人道主义赈灾行动
☑ 寻求国际救灾合作与支援
☑ 探索民间灾害互助机制

【原始出处】

春秋《诗经·卫风·木瓜》："投我以木桃，报之以琼瑶。匪报也，永以为好也。"

【白话释义】

你将木桃投赠给我，我拿琼瑶作为回报。不是为了答谢你，而是为了珍重情意永远相好。

【应急解说】

当2020年年初新冠肺炎疫情开始在中国肆虐时，日本、韩国、俄罗斯、德国、法国、越南、巴基斯坦等国家纷纷以种种形式支援和帮助中国，感动了无数国人。而当疫情在全球加速蔓延时，中国又对很多医疗物资短缺的国家积极施以援手，这就是"投桃报李"的精神。疫情无国界，在地球村里，我们命运与共。当今时代，在重大灾害面前寻求国家之间的救灾合作，已经逐渐成为国际共识。"投桃报李"既是中华民族的传统美德，也是当代救灾外交中塑造国家形象、展现国家实力的重要表现。

19. 出入相友，守望相助

☑ 探索民间灾害互助机制
☑ 广泛发动社会救灾力量
☑ 推动社会组织参与灾害救助活动
☑ 构建多方参与的社会化防灾减灾救灾格局

【原始出处】

战国·孟轲《孟子·滕文公上》：
"出入相友，守望相助，疾病相扶持，则百姓亲睦。"

【白话释义】

进出的时候相互友爱，防盗防灾的时候相互帮助，得了病相互扶持，如此，百姓间就会亲密和睦。

【应急解说】

这是两千多年前，孟子所描述的西周井田制时代村镇邻里相亲相爱、相助和睦的景象。所谓"守望相助"就是指遇到外来的侵害或灾祸时，民众之间协同看守瞭望，彼此提供帮助。在我国的救灾制度中，除了党政组织的救灾力量，同时需要广泛发动社会救灾力量，尤其是调动基层民众的力量。广大民众要在日常生活中“出入相友，守望相助”，共同投入到防灾减灾救灾的大业中来。

20. 疾病相忧，患难相救

☑ 探索民间灾害互助机制
☑ 广泛发动社会救灾力量
☑ 构建多方参与的社会化防灾减灾救灾格局

【原始出处】

西汉·韩婴《韩诗外传》：“疾病相忧，患难相救，有无相贷，饮食相召，嫁娶相谋，渔猎分得，仁恩施行，是以其民和亲而相好。”

【白话释义】

得了病大家一起忧虑，出现了困难相互救助。缺乏物品可以相互借贷，有了食物相互召唤，男女婚嫁一起谋划，取得猎物共同分享，施行仁爱和恩惠的政策，这样民众之间就亲和友好。

【应急解说】

和孟子的“出入相友，守望相助”一样，《韩诗外传》中的这段话，也是对战国之前那种理想社会形态的描述。我国幅员辽阔，人口众多，灾害现状是“点多面广”。面对这样的现状，习近平总书记多次就提升基层应急能力，筑牢防灾减灾救灾的人民防线作出重要指示批示。应急管理部门和受灾地区政府都应当积极鼓励并组织受灾群众自救互救，坚持社会共治，坚持群众观点和群众路线，以便把灾害损失降到最低点。

21. 同病相怜，同忧相救

☑ 探索民间灾害互助机制
☑ 广泛发动社会救灾力量
☑ 筑牢防灾减灾救灾的人民防线

【原始出处】

东汉·赵晔《吴越春秋·阖闾内传》：“同病相怜，同忧相救。”

【白话释义】

得了一样的病，就会相互同情，有了共同的忧虑就会相互救助。

【应急解说】

人类在各种重大自然灾害和生产事故面前，依然是弱小而脆弱的，这就需要千千万万的“你、我、他”一同努力应对、共克灾祸。要想筑牢防灾减灾救灾的人民防线，需要推动安全宣传进基层，普及防灾减灾知识，增强广大群众防灾减灾的意识，提升市民特别是中小学生的灾害应急能力；还需要建立社会力量协同联动机制，支持引导社区居民自发开展风险隐患排查和治理，以便积极推进安全风险网格化管理，从而保一方平安。

22. 人饥己饥，人溺己溺

☑ 探索民间灾害互助机制
☑ 广泛发动社会救灾力量
☑ 筑牢防灾减灾救灾的人民防线

【原始出处】

战国 · 孟轲《孟子 · 离娄下》：“禹思天下有溺者，由己溺之也；稷思天下有饥者，由己饥之也，是以如是其急也。”

【白话释义】

大禹一想到有人在洪水中溺亡，就好像自己被淹没了一样悲伤。后稷一想到有人在挨饿，就好像自己在挨饿一样。这都是因为他们急切地关怀百姓的疾苦啊！

【应急解说】

把别人挨饿看作自己挨饿，把别人被淹没看作自己被淹没。这句话是比喻设身处地，急他人所急，想他人所想。与灾害同步的，既是一场官方救援的生死竞速，同时也是同胞民众之间的守望互助、相救相忧。培养广大恪尽职守、忘我付出的基层应急力量，是推进各项防灾减灾救灾工作的保证，是不断巩固提升当代应急管理体系和应急能力的坚固基石。

23. 人不独亲其亲，不独子其子

☑ 广泛发动社会救灾力量
☑ 提高社会防灾减灾救灾动员能力
☑ 构建多方参与的社会化防灾减灾救灾格局

【原始出处】

战国《礼记 · 礼运》：“人不独亲其亲，不独子其子。使老有所终，壮有所用，幼有所长，矜寡孤独废疾者皆有所养。”

【白话释义】

人们不仅疼惜自己的亲人、抚育自己的子女，还要使老年人都能安享晚年，使壮年人都能为社会效力，使孩子们都能健康成长，使老而无妻的人、老而无夫的人、幼而无父的人、老而无子的人还有残疾人都能得到供养。

【应急解说】

面对严峻的疫情危机，广大医护工作者争先恐后地报名参加支援医疗队，体现了医护工作者优秀的职业素养和宝贵的道德情操；在火灾肆虐的时刻，火焰蓝消防员们逆向而行。殊不知，消防员是当今和平年代牺牲最多的职业；在洪水肆虐的堤坝上，应急救援队伍全力以赴营救遇险被困群众，他们面对的潜在危险远超人们的想象。在各自的小家庭中，这些医护工作者、消防员、防汛队员，同样有妈妈、爸爸，有妻子、丈夫，有儿女，但是他们却选择的是在国家和人民需要的时刻挺身而出、战斗在一线，舍小家顾大局，把受灾百姓看作自己的亲人，"哪有什么岁月静好，只不过有人替你负重前行。"这些灾害中的逆行者、负重者，理应得到全社会崇高的敬意。

24. 匡其急，振其穷

☑ 探索民间灾害互助机制
☑ 推动社会组织参与灾害救助活动
☑ 展示社会主义救灾制度的优越性

【原始出处】

春秋·管仲《管子·五辅》："养长老，慈幼孤，恤鳏寡，问疾病，吊祸丧，此谓匡其急。衣冻寒，食饥渴，匡贫窭，振罢露，资乏绝，此谓振其穷。"

【白话释义】

赡养老人，慈爱幼孤，救济老而无妻的人、老而无夫的人，关心患病者，吊慰发生祸患和去世者，这叫作救人于危急。给寒冷的人以衣服，给饥渴的人以饮食，救助贫陋者，赈济破败者，资助匮乏者，这叫作救人于穷困。

【应急解说】

灾害救济工作可分为紧急情况下的困难救助和帮助摆脱贫穷状态两个方面，前者就是"匡其急"，例如灾中开展救灾安置、物资援助工作，讲究的是时效性。后者就是"振其穷"了，例如灾后还需要进行重建恢复工作，为受灾群众提供危房改造，对受灾严重的工业及商贸企业给予专项救灾贷款或一次性补助等，使灾区弱势群体能够获得有保障、有尊严的生活。执政为民、民生优先，是社会主义制度下救灾工作矢志不渝的追求。

25. 施人勿念，受施勿忘

☑ 探索民间灾害互助机制
☑ 开展国际人道主义赈灾行动
☑ 推动社会组织参与灾害救助活动

【原始出处】

东汉·崔瑗《座右铭》："施人慎勿念，受施慎勿忘。"

【白话释义】

你给予别人的帮助，一定不要放在心上，不要寄希望于得到回报；别人给予你的帮助，一定要不能忘记，你需要尽量找机会回报。

【应急解说】

一方有难，八方支援，这是中华民族的传统美德。而对于别人的帮助，我们要心存感念，积极找机会回报。2020 年新冠肺炎疫情爆发后，不少国家积极支援中国。中国外交部发言人华春莹说："我们对其他国家人民给予中国的同情、理解和支持表示衷心感谢，铭记在心。"但对受难者施以援手，并不是为了将来得到其回报。英国的谚语"赠人玫瑰，手有余香"也是这个意思。面对新冠病毒在全世界的蔓延，中国在全力抗击本国疫情的同时，也在持续不断地向其他国家和地区提供必要的援助。如果任由疫情在全球扩散，对全球经济势必产生重大的负面影响，在经济全球化的今天，中国经济已和全球经济高度关联，难以独善其身。

26. 弘济时艰

☑ 探索民间灾害互助机制
☑ 推动社会组织参与灾害救助活动

【原始出处】

西周《尚书·顾命》："弘济于艰难。"

【白话释义】

对困难进行大力援救和资助。弘：大。济：接济。

【应急解说】

众所周知，政府在灾害救助中扮演着主要角色，但随着社会的发展，各种社会组织也日益活跃起来。经过 2008 年汶川地震救灾募款的实践检验，社会组织的救灾作用开始被正视。此后，更多的社会组织与志愿者凭借自身所具有的灵活、专业、民间性等优势，广泛介入到灾害救助、平稳过渡、重建家园的工作当中，填补了政府在灾害救助领域留下的诸多空白。2017 年，《中共中央、国务院关于推进防灾减灾救灾体制机制改革的意见》发布，明确提出要完善社会力量和市场参与机制，鼓励支持社会力量全方位参与，构建多方参与的社会化防灾减灾救灾格局，以便弘济于艰难。

27. 既见君子，云胡不喜

☑ 发扬党员干部模范带头作用
☑ 开展国际人道主义赈灾行动
☑ 探索民间灾害互助机制

【原始出处】

春秋《诗经·郑风·风雨》:“风雨如晦，鸡鸣不已。既见君子，云胡不喜。”

【白话释义】

天地之间风雨交加，窗外鸡鸣声声不息。在这风雨之时见到你，心里怎能不欢喜？

【应急解说】

当 2020 年初疫情防控的战争打响时，无数共产党员率先垂范，勇敢冲在前，在除夕之夜、新春佳节从全国各地逆行进入武汉，挺进抗疫一线。鲜红的党旗在防控疫情斗争第一线高高飘扬。他们将人民利益置于一切之上，带头守护人民的幸福安康。在当时那个艰难的时期，广大人民群众见到了党旗、党徽和党员，心中就有了保障，有了温暖，有了力量，能不欢喜？

28. 山川异域，风月同天

☑ 开展国际人道主义赈灾行动
☑ 寻求国际救灾合作与支援

【原始出处】

日本 · 长屋王《绣袈裟衣缘》：“山川异域，风月同天。”

【白话释义】

虽然我们生活在不同的山川河流地域，但我们却共享同样的清风和明月。

【应急解说】

在 2020 年新冠肺炎疫情阻击战中，日本是最快对中国伸出援助之手的国家之一。日本汉语水平考试HSK事务局在驰援中国的物资上写了“山川异域，风月同天”八个字，让广大国人既有感激之情，又深深震撼于汉语文字之美。这实际上追忆的是一千多年前中日友好交流的一段佳话。公元8世纪，日本长屋王曾在赠送大唐的千件袈裟上，绣了十六字偈语：“山川异域，风月同天。寄诸佛子，共结来缘。”这句偈语的意思是：中日虽然分属不同的地域，却同在一片天空之下，希望这些袈裟寄给崇佛之人，以结下未来相会之缘。”后来，鉴真和尚听闻此偈，深受触动，历经千辛万苦东渡日本弘扬佛法。此外，日本富山县捐助辽宁的物资上写着：“辽河雪融，富山花开；同气连枝，共盼春来。”同样的言辞温润而充满力量。中国和日本同在汉字文化圈，寥寥几个汉字就古风悠悠，气象万千，足以传递深厚的救助情感。

29. 青山一道，同担风雨

☑ 开展国际人道主义赈灾行动
☑ 寻求国际救灾合作与支援
☑ 探索民间灾害互助机制

【原始出处】

唐·王昌龄《送柴侍御》：“沅水通波接武冈，送君不觉有离伤。青山一道同云雨，明月何曾是两乡。

【白话释义】

沅江的波浪连通着武冈，送你离开的时候，并不觉得有离别的伤感。因为两地的青山共沐同一片风雨，你我又共享同一轮明月，所以我们又何曾身处两地呢？

【应急解说】

在2020年年初中国抗击新冠疫情的艰难时刻，日本舞鹤市政府驰援大连的医疗物资上写着：“青山一道同云雨，明月何曾是两乡。”这是来自唐代著名诗人王昌龄的句子。这首诗是王昌龄被贬今属湖南的黔阳期间所写，当时友人柴侍御将要从黔阳前往武冈，临行前王昌龄写下这首诗为他送行。两地青山同承云雨，我们二人又同沐月光。虽然人分两地，但你我情同一心。中国人民会永远铭记日本人民伸出的援助之手。后来，中国马云公益基金会和阿里巴巴公益基金会又向日本捐赠百万只口罩，其包装盒外印着：“青山一道，同担风雨。”这句话正是对“青山一道同云雨”的改造，和日本长屋王所写的“山川异域，风月同天”形成绝妙的呼应。一种地虽远但心相通的情谊扑面而来。两国用诗词谱写了互助互惠，共同战胜疫情的巨大决心。

30. 岂曰无衣，与子同裳

☑ 开展国际人道主义赈灾行动
☑ 寻求国际救灾合作与支援
☑ 探索民间灾害互助机制

【原始出处】

春秋《诗经·秦风·无衣》：“岂曰无衣？与子同裳。王于兴师，修我甲兵。与子偕行！”

【白话释义】

谁说你没有衣服？我与你同穿战袍。君王发兵去交战，我便修整甲胄与兵器，与你共同前进去杀敌。

【应急解说】

春秋时代，吴国军队攻陷了楚国国都，楚臣到秦国求援，哭声日夜不绝。秦哀公为之赋《无衣》，表达了秦国愿意派遣援军解救楚国的意思。2020 年初中国人民全力抗疫期间，日本医药 NPO 法人仁心会、日本湖北总商会等四家机构联合捐赠给湖北的物资上面写着：“岂曰无衣，与子同裳！”谁说你没有口罩？没有防护服？我将我的口罩、防护服送来了！《诗经·秦风·无衣》中这句激昂慷慨、同仇敌忾的战歌，十分贴合当时医疗物资紧缺的现状。这句古老的中国诗歌，激起了中日两国在文化上的强烈共鸣，而且给我们的语文教育上了一课。诗词不是仅仅存在于课本上和考试中，也不是仅仅存在于诗词大会的节目中，而应该活跃在我们的日常生活中。

31. 海内存知己，天涯若比邻

☑ 开展国际人道主义赈灾行动
☑ 寻求国际救灾合作与支援

【原始出处】

唐·王勃《送杜少府之任蜀州》：“海内存知己，天涯若比邻。”

【白话释义】

只要四海之内有知心朋友，即使远在天边也好像近在眼前。

【应急解说】

2020年，在全球艰苦卓绝战疫情的过程中，一场环球诗词大会也在蓬勃开展。中国驻韩国大使馆为大邱市赠送爱心口罩的货车上悬挂着“道不远人，人无异国”的醒目字样。意思是只要道义相通，就不会因为国家不同而产生距离。这是在韩国家喻户晓的名句，出自新罗旅唐学者崔致远《双磎寺真鉴禅师碑铭》的开篇。中国企业向意大利捐赠口罩，箱子上贴着古罗马哲学家塞涅尔的名言：“身若伏波，与子同海。若为落木，与子同枝。若为兰草，与子同室。”中国医疗物资驰援法国，箱子上贴着法国作家雨果的名言：“团结定能胜利。”中国支援伊朗物资包装盒上写着：“亚当子孙皆兄弟，兄弟犹如手足亲。”这是出自古代波斯著名诗人萨迪《蔷薇园》中的名句。原诗说：“亚当子孙皆兄弟，兄弟犹如手足亲。造物之初本一体，一肢罹病染全身。为人不恤他人苦，不配世上妄为人。”萨迪的诗句可谓是对本次席卷全球的疫情灾难的贴切概括。世界各国在灾害面前休戚与共，在抗击新冠疫情的战斗中，理应守望相助。

32. 相知无远近，万里尚为邻

☑ 开展国际人道主义赈灾行动
☑ 寻求国际救灾合作与支援
☑ 展示新时代中国的大国担当与大国形象

【原始出处】

唐·张九龄《送韦城李少府》：“别酒青门路，归轩白马津。相知无远近，万里尚为邻。”

【白话释义】

告别的酒宴之后我踏上了回乡之路，我回家的马车已经走向白马津。但知己挚友是不分远近的，即使相隔万里，也如同邻居一般。

【应急解说】

自2020年初新冠疫情爆发以来，已经有160多个国家和地区的领导人和30多个国际组织负责人，以各种形式对中国表示慰问和支持，帮助中国抗疫。例如倾举国之力调集物资的巴基斯坦，包机撤侨时满载物资的英国、德国等，向中国运送12吨疫情防控急需物资的欧盟等。同样，在其他国家也出现抗疫困难时，中国即便在自身依然艰难的情况下还挺身而出，为他国提供必要的援助和支持。同住一个地球村，即使远隔千里，也如同邻居一样相亲相爱。协助他国控制疫情、加强医疗的国际合作，既有助于中国的防控工作，也能体现新时代中国的大国担当。

33. 二人同心，其利断金

☑ 探索民间灾害互助机制
☑ 开展国际人道主义赈灾行动
☑ 展示新时代中国的大国担当与大国形象

【原始出处】

《周易·系辞上》："二人同心，其利断金。同心之言，其臭如兰。"

【白话释义】

同心协力的人，其力量足以把坚硬的金属弄断。同心同德的人发表一致的意见，就像芬芳的兰花香味一样，说服力强。臭（xiù）：通"嗅"，气味。

【应急解说】

随着全球自然灾害与人为事故的频繁发生，灾害外交成为一种新兴的外交手段。自2004年印度洋海啸以来，灾害外交越来越得到国际社会的关注，它开始成为当前阶段展示国家应对灾害的能力、塑造友善的良好形象、调节改善国与国关系的重要选择之一。中国作为崛起中的大国和联合国安理会常任理事国，应该充分履行国际责任，建立健全灾害外交反应与沟通机制，从而发挥灾害外交的积极作用。近年来，在印度洋海啸、美国飓风、尼泊尔地震以及亚洲禽流感等灾难事件中，中国对受灾国提供了大量的有效援助，同国际社会展开了密切的灾害救助合作，在一定程度上改善了与受援国之间的关系，同时更树立了中国积极维护世界和平与发展的大国形象。

34. 同气连枝，亲如兄弟

☑ 探索民间灾害互助机制
☑ 广泛发动社会救灾力量
☑ 展示社会主义救灾制度的优越性

【原始出处】

南朝·周兴嗣《千字文》："孔怀兄弟，同气连枝。"

【白话释义】

兄弟之间需要非常关爱，因为兄弟原是气质相同的，就像两棵树的枝条连生一样。孔：非常。怀：关爱。

【应急解说】

对口支援，是指在中央统筹协调下，进行地方横向资源转移和各地区互助协作援助的救助方式。全国一盘棋，各省市之间同气连枝，亲如兄弟。我国优越的政治制度有利于我们集中力量办大事。在疫情最严峻的时候，中央以“一省包一市”的方法，将19个省份对口支援湖北除武汉外的16个市州及县级市。全国各地与湖北人民肩并肩，手拉手，解燃眉之急，点希望之灯。各省市倾尽全力，最好的专家、最紧缺的物资、最新鲜的瓜果蔬菜都来驰援湖北。事实证明，对口支援是我们抗击灾害、对症下药的“老法宝”。在汶川地震、援疆、援藏等事情上，地方政府“结对子”一对一帮扶的政策，一直以来都发挥着巨大的作用，成为中国特色社会主义制度优越性的具体表现之一。

35. 千里同好，坚于金石

☑ 开展国际人道主义赈灾行动

☑ 寻求国际救灾合作与支援

☑ 展示新时代中国的大国担当与大国形象

【原始出处】

三国·谯周《谯子•齐交》：“千里同好，固于胶漆，坚于金石。”

【白话释义】

即使远隔千里，也可同心交好，友谊牢固得如胶似漆，情谊坚定得堪比金石。

【应急解说】

2008年，四川汶川地震发生后，巴基斯坦把所有的军队战备帐篷一万多顶，用国家仅有的三架运输机同时起飞运往中国，来支援四川救灾。2010年，巴基斯坦发生大水灾，中国给予巴基斯坦的物资源源不断，除物资外，中国还提供了包括搜救、医疗在内的全方位的紧急援助。越是在危难时刻，两国越用实际行动证明了，这才是真正的好邻居、好伙伴。中巴两国同心相印，情谊比金石更加坚实。中巴两国在灾害中的互助互援，赢得了两国人民的心，进一步推动了两国关系的长久发展，正所谓“千里同好，坚于金石”。

36. 穷则独善其身，达则兼济天下

☑ 广泛发动社会救灾力量
☑ 开展国际人道主义赈灾行动
☑ 展示新时代中国的大国担当与大国形象

【原始出处】

战国·孟轲《孟子·尽心上》："穷则独善其身，达则兼济天下。"

【白话释义】

人不得志时，就洁身自好修养个人品德；人得志时，就要帮助天下需要帮助的人。

【应急解说】

2001 年，在时任国务院副总理温家宝同志的亲切关怀下，建立了中国国家地震灾害紧急救援队，对外称中国国际救援队。这是当时唯一一支专业化的国家救援队伍。同时，我国也积极扩大与其他国家的交流合作，共同应对国际自然灾害。这就是"穷则独善其身，达则兼济天下"的精神。中国国际救援队自成立以来，多次赴国外开展地震救援行动，已经成为国际搜索救援舞台上一支宝贵的力量。中国国际救援队以蓬勃的生机和顽强的战斗力，拯救了许多生命，为展示国家形象、增进国际友谊作出了重要贡献。

37. 百姓昭明，协和万邦

☑ 筑牢防灾减灾救灾的人民防线
☑ 开展国际人道主义赈灾行动
☑ 展示新时代中国的大国担当与大国形象

【原始出处】

西周《尚书·尧典》："克明俊德，以亲九族。九族既睦，平章百姓。百姓昭明，协和万邦。"

【白话释义】

公正地发扬美德，使家族亲密和睦。家族和睦以后，又辨明百姓的政事。百姓的政事辨明了，又使各诸侯国协调和顺。

【应急解说】

首先把自己的家族治理好，继而把自己的百姓治理好，再使各国团结起来。这就是中国自古以来的美好政治理想。一些国家的外交原则是利字当先，中国则完全不同。"协和万邦"的精神，是流淌在中华文化骨子中

的一种文化自信和制度自信。源远流长的中华传统优秀文化，形成了中华民族内在的道德素质与深厚的国家修养。越是在灾难之中，越要给予他国以帮助，哪怕对方是竞争对手或者曾经有摩擦。例如这场新冠肺炎疫情没有国界，世界各国在疫情面前形成了休戚与共的“抗疫命运共同体”。积极援助他国抗击疫情，是中国作为世界大国，履行国际义务的基本要求，是中国推动人类命运共同体建设的题中之义。我们将不遗余力地与全世界一起共克时艰。中国始终秉持人类命运共同体理念，既对本国人民生命安全和身体健康负责，也对全球公共卫生事业尽责。

38. 岁寒知松柏，患难见真情

☑ 发扬党员干部模范带头作用
☑ 实践人民至上的救灾原则
☑ 始终践行全心全意为人民服务的宗旨

【原始出处】

民间谚语：“岁寒知松柏，患难见真情。路遥知马力，日久见人心。”

春秋《论语·子罕》：“岁寒，然后知松柏之后凋也。”

【白话释义】

寒冷的季节才能看出松柏的坚韧，经历过磨难才能知道感情的真诚。遥远的路途才能看出马的能力，长久的时间才会看清人的内心。

到了每年寒冷的时候，才会发现其他植物大都凋零，只有松柏挺拔苍翠。

【应急解说】

每当夏季汛期，暴雨持续，人民解放军和武警部队总是在关键时刻发挥突击队的作用，在防汛抗洪一线挥洒着他们的汗水。犹记得1998年夏天，长江干流等水系相继发生了史上罕见的特大洪水。广大抗洪战士冲在一线用血肉之躯与洪水搏斗，守土尽责，切实把保障人民生命财产安全放到第一位。数百万军民众志成城，奋起抗洪，用钢铁般的意志和大无畏的英雄气概，谱写了气吞山河的抗洪壮歌。“九八抗洪精神”体现了我们党、政府和军队全心全意为人民服务的宗旨。

39. 浮云游子意，明月故乡情

☑ 探索民间灾害互助机制
☑ 推动社会组织参与灾害救助活动

【原始出处】

唐·李白《送友人》：“青山横北郭，白水绕东城。此地一为别，孤蓬万里征。浮云游子意，落日故人情。挥手自兹去，萧萧班马鸣。”

【白话释义】

青山横亘在城郭的北侧，河水环绕在城郭的东面。我们即将在这里分手，你就要像孤飞的蓬草一样踏上万里征程。空中飘浮的白云，仿佛你行无定踪的样子，不忍落山的太阳像我对你的依恋之情。我们挥手告别，各奔前程，两匹马似乎也不忍离别同伴而作萧萧长鸣。

【应急解说】

2020 年的新冠肺炎疫情阻击战，同样牵动着无数海外游子的心，他们虽然身在异国，但却心系家乡。世界各地的海外华人华侨们将募集到的大批医用护目镜、乳胶手套、防护服、隔离服等当时最紧缺的防疫物资，跨越山海，邮寄回国。而当浙江医疗队赴意大利援助抗疫时，又给当地每个侨团分发了上千枚医用口罩。其包装箱上印有一句诗：“浮云游子意，明月故乡情。”这句诗改编自唐代大诗人李白的《送友人》，表达了祖国对海外游子的殷殷关切。华侨华人，永远是我们手足相连的兄弟姐妹，尤其在灾难面前，这份游子意、故乡情更加凸显。

40. 同舟共济，众志成城

☑ 探索民间灾害互助机制
☑ 广泛发动社会救灾力量
☑ 筑牢防灾减灾救灾的人民防线

【原始出处】

春秋·左丘明《国语·周语下》：“众心成城，众口铄金。”

春秋·孙武《孙子兵法·九地篇》：“夫吴人与越人相恶也，当其同舟而济，遇风，其相救也如左右手。”

【白话释义】

只要百姓万众一心，力量像坚固的城堡一样不可摧毁，甚至可以把金属销毁。

吴国人和越国人互相厌恶，但当他们同船渡河的时候，如果遇到风浪，他们会如同左右手一样互相救助。

【应急解说】

要想提升全社会的防灾减灾救灾能力，就必须广泛发动群众、依靠群众，加强基层应急能力建设。“同舟共济”“风雨同舟”“众志成城”，这些中国古代进行灾难互救互助的经典成语，直至今日仍可以大力动员人们团结互助、战胜灾害。但在社会各界积极捐赠爱心善款与救灾物资的同时，也暴露了救助中的一些问题，所以急需制定“灾害救助法”这种专门性的法律。同时，除了传统的捐款捐物这些生存保障的帮助之外，现阶段救助内容与救助方法也出现了多样性的特点，例如特殊群体救助、产业救助、微小企业救助、金融信贷等，这也是当前这个经济高速发展的时代给我们提出的新要求。

捌 干部修养

CADRE CULTIVATION

“政治路线确定之后，干部就是决定的因素。”1938年，毛泽东同志在谈到干部政策时如是说。历史和现实已经反复验证：各级干部能力强、素质高、站得直、坐得正，才能使我们的事业沿着正确的方向快速前进。应急管理部门本就是为民而生、为民而建、为民而战的特殊部门，更需要持续加强党风廉政建设，严守政治纪律，提高应急管理的工作能力，增强救援救灾的实战指挥能力。只有建设一支忠诚干净，有担当，经得起各种风险考验的应急管理干部队伍，才能让应急管理部门的牌子、各级消防救援队伍的旗帜，始终得到党和人民的信赖与支持。

1. 无偏无党，王道荡荡；无党无偏，王道平平

☑ 以坚定的理想信念坚守初心

☑ 始终践行全心全意为人民服务的宗旨

【原始出处】

西周《尚书·洪范》：“无偏无党，王道荡荡；无党无偏，王道平平。”

【白话释义】

不偏私，不结党，王道就可以平坦广阔。

【应急解说】

《洪范》是中国文化经典《尚书》中的重要篇章，以治国安邦之道为主旨。其中写武王灭商后，仁臣箕子与武王谈论治国之道。箕子提出了著名的“洪范九畴”来治理国家。其中“无偏无党，王道荡荡；无党无偏，王道平平”出自第五畴“皇极”，指为政者要以身作则，不结党营私，不徇私枉法，这样民众也会有规则意识，遵守法度，国家就会得到大治。干部队伍的建设是事业成败的关键因素，广大应急管理干部要做政治上的“明白人”、业务上的“领军人”、履职上的“放心人”、创业上的“开路人”、用权上的“干净人”。

2. 其身正，不令而行；其身不正，虽令不从

☑ 发扬党员干部模范带头作用

☑ 增强党员干部的应急法律素养

【原始出处】

春秋《论语·子路》：“子曰：其身正，不令而行；其身不正，虽令不从。”

【白话释义】

孔子说：如果为政者言行端正，不用下命令，政令也能畅行无阻；如果言行不正，即便是下了命令，也没有人会听从。

【应急解说】

2015 年 3 月 5 日，习近平总书记在参加十二届全国人大三次会议上海代表团审议时强调，对领导干部，要求就是要严一些，正所谓“其身正，不令而行；其身不正，虽令不从”。“政”字本就包含“正”字，为政者必须要

端正自身行为。若不能正自身，又如何正他人？应急系统各级领导干部要重视为政之德，修身立德、率先垂范，这样才能在工作中建立威信，保证应急政令的畅通无阻。

3. 若安天下，必须先正其身

☑ 发扬党员干部模范带头作用
☑ 始终坚持群众路线
☑ 以坚定的理想信念坚守初心

【原始出处】

唐·吴兢《贞观政要·论君道》：“若安天下，必须先正其身。未有身正而影曲，上治而下乱者。”

【白话释义】

如果想安定天下，必须先端正自身。没有身体端正而影子歪曲、朝廷安定而百姓混乱的道理。

【应急解说】

唐代史学家吴兢编纂的《贞观政要》，记载了许多唐太宗时期明君与贤臣之间关于治国理政的故事。要想安定天下，必须先使自身行为端正，身正影子就不会歪，为政者治理得好，天下就不会动荡不安。领导干部需要正直为人、清白为官，这样才能对群众起到引领示范的作用。只有忠于职守、廉洁慎独，才能担负起“促一方发展、保一方平安”的政治责任。对玩忽职守造成损失或重大社会影响的领导干部，要依纪依法追究其责任。

4. 空谈误国，实干兴邦

☑ 提高救援实战能力
☑ 发扬党员干部模范带头作用
☑ 始终践行全心全意为人民服务的宗旨

【原始出处】

清·顾炎武《日知录·正始》：“魏、晋人之清谈，何以亡天下？”

【白话释义】

魏晋时期朝臣们热衷的空谈，是如何使天下灭亡的？

【应急解说】

明清之际的思想家、文学家顾炎武认为魏晋时期尽管文化风流韵美，但是举国朝臣都沉迷在空谈之中，不切实际，导致国家最终无法抵御强敌而灭亡，是为“清谈误国”。他还针对这个问题提出了著名的箴言——“天下兴亡，匹夫有责”。历史证明，空谈误国，实干兴邦，领导干部切不可迷恋纸上谈兵，要撸起袖子深入一线，提高解决实际问题的水平和能力。

5. 知屋漏者在宇下，知政失者在草野

☑ 始终坚持群众路线
☑ 增强应急管理工作能力

【原始出处】

东汉 · 王充《论衡 · 书解》：“知屋漏者在宇下，知政失者在草野。”

【白话释义】

知道房屋漏雨的人在房屋之下，知道政治过失的人在民间乡野。

【应急解说】

房屋之中是否有漏雨，政策实施是否有疏漏，指导思想是否跟不上实际情况，都需要身临其境的第一手观察和第一手经验。应急管理干部要保持本领不足的危机感，尤其不能讳疾忌医，要重视基层意见、重视群众反映，从群众中来，到群众中去，弥补知识空白和经验盲区，提升应急管理的业务能力，以便在思想、能力、行动中跟上党中央要求，跟上新时代应急管理事业发展的需要。

6. 一枝一叶总关情

☑ 始终坚持群众路线
☑ 实践人民至上的救灾原则
☑ 坚持为老百姓排忧解难的责任和使命

【原始出处】

清 · 郑板桥《潍县署中画竹呈年伯包大中丞括》：“衙斋卧听萧萧竹，疑是民间疾苦声。些小吾曹州县吏，一枝一叶总关情。”

【白话释义】

我在衙门里休息的时候，听到竹子发出萧萧的响声，这声音仿佛是民间困苦百姓的呼号。我虽然只是一个州县的小官吏，但每一片竹叶都能牵动我的心啊。

【应急解说】

清代“扬州八怪”中的代表画家郑板桥，在山东潍县担任知县时写作了这首著名的七绝。在中国传统文化中，竹子有多重象征含义，如节节向上的

生命力、内中虚怀的谦虚品质、俊逸挺拔的君子风度、经冬不凋的坚毅心志等。此诗中，郑板桥又别出心裁，将竹叶声与民声联系起来，表达出自己心怀百姓、两袖清风的高尚节操。“疑是民间疾苦声”“一枝一叶总关情”，历来被看作是关心民生、以民为本的循吏心声。

7. 一丝一粒，我之名节；一厘一毫，民之脂膏

☑ 始终践行全心全意为人民服务的宗旨

☑ 以坚定的理想信念坚守初心

【原始出处】

清·张伯行《禁止馈送檄》:“一丝一粒，我之名节；一厘一毫，民之脂膏。宽一分，民受赐不止一分；取一文，我为人不值一文。谁云交际之常，廉耻实伤；倘非不义之财，此物何来？”

【白话释义】

接受一丝布、一粒米也会损毁到我的名节，哪怕一厘钱、一毫钱，都是百姓的财富，我不能占为己有。少收一分税，老百姓受惠就不止一分；多取一分钱，我的为人就不值一文。虽说交际是人之常情，但收受馈赠却实实在在地伤害了廉洁，让人感到羞耻。倘若它不是不义之财，它为什么会出现在这里？

【应急解说】

清代廉吏张伯行在任福建巡抚时，为了拒绝那些前来送礼贿赂的人，写作了《禁止馈送檄》。全文用了8个“一”字，表达了重视名节、廉洁奉公的为官之道，成为我国廉政史上的著名典故。祸患常积于忽微，党风廉政建设需要抓早、抓小、抓预防，广大领导干部越是身居高位，越需要慎独、慎初、慎微，严格执行中央八项规定精神，自觉严守廉洁自律要求，提高廉政风险意识，增强自身免疫力，以坚定的理想信念坚守为人民服务的初心。

8. 勿贪目前之小利，而忘经久之远图

☑ 始终坚持群众路线

☑ 始终践行全心全意为人民服务的宗旨

【原始出处】

明·俞汝为《荒政要览》引《会稽水利》:“贪目前之小利，忘经久之远图，最谋国之深戒。”

【白话释义】

贪图眼前的微小利益，而忘记了长久的大业。这是治国者要牢牢戒备的事。

【应急解说】

应急管理领导干部肩负着保民平安、为民造福的光荣职责，其最长久的大业就是切实担负起防范化解重大安全风险的政治责任。这就需要始终把人民的安居乐业、安危冷暖放在心上，不要被个人利益的微小得失蒙蔽了双眼。要在工作的细节处、生活的点滴处，加强党风廉政建设。要在各种考验面前，做到高度的政治自觉、思想自觉、行动自觉，以保民平安、为民造福的实际行动，践行党的宗旨，永远做忠诚的人民服务员。

9. 德莫高于爱民，行莫贱于害民

☑ 始终践行全心全意为人民服务的宗旨
☑ 始终坚持群众路线
☑ 以坚定的理想信念坚守初心

【原始出处】

春秋·晏婴《晏子春秋·内篇问下》："叔向问晏子曰：'德孰为高？行孰为厚？'对曰：'德莫高于爱民，行莫厚于乐民。'又问曰：'德孰为下？行孰为贱？'对曰：'德莫下于刻民，行莫贱于害民也。'"

【白话释义】

春秋时代，晋国大夫叔向向齐国贤臣晏子请教："什么样的品德是高尚的？什么样的行为是宽厚的？"晏子回答："爱护百姓是最高的德行，让老百姓快乐是最宽厚的做法。"又问："什么样的品德是低劣的？什么样的行为是卑贱的？"晏子答："苛待百姓是最低劣的品德，残害百姓是最卑贱的行为。"

【应急解说】

对于一个领导干部来说，其道德的最高标准就是爱人民、为人民服务。如果伤害群众利益，变"鱼水关系"为"油水关系"，不但要受到世人的反对和社会的抨击，还要受到法律的严惩。2007 年 2 月 5 日，时任浙江省委书记的习近平在《之江新语》专栏发表《主仆关系不容颠倒》，化用了晏子的话，指出"德莫高于爱民，行莫贱于害民"，各级领导干部要一切从人民的利益出发，站在人民群众的立场上立身、处世、从政，真正做到权为民所用、情为民所系、利为民所谋。

10. 吃百姓之饭，穿百姓之衣，莫道百姓可欺

☑ 增强党员干部的应急法律素养
☑ 始终践行全心全意为人民服务的宗旨
☑ 以坚定的理想信念坚守初心

【原始出处】

河南南阳内乡县衙对联："吃百姓之饭，穿百姓之衣，莫道百姓可欺，自己也是百姓；得一官不荣，失一官不辱，勿说一官无用，地方全靠一官。"

【白话释义】

官员吃的饭，穿的衣都来自百姓，不要认为百姓好欺负，自己就是从百姓中来的；得到一个官职不要太高兴，失去一个官职也不要感到耻辱，不要说当个小官没有用，地方的兴盛全靠基层官员的努力。

【应急解说】

这副悬挂在河南省内乡县县衙的古代对联，既道出了官员来自百姓，百姓是官员的"衣食父母"，官员要以百姓利益为先，不得欺瞒百姓的原则，又道出了官员必须有明确的责任心，为官一地，造福一方的道理。应急管理是国家治理体系和治理能力的重要组成部分，承担防范化解重大安全风险、及时应对处置各类灾害事故的重要职责，担负着保护人民群众生命财产安全和维护社会稳定的重要使命。各地各级应急管理领导干部要以保护人民安全为己任，坚持自我净化、自我完善、自我革新、自我提高，推进地方上、基层中的防灾减灾救灾建设，为创造本区域内安全稳定的社会环境提供坚强的保障。

11. 利民之事，丝发必兴；害民之事，毫末必去

☑ 始终践行全心全意为人民服务的宗旨
☑ 坚持为老百姓排忧解难的责任和使命

【原始出处】

清·万斯大《周官辨非》："圣人之治天下，利民之事，丝发必兴；厉民之事，毫末必去。"

【白话释义】

圣人治理天下，对民众有利的事情，即便是头发丝一般小的也要推行；对民众有害的事情，即便是毫末一样小的也要革除。厉：损害。

【应急解说】

这句话强调了民本思想在执政中的重要性。利民惠民之事，即便再小也要推行；害民伤民之事，即便再小也要革除。在应急管理事业中，即便是细小的风险，也要尽力化解，否则养成大患便会伤民害民；在执行救灾任务时，每一个微小的环节都要精细防控，这样才能将风险斩草除根，利民惠民。

12. 一命而偻，再命而伛，三命而俯

☑ 发扬党员干部模范带头作用
☑ 始终践行全心全意为人民服务的宗旨

【原始出处】

春秋·左丘明《左传·昭公七年》：“一命而偻，再命而伛，三命而俯。循墙而走，亦莫余敢侮。”

【白话释义】

我曾经三次被国君任命为上卿，第一次我是弯腰受命，第二次我是鞠躬受命，第三次我是俯身受命。平时我总是诚惶诚恐地顺着墙根儿走路，生怕别人说我傲慢。

【应急解说】

孔子的七世祖正考父曾辅佐宋国戴公、武公、宣公，其地位逐渐升高，但他的态度更加谨慎恭敬，不忘初心。他将自己的为官原则镌刻在鼎上，置于家庙，以此来训诫后代。这段话对领导干部有深刻的启发意义。越是有了权力，越不能唯我独尊、飞扬跋扈。2013 年 6 月 28 日，习近平总书记在全国组织工作会议上的讲话中引用了这句话，他说：“我们的干部都是党的干部，权力都是党和人民赋予的，更应该在工作中敢作敢为、锐意进取，在做人上谦虚谨慎、戒骄戒躁。”

13. 受任于救灾之际，奉命于危难之间

☑ 发扬党员干部模范带头作用
☑ 坚持为老百姓排忧解难的责任和使命

【原始出处】

三国·诸葛亮《出师表》：“受任于败军之际，奉命于危难之间。”

【白话释义】

我在战争失利的时候接受大任，在国家危难之时接受使命。

【应急解说】

公元227年，诸葛亮决定北上伐魏，出兵之际写下了千古名篇《出师表》。诸葛亮在危难之际接受军权，肩负起振兴蜀汉政权的大任。应急管理工作也是在危险艰难之际接受大任的工作，需要各级领导干部有不畏艰险、勇担重任的精神。各级领导干部要在关键时刻能够挺身而出，不辱使命，充分发挥党组织战斗堡垒和党员示范引领的带头作用。

14. 遇事之易者未足喜，遇事之难者未足忧

☑ 增强应急管理工作能力
☑ 加强应急救援行动中的心理素质

【原始出处】

南宋·吕祖谦《东莱博议·楚莫敖屈瑕》：“遇事之易者未足喜，遇事之难者未足忧。”

【白话释义】

当事情进行得顺利时，不能得意；当事情进行得艰难时，也不用忧心。

【应急解说】

《左传》中记载了这样的故事：楚国高官屈瑕在取得蒲骚之战和伐绞战争的胜利之后，得意忘形，趾高气扬，后来很快就在伐罗的战争中大败，无奈自杀谢罪。南宋理学家吕祖谦分析了这则史料，认为正是因为之前的战争非常顺利，造成了屈瑕的骄傲自满，所以才会在后来的战争中轻率冒进，吞下败果。这个故事也提醒我们，近年来应急管理事业的改革发展取得了很大的成绩，但同时也要清醒地看到，我们自身还存在很多突出的问题和缺陷，必须始终保持思想上的冷静和清醒，时刻保持戒惧之心，以便面对今后更加繁重复杂的应急管理任务。

15. 不伐其功，不私其利

☑ 增强党风廉政建设
☑ 始终践行全心全意为人民服务的宗旨

【原始出处】

春秋·管仲《管子·形势解》：“天生四时，地生万财，以养万物而无取焉。明主配天地者也，教民以时，劝之以耕织，以厚民养，而不伐其功，不私其利。”

【白话释义】

天生出四季，地生长财富，天地养育了万千生物却不求索取。优秀的管理者应该和天地一样，教老百姓按照节气生产，劝老百姓耕地纺织。百姓的生活水平提高了，也不要自夸功劳、私占利益。

【应急解说】

中国传统文化中有很多关于理政思想的优秀阐释，值得我们发掘利用。春秋时期的政治家、思想家管仲就将优秀的管理者和天地之道进行类比。天地给予万物养分，不求回报，管理者也应给予民众安居乐业的生活，而不自夸自利。全面建设忠诚、干净、有担当的应急管理干部队伍，是应急管理事业改革发展的坚强保障。

16. 见小利，不能立大功；存私心，不能谋公事

☑ 实践人民至上的救灾原则
☑ 坚持为老百姓排忧解难的责任和使命

【原始出处】

清·王永彬《围炉夜话》：“见小利，不能立大功；存私心，不能谋公事。”

【白话释义】

只能见到眼前小小的利益，就不能创下大的功劳；人若存有私心，就不能为公众谋事。

【应急解说】

“小利”是个人的眼前利益，“大利”是众人的长远利益。“私心”是个人的金钱衣食，“公心”是社会的长治久安。见小利、藏私心的人是短视的，无法获得真正的成功，最后必将失去个人的蝇头小利。而为大利、谋公心的人，最终也会因为贡献大众、服务集体而获得社会的尊敬与奖励。无论

是 2003 年的非典疫情，还是 2020 年的新冠肺炎疫情，钟南山院士都以实事求是的科学精神，在防疫、治疗、科学研究、防病知识的宣传引导等方面，不顾高龄，不顾自身安危，付出了艰苦卓绝的努力。在与疫情作战的艰难时期，全国上下的老百姓都在说，听钟南山的话，不出门。这是全社会对他最朴素的赞美和信任。2020 年 8 月，钟南山被授予"共和国勋章"，这是国家对他的最高肯定。

17. 名节重泰山，利欲轻鸿毛

☑ 发扬党员干部模范带头作用
☑ 始终践行全心全意为人民服务的宗旨
☑ 以坚定的理想信念坚守初心

【原始出处】

明 · 于谦《无题》："名节重泰山，利欲轻鸿毛。"

【白话释义】

名誉节操比泰山更重，私利欲望比鸿毛还轻。

【应急解说】

名节如山重，利欲如鸿毛。重义轻利，是君子与忠臣之道德准则。各级领导干部作为人民公仆，要始终保持先进性和纯洁性，不行不义之举，不取不义之财，营造风清气正的良好政治生态，培育守初心、担使命的核心价值观。

18. 不矜细行，终累大德

☑ 增强应急管理工作能力
☑ 加强风险隐患排查和治理

【原始出处】

西周《尚书 · 旅獒》："不矜细行，终累大德。"

【白话释义】

如果不注意细节，最后会连累到大的德行。

【应急解说】

勿以恶小而为之，勿以善小而不为。小事不注意、不慎重的话，整体素质也无法提高。各级领导干部要从小事做起，心有所畏、言有所戒、行有所止，时刻严于律己。防震、防火、防旱、防涝、安全生产、风险隐患排查、应急预测预警等都需要细致对待，心存敬畏，头悬利剑。

19. 天下大事，必作于细

☑ 增强应急管理工作能力

☑ 提高应急管理的精细化水平

【原始出处】

春秋·李耳《老子·第六十三章》：“天下难事，必作于易；天下大事，必作于细。”

【白话释义】

天下的难事，是从容易的地方开始的；天下的大事，是从细微的小事开始的。

【应急解说】

解决困难问题时，可以先从容易的地方入手；要成就大事，也要从小事开始。所以“圣人终不为大，故能成其大”。明智的人，不会好大喜功；轻易许诺的人，必然缺少信用；把事情都想得很容易的人，必定会遇到很多困难。各级领导干部要清醒认识到当前防灾减灾救灾领域面临的严峻形势，安全生产仍处于爬坡过坎期，把事情想得困难些，才能做好克服困难的准备。应急管理干部应强化危机意识，多从最坏、最困难的情况考虑问题，提高应急管理的专业化和精细化水平。

20. 立身一败，万事瓦裂

☑ 始终践行全心全意为人民服务的宗旨

☑ 以坚定的理想信念坚守初心

【原始出处】

唐·柳宗元《寄许京兆孟容书》：“立身一败，万事瓦裂。”

【白话释义】

处世安身的道德品质方面一旦败坏，一切事情也就跟着崩溃了。

【应急解说】

中国传统文化常言君子当安身立命，如何立命？《礼记·大学》亦言：“自天子以至于庶人，壹是皆以修身为本。”立命之本，在于修身。只有做好了修身这个第一环节，接下来才能齐家、治国、平天下。应急管理系统的各级干部，也要明白自己的立身之本，坚守为人民服务的初心，抵制各种腐败诱惑的侵蚀，自觉接受各方监督，依法秉公用权。要知道，一旦走上贪腐之路，便会失去一切，万劫不复。

21. 政之于民，过急则刻薄，伤缓则弛慢

☑ 增强应急管理工作能力
☑ 坚持为老百姓排忧解难的责任和使命

【原始出处】

唐·令狐德棻《周书·乐逊传》："政之于民，过急则刻薄，伤缓则弛慢。"

【白话释义】

政治对于人民，操之过急就显得刻薄，失于迟缓又让人感到松懈。

【应急解说】

乐逊是北周时期的儒家学者，他上陈朝廷的十四条建议中第一条就是"崇治方"，也即重视吏治。他认识到当时很多官员在行政时过于刚猛，不能够惠民爱物，因此提出政治的过急过缓都不可取，应该"舒疾得中，不使劳扰"。作为领导干部，如何能够达到政令不刻薄，也不弛慢，取得最好的推行效果，是需要学习和提高的一门管理艺术。应急管理干部在上情下达、下情上传的过程中要具有创新思维、辩证思维、法治思维、底线思维，具备一线处置、系统施治、化危为机的行政能力。

22. 天将降大任于是人也，必先苦其心志，劳其筋骨

☑ 增强应急管理工作能力
☑ 发扬党员干部模范带头作用
☑ 以坚定的理想信念坚守初心

【原始出处】

战国·孟轲《孟子·告子下》："故天将降大任于是人也，必先苦其心志，劳其筋骨，饿其体肤，空乏其身，行拂乱其所为，所以动心忍性，曾益其所不能。"

【白话释义】

上天将要把大任落到某人身上，一定要先使他苦恼、辛劳、饥饿、穷困、事事不如意，这样才能震动他的心志、坚韧他的性情、增加他的能力。

【应急解说】

孟子这段“天将降大任于是人也”的论述，给一代又一代的仁人志士以鼓舞。这段话最后的结论是“然后知生于忧患，而死于安乐也”。艰难困苦并不可怕，因为梅花香自苦寒来，宝剑锋从磨砺出。各级应急管理干部要不忘初心，苦干实干，奋发有为，担负起保护人民群众生命财产安全和维护社会稳定的神圣使命，紧紧盯住危化品、煤矿、非煤矿山、消防等重点行业领域，在关键环节、要害部位坚持不懈地开展风险隐患排查，担负起防范化解重大安全风险的政治责任。

23. 养其和，节其流，开其源，而时斟酌焉

☑ 加强应急财政建设
☑ 增强应急管理工作能力

【原始出处】

战国·荀况《荀子·富国》：“明主必谨养其和，节其流，开其源，而时斟酌焉。”

【白话释义】

开明的君主一定会谨慎地休养民生、节制开销、开拓财富的来源，并且随时作出政策调整。

【应急解说】

百姓如何才能富足呢？根据荀子的这段阐释，人们提炼出“开源节流”这一成语，一方面要增加收入，另一方面要节省支出，这一简单的道理至今依然是经济学领域的重要原则。救灾领域也是一场人力、物力、财力的综合运用。各级应急干部要事先就落实好救灾人员力量、物资和资金的全面部署，竭力争取上级资金支持，多方保障后续资金需求，切实为抗灾救灾的工作注入“强心剂”。

24. 治乱绳，不可急

☑ 增强应急管理工作能力
☑ 坚持为老百姓排忧解难的责任和使命

【原始出处】

东汉·班固《汉书·循吏传》：“治乱绳，不可急。”

【白话释义】

要想解开混乱的绳子，不能着急，需要慢慢理清头绪。

【应急解说】

解开混乱的绳子不能着急，同理，解决危机困难切不可毛躁。2020 年是不寻常的一年，疫情防控、复工复产、季节性灾害、防汛抗洪、高温状态下的安全形势，皆异常严峻。我们面临的危机挑战前所未有，越是在这样的情况下，越要坚决防止将问题简单化、一般化，眉毛胡子一把抓，要知道欲速则不达。

25. 大鹏之动，非一羽之轻也；骐骥之速，非一足之力也

☑ 健全公民安全教育体系

☑ 筑牢防灾减灾救灾的人民防线

【原始出处】

东汉 · 王符《潜夫论 · 释难》：“大鹏之动，非一羽之轻也；骐骥之速，非一足之力也。”

【白话释义】

大鹏翱翔高空，不是靠一根羽毛的轻盈；骏马快速奔驰，不是靠一只脚的力量。

【应急解说】

大鹏高飞、骏马奔腾，靠的并不是身体局部的力量，而是全身各部分的通力合作、高度协调。同样，应急管理事业的发展，要汇集最广大人民群众的力量。2020 年全国防灾减灾日的主题就是“提升基层应急能力，筑牢防灾减灾救灾的人民防线”。广大应急管理工作者要坚持走群众路线，从群众中来，到群众中去，积极从不同途径、方位、角度向群众大力普及防灾减灾专业知识和技能。群众的防灾减灾意识和自救互救技能提升了，将大大有利于应急管理工作的顺利开展。

26. 积力之所举，则无不胜也；众智之所为，则无不成也

☑ 培育全民防灾文化

☑ 筑牢防灾减灾救灾的人民防线

【原始出处】

西汉 · 刘安《淮南子 · 主术训》：“积力之所举，则无不胜也；众智之所为，

则无不成也。”

【白话释义】

汇聚一切力量，就没有什么不能战胜；集结众多智慧，就没有什么不能成功。

【应急解说】

这句话就是古代版的“团结力量大”。众多力量和智慧的集结，能产生巨大的能量，能办成大事。防灾减灾救灾事业是一个庞大的体系工程，指望一个部门单打独斗，是不可能完成任务的。必须要走好群众路线，充分发动群众、依靠群众。各级领导干部要注意统筹推进基层应急能力建设，促进乡镇（街道）政府专职消防队、企业专职消防队、志愿消防队、灾害信息员等多元力量发展，将我们的应急救援队伍建设成团结之师、胜利之师。

27. 运筹帷幄之中，决胜千里之外

☑ 提高应急管理的科技化水平
☑ 推进应急管理能力现代化
☑ 提高指挥决策能力

【原始出处】

西汉 · 司马迁《史记 · 留侯世家》：“运筹策帷帐中，决胜千里外，子房功也。”

【白话释义】

在军帐之中作出正确的部署，决定了千里之外的胜利，这是张良的功劳。子房：汉初功臣张良的字。

【应急解说】

张良是刘邦麾下最有智慧的军师，“运筹帷幄之中，决胜千里之外”就是刘邦对张良的评价。连刘邦自己都承认，这样优秀的战略部署能力，他是不如张良的。此种运筹帷幄的能力，放在今天，就是要加强应急指挥调度能力。在地震、洪水、火灾等自然灾害发生时，或是在传染性疾病爆发的公共卫生事件处理中，数字化、网络化、智能化的应急指挥调度体系，能发挥重要的作用。用科技与信息来提高决策力与战斗力，将是我们推进应急管理能力现代化的重要途径。

28. 身体力行，方能有济

☑ 发扬党员干部模范带头作用
☑ 增强应急管理工作能力

【原始出处】

西汉 · 刘安《淮南子 · 氾论训》："圣人以身体之。"

战国《礼记 · 中庸》："好学近乎知，力行近乎仁，知耻近乎勇。"

清 · 王永彬《围炉夜话》："凡事勿徒委于人，必身体力行，方能有济。"

【白话释义】

古代的圣贤之人都是亲自来体察它。

爱好学习就接近于智了，努力实践就接近于仁了，知道羞耻就接近于勇了。

不要什么事都依赖委托他人，必须亲身实践，才能成功。

【应急解说】

什么事都依赖别人，自己永远不会提高，一定要亲身实践，才能获得成长，才能创造属于自己的成功。考察应急管理干部，不要把眼光放在后方的办公室里，要在防灾减灾救灾的前沿阵地，近距离考察识别干部。上述《围炉夜话》中那句话后面还有一句："凡事不可执于己，必集思广益，乃罔后艰。"身体力行和集思广益的结合，是提升应急管理干部素养的重要举措。

29. 纸上得来终觉浅，绝知此事要躬行

☑ 提高救援实战能力
☑ 大力培养应急管理人才

【原始出处】

南宋 · 陆游《冬夜读书示子聿》："纸上得来终觉浅，绝知此事要躬行。"

【白话释义】

从书本上得到的知识还是会觉得浅薄，要亲身实践，方能学有所成。

【应急解说】

这首南宋大诗人陆游写给儿子的诗，是他毕生创作经验的总结。陆游通过亲身经历，得出"功夫在诗外"的心得，希望后学者不要停留于纸端，能够走出书房，把诗歌写在广阔的天地里。"知者行之始，行者知之成"，越是重大、危险任务的前沿阵地，越能考察识别干部的素质和能力。广大应急

管理干部也要以“知行合一”来要求自己，在急难险重任务中培养锻炼实战能力，避免脱离现实、闭门造车。

30. 不受虚言，不听浮术，不采华名，不兴伪事

☑ 始终坚持群众路线
☑ 增强应急管理工作能力

【原始出处】

东汉·荀悦《申鉴·俗嫌》:“不受虚言，不听浮术，不采华名，不兴伪事。”

【白话释义】

不接受空虚的话，不听信不切实际的方法，不谋求浮华的名声，不搞虚伪的事。

【应急解说】

这句话是讲求真务实的道理，虚言、浮术、华名、伪事，都不值得我们追求，我们需要追求的是“言必有用，术必有典，名必有实，事必有功”。应急管理系统的领导干部要以求真务实的作风，打造良好的干事创业氛围，来推进应急管理体系和能力现代化，真正让党和人民信得过、靠得住。

31. 兼听则明，偏信则暗

☑ 始终坚持群众路线
☑ 增强应急管理工作能力

【原始出处】

东汉·王符《潜夫论·明暗》:“君之所以明者兼听也，其所以暗者偏信也。”

【白话释义】

君主听取多方面意见，就可以明辨是非；若只采信单方面的意见，就会是非不清。

【应急解说】

兼听则明，偏信则暗。应急管理工作中，也要做好调查研究，充分听取方方面面的意见建议。既要听取行业专家的科学指导，也要多向一线救援人员寻求经验，收集基层一线工作者的意见，并且要走好群众路线，多沟通走访受灾群众，了解灾民的所思所想，虚心向人民群众学习。

32. 他山之石，可以攻玉

☑ 推进应急管理体系现代化
☑ 推进应急管理能力现代化

【原始出处】

春秋《诗经·小雅·鹤鸣》：“他山之石，可以攻玉。”

【白话释义】

别的山上有坚硬的石头，可以用来打磨玉器。

【应急解说】

在应急管理体系和能力的现代化建设道路上，我们要保持开放的心态，积极吸取国外的先进经验，以便帮助自己改正缺陷。1979年，美国联邦紧急事务管理署（FEMA）成立，把美国所有应对突发灾难性事件的职能集于一个部门，这是全球应急管理的一个里程碑事件。随后，世界上许多发达国家都建立了有效的国家灾害应急机构。2018年应急管理部的成立，既是吸纳他国的优秀经验，又是结合我国的国情特点，发挥我国制度优势的一大举措，将全面开拓我国应急管理的崭新局面。

33. 不以一眚掩大德

☑ 增强应急管理工作能力
☑ 大力培养应急管理人才

【原始出处】

春秋·左丘明《左传·僖公三十三年》：“不以一眚掩大德。”

【白话释义】

不能因为个别的错误而抹杀全部的功绩。眚（shěng）：过错。

【应急解说】

孔子的弟子曾参，将孔子的思想总结为“夫子之道，忠恕而已矣”。“忠”与“恕”并用，一方面，要忠心诚意，另一方面，也要宽于恕人。所谓“金无足赤，人无完人”，不能因为一点小错误就苛责下属。各级领导干部在工作中，严谨鞭策和仁爱宽厚是可以并行的，关心人才，爱护人才，才能成就人才。

34. 躬自厚而薄责于人，则远怨矣

☑ 发扬党员干部模范带头作用
☑ 增强应急管理工作能力

【原始出处】

春秋《论语 · 卫灵公》：“躬自厚而薄责于人，则远怨矣。”

【白话释义】

多严格要求自己，对他人则采取宽容的态度，就可以远离怨恨了。

【应急解说】

孔子认为“君子求诸己，小人求诸人”，遇到问题时，君子总会从自身找原因，小人则总是去找别人的原因。严以律己，宽以待人，是干部修养中的重要素质。“与人不求备”，对他人，不可求全责备；“检身若不及”，对自己要严格要求。责任担当是领导干部必备的基本素质，“甩锅”的干部当不得。须知有多大担当，才能干多大的事业。

35. 毋意，毋必，毋固，毋我

☑ 增强应急管理工作能力
☑ 提高指挥决策能力

【原始出处】

春秋《论语 · 子罕》：“子绝四：毋意、毋必、毋固、毋我。”

【白话释义】

孔子杜绝了这四种毛病：凭空猜测、专断、死板、自以为是。

【应急解说】

凭空猜测、独断专行、顽固不化、自以为是，这是孔子在为人处世中坚决杜绝的行为。这四种行为，也是各级领导干部要坚决摒弃的。在提高决策能力和执行能力的时候，要充分考虑环境、任务、要求的变化，摒弃旧思维、老习惯，利用法治的观念，广泛听取各方意见，充分利用科学知识和信息化方法来辅助决策。

36. 不迁怒，不贰过

☑ 增强应急管理工作能力
☑ 提高应急管理的精细化水平

【原始出处】

春秋《论语 · 雍也》：“不迁怒，不贰过。”

【白话释义】

犯了错误不要迁怒别人，并且同样的错误不要再犯。

【应急解说】

现在有一个网络流行语叫作“甩锅”，也就是推卸责任、转嫁矛盾，让别人替自己承担错误的意思。孔子所说的“不迁怒，不贰过”，是不断完善自己、提升自己的过程，也是一种重要的干部素养。尤其在安全生产、应急管理的工作中，特别需要把责任制落到实处，细化责任分工，明确责任范围，严格落实防灾行政责任人、技术责任人、巡查责任人的工作范畴，让这“锅”甩不得。

37. 圣人千虑，必有一失；愚人千虑，必有一得

☑ 增强应急管理工作能力

☑ 提高社会动员能力

【原始出处】

春秋·晏婴《晏子春秋·内篇杂下》：“圣人千虑，必有一失；愚人千虑，必有一得。”

【白话释义】

聪明的人考虑问题，多次之中也难免有疏漏；笨的人考虑问题，多次之中也会有可取的。

【应急解说】

中国传统文化中多有表达广开言路的格言，除此句之外，还有群策群力，集思广益，从谏如流，兼听则明、偏信则暗，三个臭皮匠胜过诸葛亮，等等。领导干部切不可盲目自信，搞一言堂，要发扬民主作风，充分听取不同的意见，调动集体的力量和智慧。同时要有全国应急管理“一盘棋”的开放思想，打通行业、系统、专业的界限，要有“大”人才观，积极吸引、接纳各方面的优秀人才投身到应急管理的事业中来。

38. 宰相必起于州部，猛将必发于卒伍

☑ 始终坚持群众路线

☑ 大力培养应急管理人才

【原始出处】

战国·韩非《韩非子·显学》：“宰相必起于州部，猛将必发于卒伍。”

【白话释义】

宰相一定是从地方官中选拔的，猛将一定是从士兵中挑选的。

【应急解说】

这句话是说，无论是文臣还是武将，都是从基层选拔的。从一线做起，有基层经验，这样才能够知民情、通民声、接地气，更好地坚持走群众路线，做群众的知心人，这是一个优秀干部成长的必备经历。我们要坚持从基层一线培养选拔干部、锻炼干部的机制，只有在基层摸爬滚打过，才能对群众有深厚感情，深刻地了解群众所思所想，才能成长为一名自觉执政为民的好干部。

39. 忧国忘家，捐躯济难，忠臣之志也

☑ 发扬党员干部模范带头作用
☑ 以坚定的理想信念坚守初心

【原始出处】

三国·曹植《求自试表》：“忧国忘家，捐躯济难，忠臣之志也。”

【白话释义】

忧虑国家而忘记小家庭，为拯救国家危难而不惜献身，这是忠臣的志向。

【应急解说】

曹植不仅是一位文学才子，也是一位忧国忘家的忠义之士。这是他写给侄儿魏明帝的上书，他希望自己能有为国效力的机会，哪怕是捐躯献身，也在所不辞。秉承忧国忧民、为国为民的理想信念，忠实履行应急管理的职责使命，是各级应急管理干部应有的情操。

40. 公生明，廉生威

☑ 发扬党员干部模范带头作用
☑ 提高人民群众安全感与幸福感
☑ 坚持为老百姓排忧解难的责任和使命

【原始出处】

战国·荀况《荀子·不苟》：“公生明，偏生暗。”

西汉·董仲舒《春秋繁露·五行相生》：“至廉而威。”

【白话释义】

公正能够明察事理，廉洁能够树立威严。

最廉洁的官员才最有权威。

【应急解说】

荀子和董仲舒的这两句话，后来被清代官员颜伯焘发展为三十六字《官箴》，刻在西安碑林之中。《官箴》云：“吏不畏吾严而畏吾廉，民不服吾能而服吾公；廉则吏不敢慢，公则民不敢欺；公生明，廉生威。”下级官吏不是惧怕我的严厉，而是惧怕我的廉正；民众不是顺服于我的才能，而是顺服于我的公正。廉正，官吏就不敢怠慢。公正，民众就不敢欺瞒。公正能够明察事理，廉正能够树立威严。公正无私、廉洁自律，自古以来就是国家、民众盼望的健康政治文化。推动新时代应急管理事业高质量发展，离不开守初心、担使命的各级领导干部。严以修身、严以用权、严以律己；谋事要实、创业要实、做人要实，“三严三实”，务必坚持。

玖 队伍素质

TEAM QUALITY

当前，我国应急救援力量主要包括国家综合性消防救援队伍、各类专业应急救援队伍和社会应急力量。另外，一些单位和社区建有志愿消防队，属群防群治力量。同时，人民解放军和武警部队是我国应急处置与救援的突击力量，担负着重特大灾害事故的抢险救援任务。这几方面队伍各有实力，各有特长，优势互补，形成了政府主导、属地管理、配合有力、全社会参与的应急救援格局。他们时刻听从党和人民的召唤，敢于赴汤蹈火，发扬英勇顽强、不怕牺牲的战斗作风，在人民群众最需要的时候冲锋在前，救民于水火，挽民于危难，为维护人民群众生命财产安全而英勇奋斗。

1. 苟日新，日日新，又日新

☑ 大力培养应急管理专业人才
☑ 推进应急管理体系现代化

【原始出处】

战国《礼记·大学》："苟日新，日日新，又日新。"

【白话释义】

如果能够每天除旧更新，就要天天革新，不间断地更新又更新。

【应急解说】

这句话是3600年前商朝开国君主成汤刻在澡盆上的警辞，本义是指洗澡可以除去肌肤上的污垢，使身体焕然一新，同时也指精神上的弃旧图新、创新不止。2018年3月，根据国务院机构改革方案，中华人民共和国应急管理部设立。在这轮机构改革中，应急管理部被称为整合职责职能最多的"超级大部"。它整合了11个部门的13项职责，包括5个国家议事协调机构，2支部队19万人的转制，可以说是实施了全新的再造重建、脱胎换骨。改革最本质的要求就是创新，正如习近平总书记在深化党和国家机构改革总结会议上强调的，完成组织架构重建，实现机构职能调整只是解决了"面"上的问题，真正要发生"化学反应"还有大量工作要做。要想发生由"物理相加"向"化学反应"的深刻转变，就需要保持不断的创新、革新、更新精神。创新是进步的灵魂，如果因循守旧、不思进取、满足现状，"化学反应"将不容易发生。

2. 天行健，君子以自强不息；地势坤，君子以厚德载物

☑ 增强应急管理工作能力
☑ 打造应急队伍的心理素质与精神力量

【原始出处】

《周易·乾卦象传》："天行健，君子以自强不息。"

《周易·坤卦象传》："地势坤，君子以厚德载物。"

【白话释义】

上天运行刚健有为，君子应当如天一样努力自强、永不停息。

大地的气势厚实，君子应当如地一般仁德宽厚，承载万物。

【应急解说】

这句话出自孔子为《周易》“乾卦”和“坤卦”写的《象传》，两千多年来广泛流行。中国古人善于从天地自然的运行规律中悟出道理，并用天地自然的优秀品质来勉励世人。中华传统文化自古以来就有鼓励人们自强不息、奋进有为、增厚美德、包容万物的传统。正是因为有这样的民族精神，中华文明才能绵延不息、再创辉煌。在安全生产、防灾减灾救灾、抢险救援等关系社会稳定、人民生命财产安全的重大事业中，更需要刚健有为、宽厚仁爱的民族精神。

3. 兢兢业业，如霆如雷

☑ 增强应急管理工作能力
☑ 保护人民群众生命财产安全

【原始出处】

春秋《诗经 · 大雅 · 云汉》：“兢兢业业，如霆如雷。”

【白话释义】

正如担心头顶会落下霹雳与暴雷一样，整天小心谨慎、敬畏稳重。霆（tíng）：霹雳。

【应急解说】

我国自古以来都是自然灾害最为严重的国家之一，即便是历史的列车驶到今天，我们还要清醒认识到当前和未来，还要面临诸多重大自然灾害的挑战。而且，在经济高速发展的现阶段，社会安全生产事故仍处于易发期、多发期，应急管理工作任重而道远。我们必须要有危机意识、忧患意识、红线意识，每时每刻都兢兢业业、勤勤恳恳，着力防范化解重大安全风险，维护人民群众生命财产安全和社会稳定。

4. 三军可夺帅也，匹夫不可夺志也

☑ 提高救援实战能力
☑ 打造应急队伍的心理素质与精神力量

【原始出处】

春秋《论语 · 子罕》：“三军可夺帅也，匹夫不可夺志也。”

【白话释义】

就算军队的将领可以被俘虏，但军队中男子汉的志气却不会改变。

【应急解说】

2018年11月9日，国家综合性消防救援队伍的代表在人民大会堂集体宣誓，其誓词为："我志愿加入国家消防救援队伍，对党忠诚，纪律严明，赴汤蹈火，竭诚为民，坚决做到服从命令、听从指挥，恪尽职守、苦练本领，不畏艰险、不怕牺牲，为维护人民生命财产安全、维护社会稳定贡献自己的一切。"成立两年来，这支队伍始终对党忠诚，用铁的纪律打造铁的队伍。练就了科学高效、专业精准的过硬本领，保持枕戈待旦、快速反应的备战状态。他们在多次危难之中，刀山敢上，火海敢闯，招之即来，战之必胜。

5. 坚志而勇为，谓之刚

☑ 提高救援实战能力

☑ 提升处置各类灾害事故的能力

【原始出处】

明·戚继光《练兵实纪·练将·刚愎害》："坚志而勇为，谓之刚。刚，生人之德也。"

【白话释义】

意志坚定并且勇于作为，就是刚强。刚强，是人的美好品德。

【应急解说】

2018年11月9日，国家综合性消防救援队伍授旗仪式在人民大会堂举行。这支队伍是一支对党忠诚、纪律严明、赴汤蹈火、竭诚为民的新型队伍。他们将坚持"生命至上、科学救援"的理念，时刻保持应急状态，始终做好打硬仗的思想准备。在人民群众最需要的时候，他们将冲锋在前，救民于水火，解民于危难，为维护人民群众生命财产安全而英勇奋斗。

6. 一往无前，愈挫愈奋，再接再厉

☑ 增强应急管理工作能力

☑ 提高救援实战能力

☑ 提升处置各类灾害事故的能力

【原始出处】

近代·孙中山《建国方略》："吾志所向，一往无前，愈挫愈奋，再接再厉。"

【白话释义】

我的志向就是一直向前奋进。挫折越多，我越会努力奋斗，始终励志向前。

【应急解说】

自 2018 年应急管理部组建以来，按照“统一指挥、专常兼备、反应灵敏、上下联动、平战结合”的原则，显著提升了攻坚克难的应急能力，探索形成了一套行之有效的防灾减灾救灾的战术打法，有力、有序、有效地应对了一系列超强台风、严重洪涝灾害、重大堰塞湖、重大森林火灾、特大山体滑坡、严重地震灾害和各类重特大事故，最大限度地把各种灾害和事故的损失降到最低。

7. 博学之，审问之，慎思之，明辨之，笃行之

☑ 大力培养应急管理人才

☑ 提高救援实战能力

☑ 提升处置各类灾害事故的能力

【原始出处】

战国《礼记·中庸》：“博学之，审问之，慎思之，明辨之，笃行之。”

【白话释义】

学习要广泛地涉猎，要详细地请教，要慎重地思考，要明白地辨别，要用知识指导实践。

【应急解说】

无论是防灾减灾，还是救灾救援，都需要许多专业的知识，需要我们去钻研学习。在令人印象深刻的 2015 年天津滨海爆炸事故中，消防员成为最大的伤亡群体。如何保证消防员的生命安全？必须要重视职业培训和专业知识的学习。天津的爆炸事故属于化学危险品事故，现场有大量易燃易爆物质。如果危险物品中含有金属钠等，一旦消防人员盲目喷水灭火，极易产生剧烈化学反应，发生更大的爆炸。所以越是复杂和危险的工作，越需要极高的专业知识和专业素养。精深地学习，严密地询问，谨慎地思考，辨明问题，用专业知识来指导实践，是提升整个队伍专业性和战斗力的基本保证。

8. 大丈夫处世，当扫除天下，安事一室乎

☑ 坚持为老百姓排忧解难的责任和使命

☑ 实践人民至上的救灾原则

【原始出处】

南朝·范晔《后汉书·陈蕃列传》："大丈夫处世，当扫除天下，安事一室乎？"

【白话释义】

有志气的人活在世上，应当跟各种不利于国家的事作斗争，哪能只满足于处理好自己的小家小事呢？

【应急解说】

所谓大丈夫，是指立志为民，以治理天下为己任者。祖国是我们赖以生存的依靠，国家的安定是我们个体幸福生活的基本前提。各级应急救援队伍把小我融入祖国的大我，把个人发展融入民族复兴的伟业。2020 年 7 月，江西省面临极为严峻的防汛形势，面对来势汹汹的洪水，九江市消防救援支队 1000 多名指战员全部投入战斗，他们不畏艰险、冲锋向前，先后参加各类抗洪抢险战斗 336 起，营救疏散被困群众 1.3 万余人，有力地保障了长江大堤安全、保障了九江群众的生命财产安全。他们被中宣部授予"时代楷模"称号，他们是"水火见忠诚的英雄卫士"，理应得到全社会的尊重。

9. 千人之诺诺，不如一士之谔谔

☑ 筑牢防灾减灾救灾的人民防线

☑ 提高社会防灾减灾救灾动员能力

【原始出处】

西汉·司马迁《史记·商君列传》："千人之诺诺，不如一士之谔谔。"

【白话释义】

一千个随声附和的人，不如一个直言不讳的人。谔（è）谔：直言争辩的样子。

【应急解说】

从 2009 年开始，每年 5 月 12 日都是"全国防灾减灾日"。设立全国防灾减灾日的目的就是要唤起全民防灾减灾意识，不断增强全社会的防灾减灾能力。我们每一位公民都应自觉学习防灾减灾知识和自救互救技能，提升自

己的防灾减灾意识和能力，既是为自己的生命财产安全保驾护航，也是为全社会的防灾减灾尽一份责任。素质好、能力强的个人，也可以积极加入民间救灾社会组织，成为救援志愿者等，主动参与到减灾救灾、应急救援、灾后重建等实际工作中来。只有全民参与防灾减灾救灾大业，才能筑起牢不可破的钢铁长城。

10. 看似寻常最奇崛，成如容易却艰辛

☑ 增强应急管理工作能力
☑ 全面提高安全治理水平

【原始出处】

北宋 · 王安石《题张司业诗》："看似寻常最奇崛，成如容易却艰辛。"

【白话释义】

看似寻常，实际上却十分奇崛，好像轻易地成功了，但其中却饱含着艰辛。

【应急解说】

唐代诗人张籍（曾担任苏州司业）的诗歌久负盛名，王安石认为张籍的诗歌写出来好像很寻常容易，却饱含着创作的艰辛。目前，各类安全生产事故起数、死亡人数连续多年实现"双下降"，全国安全生产形势持续稳定好转。看似只是简单的数字变化，但各级应急管理部门做了大量艰苦卓绝的日常工作，例如 24 小时在岗值守和信息报告制度、建设重大危险源企业在线监测和远程监控系统、持之以恒排查安全隐患、重点专业监管化工园区、推动企业落实安全生产主体责任等，正是用"安全第一、预防为主、综合治理"的日常安全生产方针，防控化解了许多重大安全风险。

11. 利于国者爱之，害于国者恶之

☑ 坚持为老百姓排忧解难的责任和使命
☑ 实践人民至上的救灾原则

【原始出处】

春秋 · 晏婴《晏子春秋 · 内篇谏上》："利于国者爱之，害于国者恶之。"

【白话释义】

对国家有利的事就要热心地去做，对国家有害的事就要远离它。

【应急解说】

中华民族五千年来培育了优秀的、大无畏的爱国主义、集体主义、革命主义精神。尤其在和自然灾害抗争的过程中，这种高贵美好的民族精神更能得到极好的发扬。远古时代的大禹治水，就是华夏民族不畏艰险、百折不挠英雄气概的集中体现。新中国成立以来，在灾难面前，全国各族人民团结一心、众志成城，先后形成了伟大的唐山抗震精神、九八抗洪精神、汶川抗震救灾精神、新冠抗疫精神，这些在大灾大难中波澜壮阔的斗争史，已经成为党和人民极为宝贵的精神财富，支撑我们不断继往开来。

12. 功崇惟志，业广惟勤

☑ 增强应急管理工作能力
☑ 打造应急队伍的心理素质与精神力量

【原始出处】

西周《尚书·周官》："功崇惟志，业广惟勤。"

【白话释义】

取得伟大的功绩，是因为有伟大的志向；完成伟大的事业，是因为勤奋肯干。

【应急解说】

理想与勤奋决定事业的成败。根据近年来的安全生产形势分析，每年夏天的汛期和高温都是灾害事故易发多发的重要时段之一。例如极端天气引发的洪水、泥石流，还有台风导致房屋坍塌、大型起重机械倾覆等，以及高温雷电导致的危化品生产储存企业发生爆炸和泄漏等。在夏季确保安全，是我们不变的志向和工作目标，要想达到这样的目标，必须要勤奋——严格落实 24 小时在岗值守和信息报告制度，灾害预警、隐患治理、明察暗访、应急准备、安全宣传多方工作齐头并进。各类救援队伍时刻保持战备状态，出现险情第一时间响应。

13. 成功之难如升天，覆坠之易如燎毛

☑ 增强应急管理工作能力
☑ 全面提高安全治理水平

【原始出处】

北宋·欧阳修《新唐书·柳玭列传》："成立之难如升天，覆坠之易如

燎毛。”

【白话释义】

成功如同登天一样难，失败如同火灼烧毛发一般容易。覆坠：失败。燎毛：毛接近火而被烧。

【应急解说】

全国自然灾害因灾死亡失踪人数由新中国成立初期的年均7200余人，已经下降到2018年的1000人以下。可以自豪地说，我们目前已经全面取得了防灾减灾救灾的新成效。虽然我们取得了显著的成绩，但是与人民群众对安全幸福的期盼相比，还有较大的差距。例如2019年前8个月全国有1.8万人在各类生产安全事故中遇难，重特大事故还时有发生。2020年汛期，南方洪水造成了巨大的经济损失。目前我们的应急管理事业还处于爬坡期、过坎期，形势依然复杂严峻，一旦骄傲自满或者掉以轻心，隐患和风险就会迅速反扑，将多年“下降”的努力毁于一旦。

14. 从善如登，从恶如崩

☑ 增强工作者应急法律素养
☑ 推进应急管理的法治化

【原始出处】

春秋·左丘明《国语·周语下》：“从善如登，从恶如崩。”

【白话释义】

跟随善良步步高升，就像登山一样难；跟随恶行迅速跌入谷底，就像山崩一样容易。

【应急解说】

学好很难，学坏极其容易。人有好逸恶劳的本性，要想舍恶从善、步步高升，内心必须要有强大的信念和志向，来克服行动和思想上的惰性。例如，确保安全生产任重而道远，而放松安全意识只有一瞬之间。加强安全宣传教育，强化安全监管，严格安监执法，虽然要花大力气，付出大精神，但保住的是国泰民安。若纵容企业以牺牲安全为代价来搞发展，势必要付出血的教训。

15. 择其善者而从之，其不善者而改之

☑ 增强工作者应急法律素养
☑ 推进应急管理的法治化
☑ 以坚定的理想信念坚守初心

【原始出处】

春秋《论语·述而》："择其善者而从之，其不善者而改之。"

【白话释义】

选择他的长处加以效法，他的不好之处就力争改正。

【应急解说】

2018年，我国危险化学品企业有21万多家，化工行业产值14.8万亿元，占全国GDP的13.8%，占全球化工产值的40%，位居世界第一。由此可见，危险化学品企业对目前经济社会发展的支撑作用十分突出，这是它的长处。但危险化学品企业的安全问题也不容忽视。一旦出现问题，很可能就是重大事故，这是它的短处。2019年3月21日14时48分，江苏盐城响水县天嘉宜化工有限公司发生特别重大爆炸事故，造成78人死亡、76人重伤，直接经济损失198635.07万元，令人痛心疾首。这反映出我国危化品安全基础薄弱，安全监管力量不足，安全形势十分严峻。所以，全面推进危化品企业的安全发展、可持续发展，是我们工作的重中之重。

16. 无事时戒一"偷"字，有事时戒一"乱"字

☑ 建立健全安全生产事故应急预案
☑ 增强应急管理工作能力
☑ 提高救援实战能力

【原始出处】

清·金缨《格言联璧·处事类》："无事时戒一'偷'字，有事时戒一'乱'字。"

【白话释义】

无事时，应该力戒苟且偷安之心；做事时，应该力戒手忙脚乱之病。

【应急解说】

平静的日子里，不能苟且偷安，放松安全意识。灾害突然来临时，不能失去阵法，慌张失错。8·12天津滨海新区爆炸事故很能说明这句话的警示作用。事故公司在日常没有开展风险评估和危险源辨识评估工作，应急预案流于形式，应急处置力量、应急装备严重缺乏，不具备初起火灾的扑救能

力，这就是苟且偷安。而当事故突然发生时，天津港公安局消防支队、天津市公安消防部队没有针对不同性质的危险化学品准备相应的预案、灭火救援装备和物资，消防队员对危险化学品事故处置能力不强，造成了死伤严重的惨痛后果。

17. 将事而能弭，当事而能救，既事而能挽

☑ 防范化解重大安全风险
☑ 提升处置各类灾害事故的能力
☑ 搞好灾后重建工作

【原始出处】

明·吕坤《呻吟语》："将事而能弭，当事而能救，既事而能挽，此之谓达权，此之谓才。"

【白话释义】

能够平息将要发生的祸事，能够补救正在发生的祸事，能够挽回已经发生的祸事，就叫作通权达变，这就是才能。弭（mǐ）：平息、消灭。

【应急解说】

应急管理工作贯穿灾前、灾中、灾后的始终。灾前防御，全面开展各灾种综合风险调查和隐患排查，大力推进自然灾害防治重点工程建设，提高抗灾设防标准，建立自然灾害预警预报联动机制。灾中救援，第一时间出动、第一时间处置，全力抢险救援，转移灾民；及时通报灾情，把救灾款物发放到受灾群众手中，努力把灾害损失降到最低。灾后安置，有序推进倒损民房恢复重建工作，让受灾群众早日搬入新居；完善灾后救助工作方案，合理制定救助标准，加强与发改委、银保监会等部门的沟通对接，形成支持灾区恢复重建的合力。

18. 危不变其志，险不革其心

☑ 以坚定的理想信念坚守初心
☑ 坚持为老百姓排忧解难的责任和使命

【原始出处】

东汉·仲长统《昌言》："安危不贰其志，险易不革其心。"

【白话释义】

无论平安或者危难，都不背叛自己的志向；无论艰险还是容易，都不改

变自己的初心。贰：背叛。

【应急解说】

我国自然灾害种类多、分布地域广、发生频率高。近年来，全球气候变暖导致我国极端气候事件频发，高温、洪涝、干旱的风险进一步加剧，地质灾害风险也越来越高。而且，这些高灾害风险区又都集中在东部人口密集和经济发达地区，所以我国自然灾害面临着比过去几千年更加复杂的严峻形势和挑战。虽然防范化解重大灾害的风险和压力越来越大，但应急人确保人民生命财产安全的初心不会改变，增加人民群众安全感、幸福感的担当意识不会改变。

19. 泰山崩于前而色不变

☑ 坚持为老百姓排忧解难的责任和使命
☑ 打造应急队伍的心理素质与精神力量

【原始出处】

北宋·苏洵《权书·心术》:“泰山崩于前而色不变，麋鹿兴于左而目不瞬。”

【白话释义】

就算泰山在面前崩塌，也会面不改色；就算麋鹿在身边突然跃起，眼睛也不眨一下。

【应急解说】

突发事件包括自然灾害、事故灾难、公共卫生事件和社会安全事件。它们又被分为特别重大、重大、较大和一般四个级别。当发生特别重大的突发事件时，将进入Ⅰ级响应状态，这代表最高级别的应对。例如 2020 年 1 月 25 日 19 时，随着新型冠状病毒肺炎疫情病例的新增，全国共 26 个省、市、自治区启动重大突发公共卫生事件Ⅰ级响应，涵盖总人口超过 12 亿。2020 年 7 月，受持续强降雨影响，湖北和江苏多地启动防汛Ⅰ级响应。当进入Ⅰ级响应状态时，各级各部门紧密配合，接受国务院决策部署和统一指挥，全力开展救灾工作。启动Ⅰ级响应状态，不是为了恐吓摧毁人的心志，而是为了更有效地开展救灾救援工作。

20. 弄潮儿向涛头立，手把红旗旗不湿

☑ 加强国家综合性救援力量建设
☑ 坚持为老百姓排忧解难的责任和使命

【原始出处】

北宋·潘阆《酒泉子·长忆观潮》："长忆观潮，满郭人争江上望。来疑沧海尽成空，万面鼓声中。弄潮儿向涛头立，手把红旗旗不湿。别来几向梦中看，梦觉尚心寒。"

【白话释义】

我经常回忆起钱塘江上观潮的情景，满城的人争先恐后地向江上望去。潮水涌来的时候，仿佛大海都空了，潮声如万鼓齐发，声势震人。踏浪的人站在波涛上表演，手中拿着红旗却丝毫没被水打湿。此后我曾多次梦到观潮的情景，梦醒时心里仍然觉得惊心动魄。

【应急解说】

这首词，是潘阆（làng）回忆当年杭州钱塘江观潮之作。"弄潮儿"不畏惊涛骇浪，勇于搏击风浪，给词人留下深刻的印象。有这样一支队伍，他们也如"弄潮儿"一样，拥有不凡的技艺和无畏的气概。国家综合性消防救援队伍是灾害救援力量的主力军、国家队。在发生重大灾害事故时，他们接受应急管理部的统一调动指挥，力量调派迅速，作战行动高效。至2019年12月，仅成立一年，就完成120多万起应急救援任务，营救疏散66万多名遇险群众。成功处置了山东寿光洪涝、云南麻栗坡泥石流、金沙江和雅鲁藏布江4次堰塞湖、山西沁源森林火灾、江苏响水化工厂爆炸、四川长宁6.0级地震、贵州水城山体滑坡、"利奇马"超强台风等重特大灾害事故。

21. 人生在勤，不索何获

☑ 增强应急管理工作能力
☑ 提升处置各类灾害事故的能力

【原始出处】

南朝·范晔《后汉书·张衡列传》："人生在勤，不索何获。"

【白话释义】

人的一生必须勤奋，不积极求索就什么也得不到。

【应急解说】

煤矿和危险化学品是安全生产领域的两个高危事故易发点。其中，煤矿始终是安全生产工作的重中之重。为了确保煤矿安全，国家先后建立了垂直管理的煤矿安全监察体制、专业的监管队伍、大批法律法规，并加大了财政投入，同时大力推进科技兴安，用机械化换人、自动化减人，把苦、脏、累、险岗位用机器来替换，从本质上提升安全水平。近年来，煤矿安全形势处于稳定好转的态势，但是致灾因素还很多。煤矿安全生产事故还有反复性、长期性的问题，需要我们继续啃这硬骨头，迎难而上。

22. 不自见，故明；不自是，故彰；不自伐，故有功；不自矜，故长

☑ 实践人民至上的救灾原则

☑ 提高人民群众安全感与幸福感

☑ 坚持为老百姓排忧解难的责任和使命

【原始出处】

春秋·李耳《老子·第二十二章》:“不自见，故明；不自是，故彰；不自伐，故有功；不自矜，故长。夫唯不争，故天下莫能与之争。”

【白话释义】

不自我表扬，反而能显明自己的优点；不自以为是，反而能彰明自己的能力；不自我夸耀，反而能得功劳；不自高自大，所以能有所长进。正因为不与人相争，所以全天下没有人能与他争。

【应急解说】

从应急管理部挂牌第一天起，部领导就带头与机关工作人员一起 24 小时在岗在位值班备勤。面对多发的重大灾害险情，应急管理部领导干部总是牵头组织各相关部门第一时间集中会商、第一时间调度指挥，实现快速研判、科学决策。“对党忠诚、纪律严明、赴汤蹈火、竭诚为民”，是习近平总书记向国家综合性消防救援队伍的训词，同时也是全系统广大干部的自觉要求。在这个任重而道远的岗位上，不自以为是，不自高自大，不争功夺利，弘扬踏实肯干、吃苦奉献的精神，自觉承担起维护人民群众生命财产安全的崇高使命。

23. 授人以鱼，不如授人以渔

☑ 普及全民安全知识
☑ 培育民众安全文化

【原始出处】

西汉·刘安《淮南子·说林训》：“临河而羡鱼，不如归家织网。”

【白话释义】

来到河边想得到河里的鱼，不如回家编织渔网。

【应急解说】

“临河而羡鱼，不如归家织网”这句话后来演变为民间谚语：“授人以鱼，不如授人以渔。”得到一条鱼，不如学会捕鱼的方法。因为得到一条鱼只是暂时的，而捕鱼的方法却可以一直使用，会帮助人们在未来得到更多的鱼。在应对处置各类灾害事故时，应急救援队伍需要有合适的救援方案，提高救援实战能力，但普通民众也应掌握一定的安全知识和防灾素养，关键时刻搞好自救，做自己安全的主人，从而提高全社会的整体安全水平。

24. 矜其能，丧其功

☑ 推进社会生态文明建设
☑ 培育民众安全文化

【原始出处】

西周《尚书·说命中》：“矜其能，丧厥功。”

【白话释义】

越是自夸个人的才能，越会丧失自己的功劳。厥（jué）：文言代词，相当于“其”。

【应急解说】

从工业革命以来，人类似乎能够轻而易举地改造自然，甚至开始自大地认为人类可以“主宰”自然、“征服”自然。这种观念源于人类的无知、贪婪和短视。一次次的自然灾害都在告诫我们，人类应当对自然界充满敬畏与谦卑的态度，同自然灾害抗争是人类生存发展的永恒课题。作为这个星球上最有智慧、最有力量、受益最大、权力最大同时破坏性也最大的物种，人类必须对所有生物的生存和整个地球的存在负起责任。这就是在当今生态危机面前的“责任原理”。代替骄傲自满的“人类中心主义”，人类要规范对自然的行为，把人的生产方式、消费方式限制在生态系统所能承受的范围内，倡导热爱自然、尊重自然、保护自然的生活与消费方式。

25. 不知而自以为知，百祸之宗也

☑ 推进社会生态文明建设
☑ 培育民众安全文化
☑ 提高社会防灾减灾救灾动员能力

【原始出处】

战国·吕不韦《吕氏春秋·有始览·谨听》："不知而自以为知，百祸之宗也。"

【白话释义】

不懂装懂、盲目自满，是一切祸患的根源。

【应急解说】

科学技术已经如此之发达，是不是人类对自然界的认知已经到达了尽头？并非如此，我们现在依然不能准确地预测地震、暴雨、洪水、泥石流的发生。人类在大自然面前依然渺小。正如恩格斯所说："我们不要过分陶醉于我们对自然界的胜利。对于每一次这样的胜利，自然界都报复了我们。"越是科技发展、社会进步，越是要谦卑地敬畏自然，更加自觉地处理好人和自然的关系，正确处理防灾减灾救灾和经济社会发展的关系，不断从抵御各种自然灾害的实践中总结经验，实现人类与自然界的和谐共处。

26. 巧诈不如拙诚

☑ 增强应急管理工作能力
☑ 建立有效的灾情信息公开机制

【原始出处】

战国·韩非《韩非子·说林上》："巧诈不如拙诚。"

【白话释义】

巧智伪诈，还不如笨拙诚实。

【应急解说】

过去，我们吃过信息封闭的苦头。一些地区或者部门自以为瞒得住、遮得住，致使灾情迷离，谣言大行其道，人心惶惶不安，这实际上是扩大了事态，造成了更严重的社会后果。如今，这种现象不会再出现了。灾难发生

时，各地区各部门都及时准确公布灾情、救援进展、工作动态和社会影响等情况，诚实积极地回应社会的关切。灾情信息的及时、公开、透明，为抗灾救灾提供了实际的支持，体现了对人生命的尊重，也在全社会营造了一个共同抗灾救灾的良好氛围。

27. 当断不断，反受其乱

☑ 提高安全生产监管执法能力
☑ 加强风险隐患排查和治理

【原始出处】

西汉·司马迁《史记·齐悼惠王世家》："当断不断，反受其乱。"

【白话释义】

应当做决断的时候却犹豫不决，反而会遭受祸害。

【应急解说】

这句话是指处理问题时要当机立断，否则后患无穷。例如安全监管工作是一项实实在在的关键工作，来不得半点虚假，也不能有半点拖拉与妥协。相关部门在安全监管方面，要加大执法力度，加强事前风险评估和事中事后严格监管。遇到安全隐患，要有根治的魄力与果断，以法治措施来坚决督促企业停产治理，不让企业带着大隐患、大风险生产经营。安全监管工作具有长期性、艰巨性、反复性和复杂性的特点，切记如果今天苟且偷安、得过且过，将会在不远的将来遭受难以承受的祸患。

28. 君子欲讷于言，而敏于行

☑ 提高救援实战能力
☑ 提升处置各类灾害事故的能力

【原始出处】

春秋《论语·里仁》："君子欲讷于言，而敏于行。"

【白话释义】

君子言语谨慎，不会夸夸其谈，行动却敏捷灵巧。

【应急解说】

消防救援队伍如何提升救援实战能力呢？夸夸其谈不可取，纸上谈兵更不行，必须要具备高强度、高标准的行动能力。在上下各级队伍中，持续组织开展全员岗位练兵和比武竞赛，练体能技能，练战术指挥；还需要分专题开展核生化、危化品、高层灭火和车辆事故救援、潜水救援、绳索救援等高难度的技术培训，开展火灾、地震、洪涝、堰塞湖等典型战例的战术打法训练。为的是提升专业施救能力，在灾害真正来临时，行动敏捷迅速，战无不胜，攻无不克。

29. 言必信，行必果

☑ 提高救援实战能力
☑ 提升处置各类灾害事故的能力

【原始出处】

春秋《论语·子路》：“言必信，行必果。”

【白话释义】

说出口的话，一定要守信用。确定要干的事，就一定要果敢地干下去。

【应急解说】

应急管理部成立以来，把全力保障人民群众生命财产安全，作为自己的使命。要想完成这一庄严的使命，必须要靠“统一指挥、专常兼备、反应灵敏、上下联动、平战结合”的实际行动。坚定不移地防范化解重大风险、雷霆万钧地救灾救援，有条不紊地开展灾后重建工作，才能真正把应急管理的使命担起来、职责履行好，提高人民群众的获得感、幸福感和安全感。

30. 行之力则知愈进，知之深则行愈达

☑ 推进应急管理科技自主创新
☑ 提高应急管理的科技化水平

【原始出处】

南宋·张栻《论语说序》：“行之力则知愈进，知之深则行愈达。”

【白话释义】

越是深入实践，知识就能不断精进；对知识有更深刻的认识，实践才更容易成功。

【应急解说】

这句话是在讲“知”和“行”的关系。随着实践的深入，知识会不断增长。而认识的深化又让行动变得更加敏捷。这就是人们常说的“知行合一”。在

“知”方面，要充分发挥高等院校、科研院所等在应急科技支撑方面的作用，深入研究我国自然灾害发生、发展规律以及防治技术，推进先进救灾技术和救灾装备的研发，加快大数据、人工智能、物联网、先进指挥通信等在防灾减灾救灾中的应用。大力培养复合型高级应急人才、灾害风险评估人才、监测预警人员和专业应急救援人员、灾后恢复与重建人才等。

31. 人一能之，己百之；人十能之，己千之

☑ 提高救援实战能力
☑ 提升处置各类灾害事故的能力

【原始出处】

战国《礼记·中庸》：“人一能之，己百之；人十能之，己千之。”

【白话释义】

别人一次就学会的，我如果学上百次，一定也能学会；别人十次能掌握的，我要是学上一千次，也肯定会掌握。

【应急解说】

这句话是说没有越不过的困难，没有学不会的技能。只要勤奋不懈，就可以扭转之前的困境与不足。森林火灾是森林最危险的敌人，它不易发现、危害极大。国内还存在较多技术落后的救火方式，使得森林火灾扑灭困难，而且极容易出现伤亡惨重的后果。近年来，应急管理部多方加强森林消防队伍的专业化建设，例如成立了航空救援队。它是森林消防局直接管理的重要航空救援力量，是森林消防队伍进行综合性应急救援任务的尖刀和拳头。同时还加强了灭火装备的标准化、现代化建设，例如用电动水泵、动力吹风机、超高速涡流喷射灭火机等灭火装备武装一线人员，提升森林火灾的应急处置能力。

32. 敦厚之人，始可托大事；谨慎之人，方能成大功

☑ 积极调动社会应急力量
☑ 提升处置各类灾害事故的能力
☑ 提高社会防灾减灾救灾动员能力

【原始出处】

清·王永彬《围炉夜话》：“敦厚之人，始可托大事，故安刘氏者，必绛侯也；谨慎之人，方能成大功，故兴汉室者，必武侯也。”

【白话释义】

忠厚诚实的人，才可将大事托付给他，因此能使汉朝天下安定的，必定是周勃这样的人。谨慎行事的人，能建立大功业，因此能使汉室复兴的，必然是诸葛亮这样的人。绛侯：即周勃，辅佐刘邦安定天下的功臣。武侯：即诸葛亮，协助刘备建立蜀汉的功臣。

【应急解说】

2019 年 3 月至 5 月，应急管理部举行了全国首届社会救援力量技能竞赛。竞赛设置了破拆技能、水域技能、绳索技能 3 个大类 12 个项目。本次竞赛，共有 333 支队伍、3000 余名队员报名参赛。最终，来自 14 个省（市）的 27 支队伍、236 名队员脱颖而出，胜利会师重庆进行集中竞赛。这次竞赛是为了搭建社会应急力量实战训练比武的平台，以赛促训，以训促战，筛选一批政治上可靠、技术上过硬、行动上规范的社会应急队伍。区域分类选拔成绩优异的队伍，可参与相应区域范围内灾害事故的应急救援工作；在全国竞赛中获得前三名的队伍，可参与全国范围内灾害事故的应急救援工作。社会应急力量能够与综合性消防救援队伍、专业应急救援队伍携起手来，为构建大国应急体系创立新功。

33. 松柏何须羡桃李，请君点检岁寒枝

☑ 加强应急救援队伍建设

☑ 提升处置各类灾害事故的能力

【原始出处】

明 · 冯梦龙《警世通言 · 老门生三世报恩》：“松柏何须羡桃李，请君点检岁寒枝。”

【白话释义】

松柏无须羡慕桃李在春天的芳华、在秋天的果实，大家请看，在岁末寒冬时节，只有松柏才是常青的。

【应急解说】

桃树和李树春天繁花绚烂，秋天果实累累，吸引着人们的关注，风光无限。松柏花果都貌不惊人，但是到了岁寒时节，方能显出松柏的不畏严寒、四季常青。消防救援队伍恰如松柏一样，安康的日子里，他们并不出现

在公众面前，恰是在灾难中他们冲锋在前，一路逆行，救民于水火，挽民于危难。危险时刻都在，牺牲也义无反顾，他们的职责就是在一次次天灾人祸中，与死神抢夺生命，为人民保护财产。救援队伍就像松柏一样，在严寒中用纪律严明的毅力和竭诚为民的信念保持永远的绿色。

34. 蒲柳之姿望秋而落，松柏之质经霜弥茂

☑ 加强国家综合性救援力量建设
☑ 打造应急队伍的心理素质与精神力量

【原始出处】

南朝·刘义庆《世说新语·言语》："蒲柳之姿，望秋而落；松柏之质，经霜弥茂。"

【白话释义】

蒲柳是易于凋零的体质，刚到秋天就凋零了；松柏具有坚韧的体魄和意志，越是经历冰霜就越茂盛。

【应急解说】

意志柔弱的人容易轻易言败，意志坚毅的人越在挫折面前越坚韧不拔。在各类灾害事故处置中，国家综合性消防救援队伍需要当先锋、打头阵、挑重担。除了履行灭火救援职责外，水灾、旱灾、台风、地震、泥石流等自然灾害和交通、危化品等事故都是现在的救援范围，可以说责任加大了，职责加重了。但任务越艰巨，越能体现出这支队伍作为国家队的责任担当，作为主力队的专业能力。

35. 试玉要烧三日满，辨材须待七年期

☑ 大力培养应急管理人才
☑ 推进应急管理体系现代化
☑ 推进应急管理能力现代化

【原始出处】

唐·白居易《放言五首》其三："试玉要烧三日满，辨材须待七年期。"

【白话释义】

检验玉的真假需要在火上烧满三天，辨别木材的质量要等到七年以后。

【应急解说】

作为一个整合了 11 个部门 13 项职能的新组建部门，应急管理部成立近

两年来，在安全生产、防灾减灾救灾、应急救援等方面发挥着重要作用。新部门、新体制、新队伍的优势不断显现。例如安全生产事故起数和死亡人数双下降，较大事故、重特大事故起数双下降，全国自然灾害因灾死亡失踪人口、倒塌房屋数量、直接经济损失占 GDP 比重较近五年均值三下降。但充分发挥我国应急管理体系特色和优势，积极推进我国应急管理能力现代化，依然任重而道远。在积极迈入“大应急”时代的进程中，还需要我们脚踏实地地不断接受实践的考验。

36. 忧劳可以兴国，逸豫可以亡身

☑ 加强应急财政建设
☑ 增强应急管理工作能力

【原始出处】

北宋·欧阳修《新五代史·伶官传序》：“忧劳可以兴国，逸豫可以亡身。”

【白话释义】

忧患与勤劳可以使国家兴盛，贪图安逸享乐会丧失性命。豫：安乐。

【应急解说】

应急能力的主要支柱就是人力、财力和物力。人力表现为机构的运行、人员的管理和队伍的素质；财力表现为财政资金的储备、募集社会资金的能力和分配资金的效率；物力表现为应急物资的储存与调配、对救灾物资产能的掌握。人力、财力和物力三足鼎立，缺一不可。越是无事之秋，越要加强这三方面的建设，如果贪图享乐，放松人力、财力和物力任何一方面的准备工作，都会在灾害来袭时手忙脚乱，一败涂地。

37. 明者因时而变，智者随世而制

☑ 推进应急管理体系现代化
☑ 推进应急管理能力现代化

【原始出处】

西汉·桓宽《盐铁论》：“明者因时而变，知者随世而制。”

【白话释义】

聪明的人会根据时代的不同而改变自己的策略，智慧的人会伴随着世事的发展来制定相应的方法。知：通“智”。

【应急解说】

这句话就是我们常说的实事求是、与时俱进。之前，我国从中央政府层面缺乏统一的防灾减灾领导指挥机构，救灾部门众多，减灾政令百出，每次遇到大灾难往往习惯于临时组成国家救灾领导小组，由国务院的副总理或省部级领导挂帅，具体协调各相关部门。2015 年 6 月 1 日“东方之星”号客轮在长江翻沉，整个事故救援过程中，前后参与的部门多达 40 余个。在通报生还人数时，数据还反复变化，这是因为参与搜救的力量来自不同系统和不同单位，在汇总数据时出现了重复现象。2015 年 8 月 12 日天津港大爆炸事件，又将安全生产的监管责任问题暴露出来，同时引发了全社会对消防员等应急处置力量救援能力的深思。于是，从国家层面整合防灾减灾救灾力量势在必行。2018 年 3 月，全国人大表决通过了国务院机构改革方案，应急管理部应运而生。应急管理部的成立就是实事求是、与时俱进的产物。在改革发展各项事业中，不能因循守旧、不思进取，而需要敢于改革、敢于创新。

38. 君子藏器于身，待时而动

☑ 加强应急救援队伍建设
☑ 积极调动社会应急力量

【原始出处】

《周易 · 系辞下》：“君子藏器于身，待时而动。”

【白话释义】

君子就算有卓越的才能，也不会到处炫耀。而是在必要的时刻把技艺施展出来。

【应急解说】

目前应急管理主要有三方面救援力量，一是国家综合性消防救援队伍，二是生产安全方面如矿山、危险化学品、隧道等专业的救援队伍，三是由各类团体和广大志愿者组成的机动灵活的社会救援力量。国家综合性消防救援队伍是应急救援主力军和国家队，具有正规化、专业化、职业化的高级水平。专业应急救援队伍重点围绕提升专业领域救援能力，充分发挥在各类灾害事故处置中的专业作用。社会应急力量发挥辐射带动作用，提高公众防灾避险意识和自救互救水平。三支队伍关键时刻统一调度、协同作战，形成了科学高效、强有力的应急力量体系，完美地完成了多次重大救援任务，受到了各级党委政府和人民群众的高度赞誉。

39. 履不必同，期于适足；治不必同，期于利民

☑ 推进应急管理体系现代化
☑ 推进应急管理能力现代化
☑ 实践人民至上的救灾原则

【原始出处】

清·魏源《默觚·治篇》:“履不必同，期于适足；治不必同，期于利民。”

【白话释义】

鞋子不必相同，能合脚就是好鞋。治理的方法不必相同，有利于人民就是好方法。

【应急解说】

这句话是说，能找到一条适合自己的路，才是最重要的事情。应该根据实践来发展大国应急管理体系，绝不能简单地照搬西方国家的标准。中国道路是历史的选择，是人民的选择，是国情的选择。在灾害应急中不断总结经验，不断将实践上升为制度，才找到了坚持以防为主、防抗救相结合，坚持常态救灾和非常态救灾相统一，坚持从注重灾后救助向注重灾前预防转变、从应对单一灾种向综合减灾转变、从减少灾害损失向减轻灾害风险转变的应急道路。这是大国应急管理的新要求，是以人民为中心的正确发展道路。

40. 上多故则下多诈，上多事则下多态，上烦扰则下不定，上多求则下交争

☑ 坚持为老百姓排忧解难的责任和使命
☑ 提高应急管理的专业化水平

【原始出处】

西汉·刘安《淮南子·主术训》:“是以上多故则下多诈，上多事则下多态，上烦扰则下不定，上多求则下交争。”

【白话释义】

管理者多生事故，下级就多生奸诈。管理者多生名目，下面就搞出各种

形式。管理者经常烦扰，下面就不会安定。管理者如果贪得无厌，下面就会相互争斗。

【应急解说】

应急管理部门是为人民生命和财产安全服务的部门，所以应急管理的目标不应该是“管”人，而是“服务”人。越是能由专业的人员提供更好的社会服务，就越容易得到群众的信任和支持，越能在灾害面前“管理”好公共事物。如果层级过多、权责不清、命令繁扰、乱管瞎管，群众就容易恐慌、不配合，这样不但不能防灾救灾，相反会将危机的事态扩大化。

拾 精神建设

SPIRITUAL CONSTRUCTION

没有思想引领、精神塑造，如何进行改革发展？随时面对大风大浪、危机局面的应急管理事业，尤其要重视精神建设。中国古代传统文化中，保留了很多爱国爱民、赴汤蹈火、不怕流血牺牲的典故与论述，体现了中华民族源远流长的家国情怀与精神追求。在当代应急管理系统内，坚守初心使命、心系群众安危、可歌可泣的榜样人物又不断涌现，生动展现了新时代应急管理队伍甘于牺牲奉献、勇于担当作为、善于开拓创新的时代风采。如今，我们体味传统名句，学习应急人的先进事迹，有利于为整个系统浇筑“人民至上、生命至上”的崇高理念，建造守护人民群众生命财产安全的“平安大堤”。

1. 三过家门而不入

☑ 坚持为老百姓排忧解难的责任和使命
☑ 打造应急队伍的心理素质与精神力量

【原始出处】

西汉·司马迁《史记·夏本纪》："禹伤先人父鲧功之不成受诛，乃劳身焦思，居外十三年，过家门不敢入。"

【白话释义】

大禹伤痛父亲鲧因为治水不成功而被杀，接替治水任务后，他的身体精神都很辛苦，在外治水十三年，三次经过自己家门也没有进去。

【应急解说】

大禹"三过家门而不入"，不敢有片刻的懈怠，一直奋战在整治水患的第一线。这则中国历史上著名的防灾典故，洋溢着坚韧不拔的奉献精神。2020 年夏，我国南方地区汛情严重，防汛救灾的一线救援人员 24 小时不间断值守，风雨中全天候作业，最大限度保障人民群众生命财产安全。这也正是发扬自古以来的大禹治水的精神传统。

2. 不精不诚，不能动人

☑ 以坚定的理想信念坚守初心
☑ 提高应急管理的专业化水平
☑ 提高应急管理的精细化水平

【原始出处】

战国·庄周《庄子·渔父》："真者，精诚之至也。不精不诚，不能动人。"

【白话释义】

真实，是诚心的极致。不专注，不真诚，就不能打动别人。

【应急解说】

《庄子》中的这句话后来被化用为成语——精诚所至，金石为开。专注与真诚甚至可以使金属和石头开裂，形容人的诚心可以感动天地。在防灾减灾抗灾的工作中，如同金石一般坚硬的难题随时出现，如何才能以不变应万变？那就是始终保持"精"与"诚"的心态与原则。一方面要专注专业，精益求精，发扬"工匠精神"，另一方面要真诚实在，脚踏实地、务实担当。

3. 士不可以不弘毅，任重而道远

☑ 加强应急救援队伍建设
☑ 增强应急管理工作能力

【原始出处】

春秋《论语·泰伯》："士不可以不弘毅，任重而道远。"

【白话释义】

士子不可以不宏大而强毅，因他的责任重而且道路远。

【应急解说】

《论语》中记载的曾子这句话，一直是很多人的座右铭。应急管理事业的发展，需要强大的使命感和责任感，即弘毅的精神。"仁以为己任，不亦重乎？死而后已，不亦远乎？"这是曾子接着对"任重道远"的阐发。把实现仁作为自己的责任，难道还不重大吗？为理想奋斗终身，直到死去才停止努力，难道这样的路程还不够遥远吗？应急管理就是将人民的根本利益作为己任，将人民群众的生命财产安全扛在肩上，是值得毕生奉献的伟大事业。

4. 老吾老以及人之老，幼吾幼以及人之幼

☑ 实践人民至上的救灾原则
☑ 坚持为老百姓排忧解难的责任和使命

【原始出处】

战国·孟轲《孟子·梁惠王上》："老吾老以及人之老，幼吾幼以及人之幼。"

【白话释义】

敬爱自己家的老人，也敬爱别的老人；爱护自己的孩子，也爱护别人的孩子。

【应急解说】

孟子主张性善论，希望大家能够将善良的本性推而广之，以仁爱通达仁政。在应急救援中，被困人员中大多为老人、孕妇以及小孩等，因此救援队都有专门针对弱势群体的应急预案和精准性的救援方法。2020 年 7 月，连日暴雨使得安徽巢湖水位居高不下，多名群众被困。五省市援皖"火焰蓝"们火速投入到抗洪抢险的战斗中，他们不遗余力地解救了年逾 90 的被困老人。在下楼梯时，消防员王振强毫不犹豫扑倒在水里，让老人从他背上踩着走过

去，以便转移到安全地带。这就是“老吾老以及人之老”的优秀精神。

5. 以百姓心为心

☑ 保护人民群众生命财产安全
☑ 坚持为老百姓排忧解难的责任和使命

【原始出处】

春秋 · 李耳《老子 · 四十九章》：“圣人常无心，以百姓心为心。”

【白话释义】

圣人没有自己的私心，而是以百姓的意志为意志。

【应急解说】

以百姓心为心，就是与人民同呼吸、共命运、心连心。在 2019 年的汛期中，江西省永新县高桥楼镇畔中村突发山洪，桥梁被毁，120 余名村民亟待转移。消防救援队员们用楼梯和长木板搭建了一座简易便桥，成功地转移了被困群众，当地百姓将这座简易桥称为“生命桥”。保障人民群众的生命财产安全，正是应急救援队伍努力践行的初心。

6. 爱人者，人恒爱之；敬人者，人恒敬之

☑ 加强应急救援队伍建设
☑ 提高人民群众安全感与幸福感

【原始出处】

战国 · 孟轲《孟子 · 离娄下》：“爱人者，人恒爱之；敬人者，人恒敬之。”

【白话释义】

爱别人的人，别人也永远爱他；尊敬别人的人，别人也永远尊敬他。

【应急解说】

君子之所以能够得到众人的尊敬和爱戴，是因为君子做到了“爱人”和“敬人”。上海市应急管理局安全生产执法监察处主任科员张之崟，本来的专业是环境工程，自从他开始从事危险化学品监管工作，就以谦虚敬畏之心一直加强学习和实践，努力把自己打造成了安全生产监管一线的行家里手。从上海最北面崇明岛的南门油库，到最南面杭州湾畔的上海化工区，从最东面洋山港的液化气站，到最西面苏沪界的油气管道，张之崟跑遍上海市所有危险化学品生产储存企业，尽职尽责地守护着城市的安全底线。由于突出的

工作业绩，张之崟先后被表彰为“全国安全生产监管监察先进个人”、第九届全国“人民满意的公务员”等。以大爱奉献天下，以恭敬爱岗敬业，仁爱之心与恭敬之心亦当是每个应急人的自我要求。

7. 当仁，不让于师

☑ 打造应急队伍的心理素质与精神力量
☑ 大力培养应急管理人才

【原始出处】

春秋《论语·卫灵公》：“当仁，不让于师。”

【白话释义】

遇到可以实行仁道的机会，即使老师在一旁，也不应谦让退让。

【应急解说】

孔子说：“当仁，不让于师。”孟子说：“如欲平治天下，当今之世，舍我其谁也？”当仁不让与舍我其谁，都表现出勇于担当、责无旁贷的壮志豪情。在 2020 年豫南抗洪一线，消防队员以肩为梯、以背为桥，用血肉之躯撑起救援通道。洪水滔滔，祖国需要我们，百姓需要我们，哪有不上之理？勇于担当、充满激情、雷厉风行，不怕牺牲，是应急管理救援队伍应该拥有的宝贵品质。

8. 临大难而不惧

☑ 加强应急救援队伍建设
☑ 打造应急队伍的心理素质与精神力量

【原始出处】

战国·庄周《庄子·秋水》：“临大难而不惧者，圣人之勇也。”

【白话释义】

面临严峻的危难而不畏惧，这就是圣人的勇敢。

【应急解说】

《庄子·秋水》篇中，列举了多种不同类型的勇敢：在水里活动而不躲避蛟龙的，乃是渔夫的勇敢；在陆上活动而不躲避犀牛老虎的，是猎人的勇敢；刀剑交错横于眼前，视死如生的，乃是壮烈之士的勇敢。但庄子认为，最大的勇敢就是临大难而不惧。在大灾大难面前无惧无畏，这也正是应急管理队伍所应具备的心理素质。我国生态环境基础薄弱，自然灾害频发，应急救援队伍不惧艰险，使命必达。哪里有灾情，哪里就有他们的身影，他们是新时代临难不惧、勇往直前精神的杰出代表。

9. 古之立大事者，不惟有超世之才，亦必有坚忍不拔之志

☑ 提高指挥决策能力
☑ 提高救援实战能力
☑ 打造应急队伍的心理素质与精神力量

【原始出处】

北宋·苏轼《晁错论》：“古之立大事者，不惟有超世之才，亦必有坚忍不拔之志。”

【白话释义】

自古以来凡是成就大事业的人，不仅有出众的才能，也一定有坚定顽强的意志。

【应急解说】

苏轼在提出这句话之后，举了大禹治水的例子，“昔禹之治水，凿龙门，决大河而放之海。方其功之未成也，盖亦有溃冒冲突可畏之患；惟能前知其当然，事至不惧，而徐为之图，是以得至于成功。”大禹治水的时候凿开龙门，疏浚黄河水入海。在治水的进程中，决堤漫堤等危险随时都会发生，但大禹都做好了准备，所以当祸患真正发生时不会惊慌失措，能够加以有效的治理，这是大禹取得治水成功的原因。可见常备不懈、坚韧不拔在救灾救援中的作用。2018 年 5 月 2 日，习近平总书记在同北京大学师生座谈中引用苏轼这句话，指出广大青年要培养奋斗精神，做到理想坚定、信念执着、不怕困难、勇于开拓、顽强拼搏、永不气馁。

10. 位卑未敢忘忧国

☑ 筑牢防灾减灾救灾的人民防线
☑ 提高社会动员能力

【原始出处】

南宋·陆游《病起书怀》：“位卑未敢忘忧国。”

【白话释义】

我虽然职位低微，但是从不敢忘记忧国忧民的责任。

【应急解说】

南宋文学家陆游的诗句中充满浓厚的爱国情怀。天下兴亡，匹夫有责。防灾减灾救灾也需要各阶层众志成城的力量汇聚。在 2020 年夏天的汛期，江西鄱阳县江家岭村抗洪一线上，一支平均年龄超过 50 岁的“阿姨团”积极参加保卫大堤的救险工作。在江新洲，许多青壮年离开家乡到城区工作生活，以致孤岛防汛，最缺人力。于是这些平日里跳广场舞的阿姨们在抗洪一线组成娘子军，扛起沙袋，保护大堤。当抗洪官兵陆续赶来支援后，“阿姨团”又给巡堤查险者做饭、理发、缝补衣物。这正是“位卑未敢忘忧国”精神的完美体现。

11. 国之兴也，视民如伤

☑ 实践人民至上的救灾原则
☑ 提高人民群众安全感与幸福感

【原始出处】

春秋·左丘明《左传·哀公元年》：“国之兴也，视民如伤，是其福也。”

【白话释义】

当一个国家兴盛时，看待百姓如同对待受伤者一样救助帮扶，这是国家之福。

【应急解说】

兴盛的国家，视民如伤者；衰败的国家，以民为草芥。全心全意为人民服务，是中国共产党治国理政的根本宗旨，救灾救援工作中始终需要贯彻视民如伤之情怀。党的服务宗旨、政治优势、组织优势和社会主义集中力量办大事的体制优势，是我们应急管理事业发展的强大动力和不朽源泉。

12. 出不辞劳，入不数功

☑ 发扬党员干部模范带头作用
☑ 筑牢防灾减灾救灾的人民防线

【原始出处】

东晋·葛洪《抱朴子·臣节》：“出不辞劳，入不数功。”

【白话释义】

出发时不辞劳苦，回来时不夸耀功劳。

【应急解说】

在2020年新冠肺炎疫情防控工作中，330多支医疗队、4万多名军地医护人员紧急驰援一线，救死扶伤；26个省份对口支援，19个省市采取“一省包一市”方式，将大量医疗设备、人员、物资往湖北倾斜。基层社区群众严防死守，众志成城，来自全国的志愿者各献所能，捐款出力。社会各阶层不辞辛苦，不求回报，共克时艰，展现了华夏儿女守望相助、同舟共济的抗疫精神。

13. 勉修其职，以康我民

☑ 大力培养应急管理人才
☑ 加强应急救援队伍建设

【原始出处】

南朝·范晔《后汉书·顺帝纪》：“勉修厥职，以康我民。”

【白话释义】

勤勉地履行职责，使得民众得到安康。厥（jué）：文言代词，相当于“其”。

【应急解说】

2019年11月，中央宣传部、应急管理部向全社会公开发布了2019年“最美应急管理工作者”的先进事迹，他们来自防震减灾、煤矿安全监察、安全执法监督、消防救援、森林消防等应急管理系统各单位各部门。坚守岗位、尽职尽责、闻令而动、夙夜奋战，救民于水火、解民于危难是他们共同的精神风貌，值得我们全系统工作人员为之致敬、向之学习。

14. 天下兴亡，匹夫有责

☑ 提高全民防灾素养
☑ 培育全民防灾文化
☑ 健全公民安全教育体系

【原始出处】

清·顾炎武《日知录·正始》：“保天下者，匹夫之贱与有责焉耳矣。”

【白话释义】

保卫国家，即使是地位低贱的普通百姓都有责任。

【应急解说】

清初思想家顾炎武这句话，后来被梁启超先生化用为“天下兴亡，匹夫有责”。天下的兴衰，每一个人都负有责任。防灾减灾事业，也是一项全民有责、人人参与的大业，防御、减轻自然灾害应当成为每个社会公民的义务和本领。只有全面提高全民防灾素养，培育全民防灾文化，健全公民安全教育体系，提升公民自救互救技能，加强社会救灾志愿者的队伍建设，才能逐步构建社会化的防灾减灾网络。在这个过程中，人与自然、人与人、人与社会之间的和谐共存，将得以不断实现。

15. 志之所趋，无远弗届

☑ 推进应急管理体系现代化
☑ 推进应急管理能力现代化

【原始出处】

清·金缨《格言联璧》：“志之所趋，无远弗届。”

【白话释义】

如果志向远大坚毅，那么无论多远都能到达目标。

【应急解说】

应急管理事业的志向就是防范化解重大安全风险、保障人民生命财产安全、构筑防灾减灾救灾的人民防线。只有认准目标，砥砺前行，才能推动新时代应急管理事业高质量发展。2020 年夏，江西省遭遇重大洪涝灾害，九江市消防救援支队全体指战员深入灾区，营救疏散群众 1.3 万余人。他们的先进事迹受到社会各界的广泛赞誉。他们用忠诚担当、无私奉献的精神品质，在关键时刻勇挑重担、不辱使命。

16. 夙夜在公

☑ 加强应急救援队伍建设
☑ 始终践行全心全意为人民服务的宗旨

【原始出处】

春秋《诗经·召南·采蘩》：“夙夜在公。”

【白话释义】

从早到晚，都在为公务辛劳。

【应急解说】

2012 年，中共中央总书记习近平在履新之际强调：“我们一定要始终与人民心心相印、与人民同甘共苦、与人民团结奋斗，夙夜在公，勤勉工作，努力向历史、向人民交出一份合格的答卷。”不勤无以成事，不勉无以立身，中国传统文化中自古就蕴含着丰厚的勤政敬业思想。应急管理工作更是一份不分白天与黑夜，随时面对灾情与危险的艰苦工作，没有甘于吃苦、乐于奉献的心理准备和身体素质，如何能够保民平安，为民造福？

17. 功成不必在我，功成必定有我

☑ 增强应急管理工作能力
☑ 推进应急管理体系现代化

【原始出处】

现代·胡适《1932 年致北大毕业生》："天下没有白费的努力。成功不必在我，而功力必不唐捐。"

【白话释义】

努力不会白费，成功未必在自己手中实现，但是作出的贡献都不会落空。唐捐：落空。

【应急解说】

1934 年，胡适在《给青年三个人生药方》中又说："我们今日的努力必定有将来的大收成。一粒一粒地种，必有满仓满屋的收获。成功不必在我，而功力必然不会白费。"习近平总书记将胡适这几句话化用为"功成不必在我，功成必定有我"。建功立业是一个长期的过程，也许我不是品尝果实的那个人，但是我为事业的完成所付出的努力一定不会白费。干事创业，需要"功成不必在我"的奉献精神，也需要"功成必定有我"的历史担当。前人栽树，后人乘凉，防灾减灾抗灾救灾的事业，是代代传承的千秋大业，不能囿于小我，要有长远的发展眼光，在平凡的岗位上，为后来者作铺垫、打基础、做潜功。

18. 零落成泥碾作尘，只有香如故

☑ 以坚定的理想信念坚守初心
☑ 打造应急队伍的心理素质与精神力量

【原始出处】

南宋·陆游《卜算子·咏梅》："零落成泥碾作尘，只有香如故。"

【白话释义】

即使梅花凋零后被碾碎化为尘埃，依然会散发出和绽放时一样的清香。

【应急解说】

“驿外断桥边，寂寞开无主。已是黄昏独自愁，更着风和雨。无意苦争春，一任群芳妒。零落成泥碾作尘，只有香如故。”陆游这首诗是对梅花傲立寒冬、清香宜人精神的传神写照。梅花在百花中气节最高，能够在风雪之中绽放，即便凋谢后依然芳香扑鼻。广大应急工作者要学习这种高尚情操，能够像寒冬中的梅花一样，救民于水火、助民于危难、给人民以力量。

19. 落红不是无情物，化作春泥更护花

☑ 提高人民群众安全感与幸福感

☑ 打造应急队伍的心理素质与精神力量

【原始出处】

清·龚自珍《己亥杂诗》第五首：“落红不是无情物，化作春泥更护花。”

【白话释义】

落花不是无情的东西，它将化作春泥，给花更多的滋养。

【应急解说】

《己亥杂诗》创作于道光十九年己亥（1839年），龚自珍由北京辞官归家的途中。其中饱含着诗人对时势弊病犀利的批判眼光，对国家隐患敏锐的危机预言，又饱含浓厚的爱国情怀，刚柔并济，是文学史上不朽的经典组诗。其中比较知名的如“九州生气恃风雷，万马齐喑究可哀。我劝天公重抖擞，不拘一格降人材。”还有就是这句“落红不是无情物，化作春泥更护花”了。落花即便化作春泥，也会给植株养分，助其成长。2020年7月22日，安徽庐江县同大镇石大圩受持续强降雨影响突发漫堤决口，情况万分危急。庐江县消防救援大队党委书记陈陆同志在抢险救援的战斗中，被卷入激流漩涡英勇牺牲。随后，赴安徽合肥考察调研的习近平总书记亲切看望慰问了陈陆等三位在防汛抗洪中不幸牺牲的同志的亲属，对牺牲同志的感人事迹和崇高精神给予了高度评价。陈陆同志用年仅36岁的宝贵生命诠释了“对党忠诚、纪律严明、赴汤蹈火、竭诚为民”的铮铮誓言，激励应急人永远做党和人民的忠诚卫士。

20. 生当作人杰，死亦为鬼雄

☑ 加强应急救援队伍建设
☑ 大力培养应急管理人才
☑ 打造应急队伍的心理素质与精神力量

【原始出处】

南宋·李清照《夏日绝句》：“生当作人杰，死亦为鬼雄。”

【白话释义】

活着的时候应当做人中豪杰，死后也要做鬼中英雄。

【应急解说】

“生当作人杰，死亦为鬼雄。至今思项羽，不肯过江东。”李清照这首五言绝句借古讽今，顶天立地，充满了巾帼英雄的浩然正气。垓下之战失败之后，项羽是否应该回到江东，东山再起，是古来最具争议性的话题之一。李清照身处两宋交替之际，感愤于朝廷苟且偷生的选择，以健笔写出项羽不肯妥协、不肯认输的英雄豪情。江西省消防救援总队南昌市支队特勤大队大队长李胜利，入队 29 年来，战火海、排险情、救危难，共参加救援战斗 11000 余起，先后荣立一等功 1 次、二等功 2 次、三等功 4 次。2020 年 7 月以来，李胜利带领“胜利攻坚队”完成多项抗洪抢险急难险重任务，成功营救疏散被困群众 600 余人，用实际行动书写着救民于水火的忠贞誓言。完美诠释了什么是立身报国、不怕牺牲的中华好儿郎。

21. 苟利国家生死以，岂因祸福避趋之

☑ 加强应急救援队伍建设
☑ 打造应急队伍的心理素质与精神力量

【原始出处】

清·林则徐《赴戍登程口占示家人》：“苟利国家生死以，岂因祸福避趋之。”

【白话释义】

如果是对国家有利的事，我会不顾生死去做。不会因为危险而躲避，也不会因为利益而迎求。

【应急解说】

林则徐在查禁鸦片后，屡遭敌对势力打击，1842 年被贬新疆伊犁。在西安与家人分别时，他写下了这著名的诗句。尽管他满腔的爱国热忱在黑暗的

现实中备受摧残，但是他仍然一心为国尽力，随时准备为国家奉献生命。这句诗可以激励应急救援队伍前赴后继、迎难而上，做最美的逆行者，做灾难救援时的中流砥柱。

22. 鞠躬尽瘁，死而后已

☑ 加强应急救援队伍建设
☑ 实践人民至上的救灾原则

【原始出处】

三国 · 诸葛亮《后出师表》：“鞠躬尽瘁，死而后已。”

【白话释义】

尽心竭力，直到生命结束为止。

【应急解说】

在汉末三国那个风云际会的时代里，诸葛亮是忠诚与智慧的化身，他为蜀汉政权的建立与维持贡献了一生，给后世塑造了人格与智谋的典范。诗圣杜甫曾在成都武侯祠写下著名的七律《蜀相》，表达了对诸葛亮的无限敬仰：“三顾频烦天下计，两朝开济老臣心。出师未捷身先死，长使英雄泪满襟。”在应急管理系统中，也有这样鞠躬尽瘁的人。例如应急管理部矿山救援中心总工程师肖文儒从事应急救援工作 36 年来，先后参与了 700 多起事故救援，从灾区救出 1000 多名遇险人员。他在办公室里放了一只行李箱，便于他接到救援任务后，能够第一时间说走就走。

23. 人生自古谁无死，留取丹心照汗青

☑ 加强应急救援队伍建设
☑ 打造应急队伍的心理素质与精神力量

【原始出处】

南宋 · 文天祥《过零丁洋》：“人生自古谁无死，留取丹心照汗青。”

【白话释义】

自古以来，没有人能够长生不死，我要留下我的赤诚之心照亮史册。

【应急解说】

作为南宋末年的股肱之臣，文天祥肩负国之大义，宁死不屈，慷慨就义，其凛然的献身精神彪炳史册。在 2020 年抗击新冠疫情的艰难阶段，广

大应急管理系统的干部职工和消防救援指战员坚守岗位、日夜值守，涌现出了一大批先进模范。天津市滨海新区应急管理局局长单玉厚以及山东、河南两位区县应急管理局领导，积劳成疾，牺牲在第一线。他们践行了保民平安的初心使命，是无私奉献的表率。

24. 路漫漫其修远兮，吾将上下而求索

☑ 推进应急管理体系现代化
☑ 推进应急管理能力现代化

【原始出处】

战国 · 屈原《离骚》："路漫漫其修远兮，吾将上下而求索。"

【白话释义】

人生的道路还很长远，我将会不断地去探索领悟。漫漫：遥远之意。

【应急解说】

战国时代的楚国，危机四伏，国事日蹙。屈原希望通过顺应时势的改革来振兴楚国，但是楚王远君子，亲小人，屈原的政治理想最终幻灭。面对被楚王流放的现实，屈原仍然表示他将不畏路途艰险曲折，继续做坚持不懈的努力，以便拯救国家于水火。屈原伟大的爱国情怀和奉献精神震古烁今。在推进应急管理体系和能力现代化的进程中，要做好路程曲折、长期奋斗的准备，调动起上下求索的气魄，不惧艰难，积极开拓进取。

25. 亦余心之所善兮，虽九死其犹未悔

☑ 强化应急管理装备技术支撑
☑ 推进应急管理科技自主创新

【原始出处】

战国 · 屈原《离骚》："亦余心之所善兮，虽九死其犹未悔。"

【白话释义】

我追求心中的美好，纵然死掉九回也不会懊悔。

【应急解说】

2018 年 5 月 28 日，习近平总书记出席中国科学院第十九次院士大会、中国工程院第十四次院士大会时指出："创新从来都是九死一生，但

我们必须有‘亦余心之所善兮，虽九死其犹未悔’的豪情。”科技支撑对社会治理具有重要作用，应急管理时刻都在呼唤科技创新。例如移动互联网、大数据、云计算、物联网等新技术，是构建中国特色大国应急管理体系的迫切需要，相关应急管理科研人员要用坚定的信念、无悔的付出、持久的奋斗，来强化应急救援装备技术支撑、推进应急管理科技自主创新。

26. 身既死兮神以灵，子魂魄兮为鬼雄

☑ 加强应急救援队伍建设
☑ 以坚定的理想信念坚守初心

【原始出处】

战国·屈原《九歌·国殇》：“身既死兮神以灵，子魂魄兮为鬼雄。”

【白话释义】

即便身体死亡，但是精神不死，烈士的灵魂也是鬼中的英雄。

【应急解说】

屈原的《国殇》风格刚健，充盈着对保卫楚国而献身的烈士们的崇敬。屈原认为那些为国捐躯的将士，理应得到如同神灵一般的礼赞。2019 年 8 月 10 日，在抗击第 9 号超强台风“利奇马”时，安徽省绩溪县荆州乡原纪委书记李夏同志，临危受命，赴一线救援。在转移群众过程中突遇山体塌方，以身殉职，年仅 33 岁。李夏同志不惧艰险、不畏牺牲的先进事迹会被时代铭记传承，鼓励一代一代应急人砥砺前行。

27. 老骥伏枥，志在千里；烈士暮年，壮心不已

☑ 大力培养应急管理人才
☑ 以坚定的理想信念坚守初心

【原始出处】

东汉·曹操《步出夏门行·龟虽寿》：“老骥伏枥，志在千里；烈士暮年，壮心不已。”

【白话释义】

千里马即便年长之后伏在马槽，它的雄心壮志仍在奔腾千里。志向高远的人即便到了晚年，奋发进取的心意也不会停止。

【应急解说】

建安十二年（207 年），53 岁的曹操赢得了北征乌桓之战的胜利，在班师回朝之际，路过秦皇岛碣石山，面朝汹涌澎湃的大海，他写下代表作组诗《步出夏门行》，其中的《观沧海》和《龟虽寿》皆成为千古名篇。诗人胸怀博大，老当益壮，充满了建功立业的豪情。人的生命是有限的，但人的志向可以高远博大，将火热的生命激情奉献给伟大的理想，会激发出干事创业的澎湃力量。

28. 捐躯赴国难，视死忽如归

☑ 以坚定的理想信念坚守初心
☑ 坚持为老百姓排忧解难的责任和使命

【原始出处】

三国·曹植《白马篇》："捐躯赴国难，视死忽如归。"

【白话释义】

若在为国家解除危难的时候英勇献身，那么死亡在他看来就好像回家一样。

【应急解说】

《白马篇》歌颂了边疆一位武艺高强又富有爱国精神的青年英雄。曹植塑造这样一位舍身报国的英雄人物，实际上表达了自己想建功立业的理想抱负。2019 年 3 月 30 日，四川凉山州木里县境内发生森林火灾。四川省森林消防总队凉山州支队指战员和地方扑火队员迅速奔赴火场，展开扑救。31 日下午，受风力风向突变影响，林火爆燃，造成 27 名森林消防队员和 3 名地方干部群众牺牲。英雄消防员用无比宝贵的生命捍卫了人民的安全，我们也需要用恪尽职守的责任担当、敬重生命的价值导向，弘扬英烈的精神、捍卫英烈的尊严。

29. 小来思报国，不是爱封侯

☑ 加强应急救援队伍建设
☑ 以坚定的理想信念坚守初心

【原始出处】

唐·岑参《送人赴安西》："小来思报国，不是爱封侯。"

【白话释义】

从小就想着报效祖国，而不是想着要当官封侯。

【应急解说】

唐代著名边塞诗人岑参的《送人赴安西》中，描写了英姿飒爽、志在报国的边疆戍守将士形象。他笔下的这位友人充满了家国情怀，自幼就以保卫国家为己任，并不求封侯做官的回报。山东煤矿安全监察局鲁东监察分局三级调研员张在贵，已经从事煤矿安全监察工作 19 个年头了。19 年来，他患有严重眼疾却坚守煤监一线，下井近 3000 次，井下行程约 8 万里，查处隐患 1 万多条，避免重大涉险事故 3 起，挽救了 150 多名矿工的生命。面对企业高薪的聘请，他不为所动，立志永远做党和人民的忠诚卫士。这正是使命当先、不求回报的应急精神。

30. 安得广厦千万间，大庇天下寒士俱欢颜

☑ 大力培养应急管理人才

☑ 始终践行全心全意为人民服务的宗旨

【原始出处】

唐·杜甫《茅屋为秋风所破歌》:“安得广厦千万间，大庇天下寒士俱欢颜，风雨不动安如山。”

【白话释义】

如何能得到千万间宽敞的大屋，即使遇到风雨也能安稳如山，让全天下贫寒之人得到庇护，让他们展开笑颜。

【应急解说】

唐代安史之乱发生后，国势动荡，诗人杜甫颠沛流离，生活困苦。他在成都浣花溪边好不容易盖起了一座茅屋为栖身之所，但却遇到狂风大雨，屋破墙危。诗人说，如果能出现一间庇护饥寒民众的大房子，即便我的茅屋被秋风吹破，我自己受冻而死，我也心甘情愿。诗人在非常困顿的情况中，仍然不囿于小我，不改对国家的热爱，而是为天下忧虑，为天下呼喊。在祖国的北部边疆内蒙古额尔古纳市莫尔道嘎镇奇乾乡，有 95 万公顷的原始森林，那里冬季长达 9 个月，年均气温零下 3 摄氏度。但内蒙古大兴安岭森林消防支队奇乾中队在这里坚守了半个多世纪。每逢春夏秋三季森林防火灭火紧要期，中队消防队员全天 24 小时战备，应对随时发生的森林险情。自 1963 年建队以来，奇乾中队共出动兵力 14000 余人次，扑灭火灾近 400 起，为保护

国家的森林资源作出了杰出贡献。身在边陲，环境困苦，但他们却始终保持冲锋在前的“无我”状态。

31. 天地英雄气，千秋尚凛然

☑ 加强应急救援队伍建设
☑ 保护人民群众生命财产安全

【原始出处】

唐·刘禹锡《蜀先主庙》：“天地英雄气，千秋尚凛然。”

【白话释义】

天地之间充盈着英雄气概，千秋万载一直令人敬佩。

【应急解说】

蜀先主，乃是刘备。唐代诗人刘禹锡的《蜀先主庙》赞誉了刘备的英雄业绩。中国人自古喜爱英雄、敬佩英雄，千秋万代传承正义刚健的英雄豪情。越是在灾难面前，越能显示英雄本色。应急救援队伍奋战一线，临危不惧，有的甚至献出了宝贵的生命，他们正是和平年代的真英雄。2020 年 8 月 13 日，甘肃陇南市消防救援支队指挥中心接到紧急警情，文县凡昌村因洪水造成道路阻断，一名羊水破裂的孕妇需紧急救援。文县消防救援大队消防员赵丹和战友将孕妇及其丈夫转移至动力橡皮艇后，突遇激流漩涡，橡皮艇发生侧翻。赵丹不顾个人安危，奋力施救落水孕妇，因水流湍急不幸英勇牺牲。我们今日赞颂英雄，正是为了继承英雄先烈的精神，竭诚为民，继续前行。

32. 但令身未死，随力报乾坤

☑ 发扬党员干部模范带头作用
☑ 实践人民至上的救灾原则

【原始出处】

南宋·文天祥《即事》：“但令身未死，随力报乾坤。”

【白话释义】

只要生命没有结束，就要努力报效国家。

【应急解说】

严峻汛情叠加新冠肺炎疫情，2020 年夏季的救灾救援工作形势十分严峻。从 7 月 18 日到 22 日，安徽省合肥市庐江县消防救援大队党委书记、政治教导员陈陆和队友们一直战斗在抗洪一线。他们奋战96小时，出警411次，辗转5个乡镇，行程600公里，成功转移和救助群众2665人。7月22日，陈陆为营救受困群众，被洪水卷走，不幸牺牲。一片丹心图报国，陈陆以生命为代价，践行了消防救援队伍“对党忠诚、纪律严明、赴汤蹈火、竭诚为民”的铮铮誓言。

33. 但愿苍生俱饱暖，不辞辛苦出山林

☑ 加强应急救援队伍建设
☑ 大力培养应急管理人才

【原始出处】

明·于谦《咏煤炭》：“但愿苍生俱饱暖，不辞辛苦出山林。”

【白话释义】

希望百姓们都能吃饱穿暖，我将不怕辛劳艰苦走出山林。

【应急解说】

《咏煤炭》是明代栋梁之臣于谦的代表作，全篇写煤炭，实际上是托物言志，写自己为国为民、奉献一生的志向。煤炭是为了百姓的福祉才从山林来到世间啊，作者愿意如煤炭一样，为了国家和百姓燃烧自己，换来光明。北京市应急管理局监察专员魏丽萍获得2019年“最美应急管理工作者”称号。众所周知，安全生产工作责任重、压力大，令不少人望而却步，但魏丽萍却坚守岗位30多年，紧盯住白酒制造企业隐患治理、涉爆粉尘企业隐患治理，出实招、求实效，通过技术指导、执法处罚、约谈通报等多种手段，督促指导企业实打实地开展隐患治理。美丽的青春就这样一晃而过，但竭力护航安全生产是她一生的守候。

34. 千磨万击还坚劲，任尔东西南北风

☑ 加强应急救援队伍建设
☑ 打造应急队伍的心理素质与精神力量

【原始出处】

清·郑板桥《竹石》：“千磨万击还坚劲，任尔东西南北风。”

【白话释义】

长在岩石缝隙中的竹子经过千万次磨砺，身躯仍然坚强刚劲，任凭东西南北的风怎么刮都坚定不移。

【应急解说】

“咬定青山不放松，立根原在破岩中。千磨万击还坚劲，任尔东西南北风。”这是清代书画家郑板桥的《竹石》诗。首句一个“咬”字把翠竹的顽强传神写出，它根基坚定，不畏打磨，坚韧不拔。在应急管理事业的发展和建设过程中，应急人也需要这样铮铮不屈的精神，争创一流业绩，争当应急先锋，永远做党和人民的忠诚卫士，打造应急管理的铁军。

35. 人固有一死，或重于泰山，或轻于鸿毛

☑ 加强国家综合性救援力量建设

☑ 以坚定的理想信念坚守初心

【原始出处】

西汉·司马迁《报任安书》：“人固有一死，或重于泰山，或轻于鸿毛。”

【白话释义】

人固然都有一死，但有人的死比泰山还重，有人的死比鸿毛还轻。

【应急解说】

毛泽东曾说：“人总是要死的，但死的意义有不同。中国古时候有个文学家叫作司马迁的说过：‘人固有一死，或重于泰山，或轻于鸿毛。’为人民的利益而死，就比泰山还重；替法西斯卖力，替剥削人民和压迫人民的人去死，就比鸿毛还轻。……我们想到人民的利益，想到大多数人民的痛苦，我们为人民而死，就是死得其所。”将生命与人民的利益紧密联系在一起，才能将生命的价值完全体现出来。在和平年代，是消防救援队伍时刻经受血与火的洗礼、天天面对生和死的考验。新中国成立以来，先后有636名消防英烈在挽救人民群众生命财产安全的过程中壮烈牺牲。他们用宝贵的生命塑造了重如泰山的永恒丰碑。如今，“火焰蓝”将继续延续中国消防人的碧血忠魂，开拓创造新的应急风采。

36. 先天下之忧而忧，后天下之乐而乐

☑ 发扬党员干部模范带头作用

☑ 始终践行全心全意为人民服务的宗旨

【原始出处】

北宋·范仲淹《岳阳楼记》：“先天下之忧而忧，后天下之乐而乐。”

【白话释义】

在天下人忧愁之前先忧愁，在天下人快乐以后才快乐。

【应急解说】

北宋文学家范仲淹在庆历六年（1046 年）写下的《岳阳楼记》，是中国文学史上知名度最高的散文作品之一，其优美的描写和深厚的思想享誉千年，成为国人心中共同的价值指南。上海市消防救援总队黄浦支队车站中队驻守在上海“心脏”地带，在繁华的“魔都”大上海，他们无暇去享受灯红酒绿，而是承担着最繁华的黄浦区的灭火救灾、抢险救援及社会救助任务。他们是新中国成立以来全国消防队伍中第一个被国务院、中央军委授予“模范消防中队”荣誉称号的英雄集体，20 年来，接警 9000 多次，营救和疏散人员 1714 人，保护财产价值达 13 亿余元。在 2018 年全国消防体能达标考核中，车站中队代表上海总队出战，又取得了全国第一的过硬成绩。作为炎黄子孙，无论是身在庙堂之高，还是人在江湖之远，无论是顺境还是逆境，心怀报效祖国、服务人民的志向都是处世的根基。

37. 横眉冷对千夫指，俯首甘为孺子牛

☑ 大力培养应急管理人才

☑ 始终践行全心全意为人民服务的宗旨

【原始出处】

现代 · 鲁迅《自嘲》：“横眉冷对千夫指，俯首甘为孺子牛。”

【白话释义】

横眉怒对千夫所指的恶人，俯下身子甘愿为老百姓鞠躬尽瘁。

【应急解说】

“孺子牛”的典故来自《左传》。春秋时的齐景公很喜欢小儿子，装牛趴在地上，让儿子骑在自己的背上玩耍。鲁迅先生用这个典故自比，用来表示自己愿意为百姓服务奉献。后来，人们也经常用“孺子牛”来表达无私奉献的精神。如何能够确保地震预警信息及时发布，一直是国家和人民群众迫切期盼解决的问题。韦永祥带领福建省地震局地震预警工作团队，十几年来不断运用科技手段与地震波进行赛跑，决战地震预警系统的“最后一公里”。工作到凌晨两三点，乃是家常便饭，团队连续六年，完成了 50 多万行软件

代码编写、上千次软件更新等研发任务。在团队的努力下，2015 年我国第一部地震预警单行法《福建省地震预警管理办法》颁布实施，2017 年福建省地方标准《地震预警信息发布》发布施行，让地震预警信息的发布有了法规和标准保障。这种兢兢业业、埋头苦干、勇挑重担、全心付出的工作作风，正是“孺子牛”精神。

38. 桃李不言，下自成蹊

☑ 大力培养应急管理专业人才
☑ 提高人民群众安全感与幸福感

【原始出处】

西汉 · 司马迁《史记 · 李将军列传》：“桃李不言，下自成蹊。”

【白话释义】

桃树和李树并不会说话，但他们美丽的花朵和甜蜜的果实自会吸引人来，在树下踩出小路。

【应急解说】

汉代飞将军李广一生戎马，威名远播，但是终生未能封侯，悲情而终，以至于后人形成了“李广难封”的千古悲叹。司马迁认为李广就像桃李一样，虽然朴实不善言辞，但是他的英雄气概自会吸引人们的崇敬。对于应急管理工作而言，不需要花言巧语，不需要虚张声势，只需要脚踏实地、正直严肃，努力奉献，自然会获得国家的肯定和人民的尊敬。

39. 不要人夸好颜色，只留清气满乾坤

☑ 加强应急救援队伍建设
☑ 大力培养应急管理人才

【原始出处】

元 · 王冕《墨梅》：“不要人夸好颜色，只留清气满乾坤。”

【白话释义】

梅花不需要别人去赞扬它美丽的颜色，它只想把清香充满天地。

【应急解说】

凌寒独立的梅花，历来是高尚品格的化身。元代文学家、画家王冕以梅花之清香比喻高洁，表达自己不媚俗、不浮夸的精神操守。以清为美，以廉

为荣，不慕虚名，一心为民，这也是应急管理人应该坚守的品性。在国家地震紧急救援训练基地有位“80后”，但却一头白发，高瘦且黑。他是应急管理部中国地震应急搜救中心培训部副主任王念法。当年，他从部队脱颖而出，成为国家地震灾害紧急救援队的第一批队员，先后参加四川汶川、青海玉树、海地等10多次国内外地震救援。如今，他又是中国地震应急搜救中心教官，带领救援队的救援水平和能力不断提升。他恰如梅花一般，将“幸福源自奋斗、成功在于奉献、平凡造就伟大”的价值理念，传递人间。

40. 我以我血荐轩辕

☑ 保护人民群众生命财产安全
☑ 实践人民至上的救灾原则
☑ 提高人民群众安全感与幸福感

【原始出处】

现代·鲁迅《自题小像》：“我以我血荐轩辕。”

【白话释义】

我要将我的一腔热血报效祖国。轩辕：即黄帝，古华夏部落联盟首领。此处代指华夏民族。

【应急解说】

鲁迅先生此诗写在1903年前后，当时中华民族正处在异常严峻的危机之中，作者以强烈的感情立下誓言，立志以一腔热血投身于救国救民的事业中，茅盾先生评价此诗“表示了把生命献给祖国的决心”。新中国成立以来，消防救援队伍是与老百姓贴得最近、联系最紧的队伍，但也是牺牲最多的队伍。犹记得2015年天津港特别重大火灾爆炸事故现场，大小爆炸几十次，空气中弥漫着大量有毒有害气体，堆垛随时都有可能坍塌。消防指战员面对巨大的人员伤亡，一次又一次冲向火场，在大火最终被扑灭之前，没有任何人退缩过。他们火场逆行的背影，成为那一年最美的风景线。2018年改革转制以来，消防救援队伍初心不改、续写华章，一次次英勇无畏、舍生忘死，坚韧挺立在风暴漩涡之前，书写了“我以我血荐轩辕”的壮丽篇章。

后　记

自从2013年负笈来到防灾科技学院工作之后，我就将我多年在古代文学、古典文献的学术研究方向，向防灾文化和灾害文献领域转移。这既是学校对我们教学科研人员的殷切希望，也是我自身不断成长、不断突破的一个契机。

在申请中国地震局重大政策理论与实践问题研究竞争性课题时，我曾多方思考，如何才能在这个新领域内不落伍，甚至发扬我的专长呢？当确定“中华传统应急防灾文化的思想精华与时代价值研究”这一题目时，不禁感到前路广阔。中国古代应急管理文化源远流长、居功至伟，能够为新时代背景下建设健全应急管理体系奠定文化底色、管理智慧与精神力量。自己在古代文学、文献领域的专业知识和所服务的行业能进行有价值的结合，也无异于自己在学术领域内的一次新生。

在书稿的写作过程中，我一方面重温中华典籍之浩瀚、汉语之美、秀句之丽，另一方面全面了解了当前应急管理的大政方针、防灾减灾救灾的时事要闻与队伍事迹。让我更加感受到应急管理事业的重要性和急迫性，也更加体味出广大应急人忠诚与担当、传承与奉献的精神世界。人类社会已经发展至此，但在大灾大难面前依然脆弱。安全，已经成为人民美好生活的基础指标之一。人类对生命的珍视、对社会稳定的期待，前所未有。应急管理是当代国家治理体系和治理能力的重要组成部分，能在系统之内，以自身所学，为这一任重而道远的崇高事业奉献绵薄之力，与有荣焉。

感谢地震出版社的刘素剑老师、李肖寅老师、郭贵娟老师，在编辑、校对、出版过程中的用心良苦。感谢中国地震局对本书出版的大力资助，感谢防灾科技学院对我工作和生活的关爱。

张　静

2020年8月于京郊